KENDİNİ SEÇ

Pegasus Yayınları: 1585

KENDİNİ SEÇ
JAMES ALTUCHER
Özgün Adı: Choose Yourself
Be Happy, Make Millions, Live the Dream

Yayın Koordinatörü: Yusuf Tan
Editör: Rumeysa Nur Ercan
Düzelti: Kemal Küçükgedik
Kapak Uygulama: Fatma Can
Sayfa Tasarımı: Meral Gök

Baskı-Cilt: Alioğlu Matbaacılık
Sertifika No: 11946
Orta Mah. Fatin Rüştü Sok. No: 1/3-A
Bayrampaşa/İstanbul
Tel: 0212 612 95 59

1. Baskı: İstanbul, Şubat 2017
ISBN: 978-605-299-084-1

Türkçe yayın hakları © PEGASUS YAYINLARI, 2017
Copyright © 2013, James Altucher

Bu kitabın Türkçe yayın hakları Akcalı Telif Hakları Ajansı aracılığıyla 2 Seas Literary Agency'den alınmıştır.

Tüm hakları saklıdır. Bu kitapta yer alan fotoğraf/resim ve metinler Pegasus Yayıncılık Tic. San. Ltd. Şti.'den izin alınmadan fotokopi dâhil, optik, elektronik ya da mekanik herhangi bir yolla kopyalanamaz, çoğaltılamaz, basılamaz, yayımlanamaz.

Yayıncı Sertifika No: 12177

Pegasus Yayıncılık Tic. San. Ltd. Şti.
Gümüşsuyu Mah. Osmanlı Sk. Alara Han
No: 11/9 Taksim / İSTANBUL
Tel: 0212 244 23 50 (pbx) Faks: 0212 244 23 46
www.pegasusyayinlari.com / info@pegasusyayinlari.com

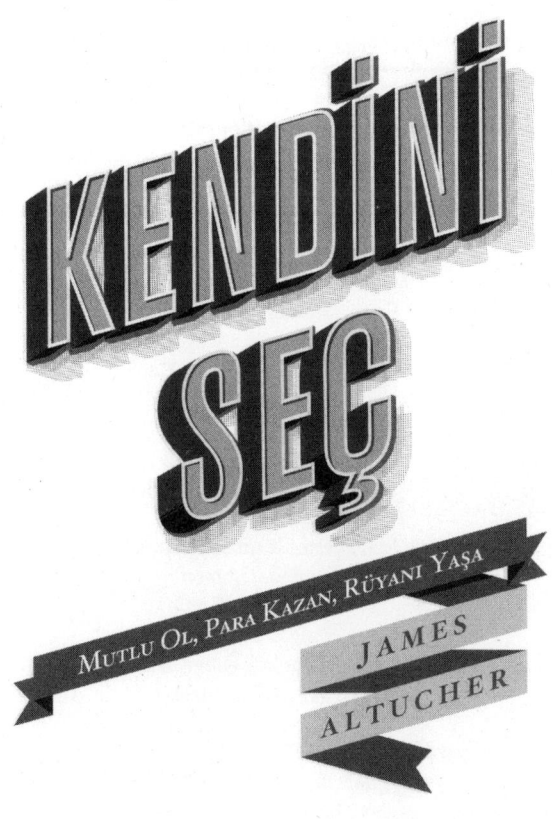

İngilizceden çeviren:
MELENDİZ DALYAN

PEGASUS YAYINLARI

İTHAF:

Kendimi seçiyorum!

İÇİNDEKİLER

Önsöz 9
Kendimi Seçtim: Giriş 11
Kendini Seç Döneminin Ekonomik Tarihi 17
Daimi Geçici 29
Sonra Hepsi Güldüler 35
Sadece Bir Kişi mi Hayatınızı Kontrol Ediyor? 41
Kendini Nasıl Seçersin? 47
Basit Günlük Alıştırma (veya Neden Birçok İnsan
Ölmek İstiyor?) 57
Ya Ben Krizdeysem? 65
Yaşamak İçin Kendini Seç 69
Yaşamdaki Amacını Bulmak 75
Nasıl Tamamen Kaybolunur ve Asla Bulunamaz? 81
Sadece Yap Şunu 91
Biraz Daha Belirli Olalım: Ne yapmalıyım? 107
1 Milyar Dolar Kazanmak Çok Maliyetli Değil 121
Usta Bir Satıcı Olmak 129
Bir Fikir Makinesi Haline Nasıl Gelinir? 137
Sizi Harekete Geçirecek On Fikir 149
Fikriniz Olmasın 157
Tanrı Hormonu Nasıl Serbest Bırakılır? 163
Hayli Müessir Sıradan İnsanların Yedi Alışkanlığı 171
Nasıl Daha Az Salak Olunur? 179
Dürüstlük Size Daha Çok Para Kazandırır 185
Asla Kendinizi Seçmek İçin Çok Genç Değilsiniz:
Alex Day'den Dokuz Ders 195
Seksi Görüntünün Tuhaf Hikâyesi 205

Kendini Seç

Süpermen'den Öğrendiklerim 211
Bütün Bir Ülkenin Özgürlüğü İçin Gandi Kendini Seçti 217
Woody Allen'dan Öğrendiğim Dokuz Şey 221
Beceri ve The Beatles'ın Son Konseri 231
Reddedildiğinizde Ne Yapmalısınız? 235
Yenilgiden Kurtulmak 243
Dünyayı Ele Geçirmek 247
Görüşler 251

ÖNSÖZ

Bilgisayar uzmanı olarak çalışmaya başladım. Daha sonra doğaçlama komediye ilgi duymaya başladım. Nasıl olduysa kendimi Twitter CEO'su olarak buldum. Birçok yol ayrımı olan ve bizi bir sürü inanılmaz maceraya taşıyan büyülü yollara sahip bir dünyada yaşıyoruz.

Bu yolculukların son durağını bilmek gün geçtikçe daha da zorlaşıyor.

Emekliliğimize kadar bizimle ilgilenen büyük şirketlerin günü ve çağı sona erdi. Ancak bu heyecan verici bir haber. Bu demektir ki kendimiz için istediğimiz hayatı seçebiliriz. Tam şu an yapabildiğinin en iyisini yaparak o hayatı seçebilirsin. Hemen şimdi. Şu an cesur olarak. Hemen şimdi. Beklemen gereken başka bir vakit yok. Tam şu anda Twitter, tüm dünyanın iletişimi demek. Dünyanın şu anki doğaçlaması. Evet, sıklıkla komedi. Genellikle insanların kendilerini yeniden keşfetmesi ve hayatları için yeni diyaloglara başlamasına dair.

James ve kitabının sevdiğim yanı, onun hayatını inişli çıkışlı yaşamış olması. O, başarılı olmak için sonunu düşünmeden mücadele etti. Sonra ona ne olacağına gelince... Umalım ki kendini bir çukurun içinde buluvermesin. Kim bilir?

Mesele, tam şu an cesur olmak. Bu kitabın başlığında James'in de dediği gibi "Kendini Seç" ve bunu nasıl yapacağını James açıklıyor. Hemen şimdi kendini seç.

Kendini Seç

Eğer bunu yaparsan, bunun üzerinde bırakacağı etkiyi tasavvur edemezsin, üstelik genellikle tesiri altındayken bunu fark etmezsin. Kesin olan bir şey var; sen kendin için cesur seçimler yapmazsan, kimse yapmaz.

Sadece tek bir yol yok. Her yol var. Her yol, tek bir anla başlar. Şu anda kendini seçtin mi? Cesur olabilir misin? O zaman tüm yollar seni tek bir yere çıkaracak. Hemen şimdi.

#kendiniseç

–Dick Costolo, Twitter Eski CEO'su

KENDİMİ SEÇTİM:
GİRİŞ

Ölmek üzereydim. Piyasa çökmüştü. İnternet çökmüştü. Kimse çağrılarıma dönmüyordu. Hiç arkadaşım yoktu. Ya kalp krizi geçirecektim ya da basbayağı kendimi öldürecektim. Dört milyon dolarlık hayat sigortası poliçem vardı. Çocuklarımın iyi bir hayata sahip olmalarını istemiştim. Bunun gerçekleşebilmesi için tek yolun kendimi öldürmek olduğunu anlamıştım. Harcamalarım kontrolden çıkmıştı. Biraz para kazanmış ve sarhoş rock yıldızları gibi yaşamaya başlamıştım. Sonra bunu aniden kaybettim, banka hesabım sıfıra vurmuştu, belki de yirmi yılın en kötü ekonomisiydi. 2002'den bahsediyorum ama 2008'den de bahsedebilirim; evimi, ailemi, arkadaşlarımı, paramı, işlerimi kaybettiğim yıl.

Eziyetli bir şekilde devam eden düşüşüm, ".com" baloncuğunun gerçekten kabarmaya başladığı sırada, 1998'de sattığım bir şirketle başladı. Akıllılardan biri olduğumu düşünmüştüm. Satış yaparak nakde çeviriyordum. Sonra her şeyi yanlış yaptım. Maddi gücümün yetmeyeceği bir ev aldım. Devam ettiremeyeceğim pahalı alışkanlıklarım vardı. Kumar oynadım, israf ettim ve verdim, tanıdığım herkese borç verdim. Yüzlerce, binlerce dolar. Sonra da milyonlarca dolar.

Kendini Seç

Başka bir şirket kurdum. Ona milyonlar yatırdım. Sevgiyi satın almaya ihtiyacım varmış gibi hissediyordum. Eğer onu satın alacak yüklü miktarda param olmazsa, kimsenin beni sevmeyeceğini düşünüyordum. Başarısız oldum.

Evimi kaybettim. Tüm paramı kaybettim. Sahip olduğum tüm öz saygıyı kaybettim. Tüm arkadaşlarımı kaybettim. Ne yapacağıma dair hiçbir fikrim yoktu. Başarılı olmak için gemiyi doğrultacak her girişimde başarısız oldum.

Kızlarıma bakıp ağlıyordum çünkü onların hayatlarını mahvetmiş gibi hissediyordum. Sadece kişisel başarısızlığa ya da iş hayatında başarısızlığa uğramamıştım, bir baba olarak da başarısızdım. Onların başlarının üzerindeki çatıyı korumak için her ay mortgage kredisini ödeyecek param bile yoktu.

Resmen kaybetmiştim. Geriye hiçbir şeyim kalmamıştı. Sıfır. Sıfırdan da *az* aslında, çünkü borçlarım vardı. Milyonluk borçlar.

2002'den beri banka hesabında hiçbir şey kalmamıştı. Parasız kalmanın başıma gelebilecek en kötü şey olduğunu düşünüyordum. Ölümden de kötü. Yanılıyordum.

2002'nin sonunda ailemle bir konuşma yaptık. Sinirliydim ve bunalmıştım. Tartışmaya başladık. Neyle ilgili olduğunun artık bir önemi yok.

Telefonu kapattım ve onlarla bağlantımı kestim.

Takip eden birkaç ay boyunca, babam bana ulaşmaya çalıştı. Geri gelmeye başlamıştım. Yazıyordum. Televizyona çıkıyordum. Beni tebrik etti. Son tebriği, onunla son konuşmamdan yaklaşık altı ay sonraydı.

Ona cevap vermedim.

Bir hafta sonra felç geçirdi. Bir daha asla konuşamadı. Bir daha benimle asla konuşamadan öldü.

Hâlâ parasız, aç, çaresiz ve keyifsizdim. Daimi bir panik hali içindeydim. Kimse bana yardım etmiyordu. Kimse bana şans vermiyordu. Kimse bana ne kadar yetenekli olduğumu kanıtlamam için bir fırsat vermiyordu. Bunu yapmak için gözümü dört açıp çok çalışmam gerektiğini biliyordum ama dünya tepetaklak olmuştu ve işleri nasıl düzelteceğimi bilmiyordum. Nasıl yoluna sokacağımı.

Nereden bakılırsa bakılsın 2008, 2002'nin karbon kopyasıydı. Yeniden ayaklarımın üzerinde durmayı başardım. Yeni bir şirket kurdum ve sattım. Çok para kazandım, sonra da akılsızca israf ederek hepsini heba ettim. Tekrar. Bu sefer boşanıyor, daha fazla arkadaş kaybediyor, aynı anda başka iki şirketi daha batırıyordum ve kendim için kazmış olduğum çukurdan dışarı nasıl tırmanıp çıkacağıma dair bir ipucum yoktu.

Bu tür şeyler başıma daha önce bir kere gelmedi. İki kere de değil. Birçok kez geldi. Geçtiğimiz yirmi yıl boyunca, başladığım yaklaşık yirmi işin on sekizinde başarısız oldum. Yazılımdan finansa, medyaya kadar çeşitli sektörlerde muhtemelen beş ya da altı kez kariyer değiştirdim. On adet kitap yazdım. Birçok iş kaybettim. Yere çakılmış, intihara meyilli, çaresiz, endişeli ve keyifsizdim. Her defasında kendimi yeniden keşfetmek, hedeflerimi ve kariyerimi yeniden şekillendirmek zorundaydım. Çoğu olayda, hem olumlu hem de olumsuz olarak, hangi adımlarımı yineleyip durduğumu fark etmemiştim. Bir kere başarıya ulaştıktan sonra kaçınılmaz olarak kötü alışkanlıklarıma geri dönüyor ve güzel servetimi israf etmeye başlıyordum.

Gerçi 2008'de, bu sefer bir şeyler farklıydı. Dünya değişiyordu. Para, sistemi terk ediyordu. Herkes kovuluyordu. Fırsatlar, para kadar hızlı bir şekilde kayboluyor gibi hissediyordum. Bu defa kaybeden sadece ben değildim, tüm dünyaydı ve kaçacak yer yoktu.

Bunu düşündükçe tüm gün mideme ağrılar giriyordu. *Kaçacak yer yok. Kaçacak yer yok.* Kafamda tekrarlayıp duruyordu. Bu kelimelerle kendimi öldürebilirmişim gibi hissettim. Ama öldüremedim. Çocuklarım vardı. İyileşmek zorundaydım. *Zorundaydım.* Kendime bakmalıydım. Çocuklarıma bakmalıydım. Çukurdan dışarı nasıl çıkacağımı, yerden nasıl kalkacağımı ve orada nasıl kalacağımı kesinlikle bulmak zorundaydım. Beni neyin içten dışa doğru, başarısız birinden başarılı birine dönüştüreceğini bulmak zorundaydım.

Kendini Seç

İşte o zaman dank etti. Her şey değişti. Benden başkasının bunu benim için yapmayacağını anladım. Başaracaksam, sağ kalacaksam, kendimi seçmek zorundaydım. Her şekilde. Seçmeme lüksüm yoktu. Diğerlerine güvenmeyi ve geçmişimizdeki hataları tekrarlamayı artık göze alamayız. Gelgit geldi ve hayatlarımızın tabiatını dramatik bir şekilde değiştirdi. Önümüzdeki birkaç bölüm boyunca göreceğimiz üzere, orta sınıf çökük, işler kayboluyor ve her endüstri dönüşüm sürecinde. Ayak uydurmak için insanlar da değişmek zorundalar.

Bu, başarılı olmak için her saniye kendinizi seçmek zorunda olduğunuz anlamına geliyor. Ben ise, hayatıma bir dönüp bakmak zorundaydım ve yerden kalkmak, tozumu silkmek, oraya tekrar çıkmak ve tekrar başarmak için her defasında ne yaptığımı (sonunda!) anladım. Çünkü şimdi geri çekilecek bir oda yok. Her sabah, bağımlılık yapan davranışlarıma düşmediğim için dua ederek gerçekten ve mecazi olarak tahtaya vurmam gerekirdi. Kendimi seçmem, tüm bu tefekkür sürecini değiştirmişti.

Şimdi her gün uyandığımda şükran doluyum. Olmalıyım da. Hayatımda bol bol bulunan şeyleri saymalıyım. Onları gerçekten saymalıyım. Eğer saymazsam, hepsi kaybolmaya başlayacaktır. Onların kayboluşunu daha önce izledim. Bunun tekrar olmasını istemiyorum.

Budizm gibi bazı kültürlerde, ihtiyaçlarınızı ve arzularınızı azaltmak için hayatınızdaki bazı şeylerin kaybolmasını *istersiniz*. Bir çeşit aydınlanmaya ulaşmak için. Ayrıca ruhaniliğin bu türüne inanıyorum. Artık bunun ve refahın bilmukabele münhasır olduğunu düşünmüyorum. Eğer beklentilerinizi düşürürseniz, beklentilerinizin aşılması kolay olacaktır.

Ayrıca –bunu söylemekten nefret etsem de– evvela faturaları ödemeniz gerekiyor. Faturalar pahalıdır. Gün geçtikçe o faturaları ödeyecek fırsatları bulmak zorlaşıyor. "Sır"rı[1] bilmek veya hayatınıza pozitiflik

---
[1] Muhtemelen Rhonda Bryne'ın "The Secret" (Sır) kitabına ve içeriğine gönderme yapılmaktadır. (ç. n.)

katmak için okuduğunuz tüm olumlu adımları uygulamak bir şeydir ama bilfiil kendiniz için fırsatlar yaratmak bambaşka bir şeydir.

Bunları kesinlikle bir kitabı okuyarak bulmayacaksınız. Bu, günlük yaşantınızda anbean sarf ettiğiniz bir emektir. Bu, sağlık ve finansal uzmanlık araçlarıyla birlikte dokunan bir uygulamadır ve bugünlerde kendimizi içinde bulduğumuz bu ekonomik belanın makro düzeyde anlayışıdır.

Geçen dört yıl boyunca, bu uygulama ve mezardan dönüş yolculuğumun adımları hakkında yazmaya başladım. Bu süreçte, hayatım o kadar olumlu yönde değişti ki tıpkı sihir gibiydi. Sihrin de ötesindeydi çünkü bunun mümkün olabileceğini hayal bile edemezdim. Çeşitli işler ve yatırımlarda milyonlar kazandım (ve onları kaybetmedim ya da israf etmedim), hayatımın aşkıyla tanıştım ve evlendim, forma girdim ve her gün kalkıp tam olarak yapmak istediğim şeyi yapıyorum. Bu sonucu sadece kendimde görmedim, kendi hayatıma uyguladığım kuralları kendi hayatlarına uygulayan sayısız okurumda da gördüm.

Bu kitapta bunun hakkında yazıyorum. Kendimi seçtim. Siz de seçeceksiniz.

KENDİNİ SEÇ DÖNEMİNİN EKONOMİK TARİHİ

Geçtiğimiz beş bin yıl boyunca şiddet, din, iletişim, borç ve sınıf çatışmasını bir arada kullanarak geniş insan kitlelerini nasıl boyunduruk altına alacağını anlayan seçilmiş birkaç efendi tarafından insanlar esaret altına alınmıştı.

Gutenberg'in matbaası hapishanedeki ilk çatlaktı. Büyük mesafeler arasında fikirlerin yayılmasıyla birçok insanın ıssız hücre hapislerinden kaçmaya başlamalarına ve bu fikirlerin bir diğeriyle birleşmesine imkân sağladı. Bu, ilk olarak Rönesans'a, sonra Protestan Devrimi'ne ve son olarak da Sanayi Devrimi'ni ateşlemeye yetecek kadar bilimsel buluşa yol açtı.

Ancak Kendini Seç dönemi, doğrudan 2. Dünya Savaşı'nda köklendi. Esasen kadınlar tarafından geliştirildi.

2. Dünya Savaşı'nda 16 milyon Amerikalı erkek, insanları öldürmek üzere Amerika Birleşik Devletleri'ni terk etti. Bu esnada, ülkeyi döndürmek için fabrikalarda ve iş yerlerinde çalışacak insanlara ihtiyaç duyuluyordu. Kadınlar devreye girdi ve bu görevi üstlendi.

Erkekler geri döndüğünde kadınlar, oldukça haklı olarak, artık sadece evde oturmak istemediklerini anlamışlardı. Çalışmak, katkıda

Kendini Seç

bulunmak ve para kazanmak istiyorlardı. Para kazanmak eğlenceliydi ve onlara bağımsızlık veriyordu.

Birden, savaş sonrası ekonomide tek gelirli ailelerden çift gelirli ailelere geçiş patlaması yaşadık.

30 yıla yakın süredir, Amerikalılar ilk defa para kazanmıştı. Hem de epeyce. Amerikan Sanayisi dünyaya yayılıyordu. Küresel ekonomi neredeyse Birleşik Devletler kontrolündeydi. Küresel holdingler, Büyük Buhran'dan zar zor kurtulan, neredeyse iflasın eşiğine gelmiş firmaların küllerinden doğdu.

Onlarca yıldır ilk defa, Amerikalılar işlerini kaybetme konusunda endişelenmek zorunda kalmadılar. Kadın ve erkeklerin edinebileceği birçok iş vardı. Çift gelirli ailelerin yükselişi her eve daha çok para getirdi.

Herkes bu parayla ne yapıyordu? Sözde Amerikan Rüyası'nı satın alıyorlardı. Birleşik Devletler'in kurucuları tarafından asla düşünülmemiş ancak 1950'lerden itibaren kültürümüze öylesine kök salmış bir rüyaydı ki onunla ilgili tartışmak neredeyse Birleşik Devletler Anayasası'nın bilgeliğinin tartışılması kadar Amerikan karşıtlığı sayılırdı.

Amerikan Rüyası neydi?

Ev ve beyaz bahçe çitleriyle başladı. İnsanlar artık şehirlerde yaşamak zorunda değillerdi. Üzerlerinde ve her iki yanında insanlar olan apartmanlarda. Dedelerimizin ve ninelerimizin büyüdüğü zamanlar, çoğu insan apartmanlarda yaşıyordu. Çamaşır ipinin paylaşıldığı, tüm çocukların yangın söndürme musluğunun önünde oynadığı, üç kat aşağıdaki osuruğu duyabildiğiniz binalarda. Kanalizasyon kokusuyla ve tahtakurularıyla bitmeyen mücadele, onlarca milyon göçmenin hayatının normal bir parçasıydı.

Benim ailem. Sizin aileniz.

Artık her şey farklıydı. Geniş yolları, yüzme havuzlu mahalleleri ve parlak renkli şerit tipi alışveriş merkezleri olan banliyölere taşınabilirlerdi. Bir bahçeleri olabilirdi. ALAN! Sonra 4 şeritli geniş otobanlarda işe giderken sürecekleri bir araba aldılar. Sonra yaz yolculukları için ikinci araba.

Sonra da sihir! Sessiz banliyö gecelerinde kendilerini eğlendirecek bir televizyon. Sonra da renkli bir televizyon! *Renkli ekranda öpüşen Kaptan Kirk ve Teğmen Uhuru!* Ondan sonra, eğer daha fazla paranız varsa, çocuklarınızı ülkenin her yerinde türeyen kolejlere gönderirdiniz, böylece daha iyi işlere girebilir, daha çok para kazanabilir ve daha büyük evlere sahip olabilirlerdi.

"Amerikan Rüyası" tabirini, insanların beyaz çit mitolojisini tanımlamakta kullandıkları genel ifade olduğu için kullandığımı düşünüyor olabilirsiniz.

Durumun bu olmasını dilerdim.

Aslında, "Amerikan Rüyası" tabiri, nakit içinde boğulan Amerikalıları mortgage kredisi almaya ikna etme amacıyla Fannie Mae tarafından geliştirilen bir pazarlama kampanyasından geliyor. Başkasınınkini kullanabilecekken, neden kendi zor kazandığın parayla bir ev alasın ki? Bu belki de şimdiye kadar tasarlanan en iyi pazarlama sloganı olabilir. 15 trilyonluk mortgage endüstrisi, evrensel mutluluğun yolunu açacağına inanan herkesi bir elektrik süpürgesi gibi içine çekti. "Amerikan Rüyası", banliyölerin huzur ve sakinliğinin yerine, çaresizce daima bir adım önde olma ihtiyacını koydu hızlıca.

Hayatımız boyunca, pazarlama sloganları ve onları yaratan Evrenin Efendileri tarafından kandırıldık. Bunun şeytanca olduğunu söylemiyorum. Onları suçlamıyorum. Kendim dışında kimseyi asla suçlamam. Manipüle edildiğim, zorlandığım ve yenildiğim her saniye, benim bunun olmasına izin vermemden dolayıdır. Onlar sadece işlerini yaptılar. Ama yine de... Onlar manipülatör. Artık aptallık ve bilgeliği nasıl ayırt edeceğimizi ve kendi hayatlarımızı nasıl inşa edeceğimizi öğrenmek zorundayız.

Kendini Seç

Bir söz vardır: "Bilgin, daha fazlasını amaçlar. Ancak bilge adam, inişe geçer. Sonra tekrar düşüş yaşar."

Herkes bilgindir. Bir yerine, iki araba ister. Daha büyük bir ev. Her çocuğun kolejde okumasını. Daha büyük bir televizyon. Tüm bunların parasını ödemeye nasıl devam edebiliriz? Çift gelir artık yeterli değildir!

1960'lar borsadaki patlamayla servet motorunu körükledi. Sonra da "Büyük Toplum". Yeni bir pazarlama sloganı! Borsa hız kestiğinde, insanların gelir artışını korumak amacıyla 1970'lerde büyük enflasyon yaşandı. "Joneslara ayak uydurmak" terimi, bir daha asla tatmin olmayacağımıza ilişkin fikri ifade etmek üzere 1976'da popüler kültüre dâhil edildi. Ne kadar çok özdeksel eşya toplarsak toplayalım, her zaman daha fazlasına sahip olan gizemli bir "Jones ailesi" vardır. Bu nedenle, *bizim* de daha fazlasına ihtiyacımız vardır.

1980'lerde tekrardan bir borsa patlaması yaşadık. Bu düzeldiği sırada ise, Amerikalıların nakit içinde boğulmasını sürdürmek için çürük tahvil borcu patladı. 90'lar Demir Perde'nin devrilmesi ve internet patlamasıyla birlikte bize "Barış Temettüsü"nü[2] getirdi. Asya çökerken bile, ABD Merkez Bankası başkanı Alan Greenspan –sadece potansiyel bir "Asya Sirayeti"nin etkilerini savmak için değil, aynı zamanda 2000 yılında tüm ışıklar kapanırsa gösterinin sona ereceği korkusundan– sistemin içine suni olarak para pompalayıp partiyi devam ettirdi.

Parti devam etmek zorundaydı! Ortalama kazancın erkek işçiler için 1970'lerden itibaren düşüş göstermesi ve daha da kötüye gitmesi gerçeğine rağmen. Bana inanmıyor musunuz? Veriye inanın:

---

2 Barış Temettüsü terimi, savaştan barışa geçildiğinde elde edilecek ekonomik faydaları ifade etmek için kullanılır. (ç. n.)

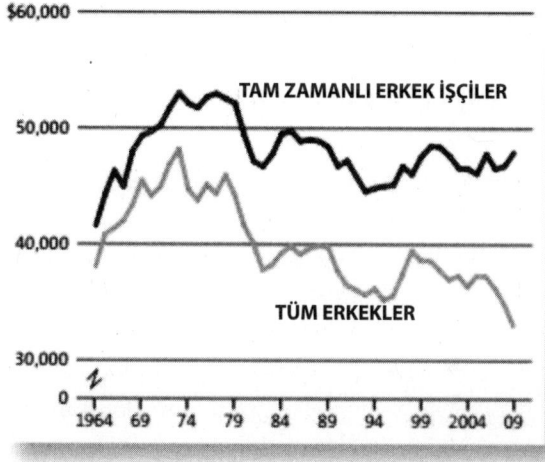

Not: 25-64 yaş arası erkekler. Enflasyon CPI-U kullanılarak belirlenmiştir.
Kaynak: "The Problem With Men A Look at Long-Term Employment Trends," The Hamilton Project, Aralık 2010 (http://www.brookings.edu/opinions/2010/1203_jobs_greenstone_looney.aspx)

Dünyadaki her ekonomist bu grafiği örtbas etmeye çalışabilir ama bu kitap boyunca açıklayacağım sebepler yüzünden onun baş aşağı düşüşü kaçınılmazdı; artan verimlilik, küreselleşme, teknolojik yenilik ve patronlarınızın sizden basbayağı nefret ettiği gerçeği bu sebepler arasında.

Evet, doğru, sizden nefret ediyorlar. Siz gitgide daha fazla değer yarattınız. Onlar da size gitgide daha az ödediler. Benim kitabımda "tepeden bakma"nın tanımı budur.

Üstelik sadece sizin patronunuz değil. O da sadece sağ kalmaya çalışıyor. Mesele onun patronu. Hatta tüm patronların patronu. Besin zincirinin tepesine kadar. Peki en tepede kim var? Bunu asla bilemeyeceğiz. Güvenin bana, siz ve ben asla tepede kimin olduğunu bilmeyeceğiz. Bunun bir komplo olduğunu söylemeyeceğim. Bu sadece bir gerçek.

Kendini Seç

Daha sonra internet çöktü. Alan Greenspan, Amerikan ekonomisinin temellerini kuvvetlendirmek yerine, ABD Merkez Bankası'nın ayağını pedalda tuttu ve konut sistemine akan basılı paralarla iyice gaza bastı. Ülkenin birçok bölümünde ev fiyatları üçe katlandı, yaratılan yapay zenginlikle Birleşik Devletler şimdiye kadarki en yüksek varlık noktasına ulaştı.

Tabii ki bankalar sağ olsun, tüketici harcamasında buna bağlı bir artış oldu. İnsanların kredi kartlarına destek olmak için evlerini teminat gösterebilmelerine imkân tanıdılar. Hayal edebiliyor musunuz? VISA'nızı kullanıp çıktığınız her tatil, çocuklarınızı geceleri sıcak tutan evin duvarları tarafından ödendi. Etrafınızda, onarmayı göze alamadığınız için –tıpkı hayatınız gibi– parçalanan bir ev, çünkü VEGAS BEBEĞİM, VEGAS!

Kredi kartı borçları 2005'te 700 milyar dolardan, 2007'de 2,5 trilyon dolara ulaştı. İki kısa yıl. Artık herkes geniş ekran televizyonlara, iki eve, son model Viking mutfak aletlerine, bir tekneye, (doyumsuz tüketimlerinden duydukları suçluluğu gidermek için) sürdürülebilir çevresel arabalara sahipti ve haftada 2 veya 3 kez dışarıda yiyordu.

"Herkes" derken, aslında "kendimi" kastediyorum. Herkes hakkında hiçbir şey bilmiyorum. Ben sadece bana ne olduğunu biliyorum. Boğazıma kadar bunun içindeydim.

Birçok şirket kurduktan, milyonlar kazanıp kaybettikten sonra, bir defalığına "bunu başarmış" olabilirim, diye düşünürken kendime şöyle sormak zorunda kaldım: "BU" neydi? Gerçekten ben neyi "başarmıştım"? Bunun hakkında düşünemiyorum bile. Ne zaman bunu yapsam, tıpkı bir tornavida veya bir şizofren gibi sırtımda büyük yaralar kazımaya başlıyorum. Sanki spontane bir akut sinir durumu geliştirmişim gibi. Ellerim titriyor ve geveliyorum çünkü...

Ah!

2008.

Gelgit geldi. Ansızın herkes çıplak kaldı! Hepimiz ne olduğunu biliyoruz; her şey çöktü. Önceki ekonomik patlama/çöküşlerde Amerika'nın teknolojik yenilikleri, orta sınıfı bir miktar korumuştu. Ama o dönem sona erdi. Artık ufukta tutunabileceğimiz patlamalar yok. Çin'deki, Hindistan'daki ve diğer yerlerdeki en zeki ihtisas öğrencileri, evde oturuyor. Birleşik Devletler'e okumaya gelenlerse, Silikon Vadisi'ne taşınıp şirket kurmaya, iş imkânı ve servet yaratmaya başlamak yerine, mezuniyetten sonra geri dönüyorlar. Birleşik Devletler'de yüksek oranda para kazanan insanlar ve şirketler, her teknolojik gelişme için, daha az sermaye gerektiren denizaşırı ülkelere yatırım yapıyorlar.

Geriye kalan tek şey hükümetin borçlarının artmasıydı. Hükümet tüm bankaları kurtardı *ve* tüm finansal sistemi suni bir şekilde ayakta tutarak, tüm mal varlıkları için bankalara faiz ödemeye başladı. Bunu biraz daha mercek altına alayım.

Fiyatlar daima yükselecek. Nedeni basit; deflasyon enflasyondan daha korkutucudur. Fiyatların düştüğü bir ortamda, insanlar bir şeyler almayı bırakırlar çünkü kendilerine, yarın daha ucuza alabilecekken, bunu neden bugün alayım ki derler. Bu yüzden hükümet her zaman enflasyonu artıracak politikalar belirleyecektir. Bu durum zamanla yukarıdaki ortalama kazanç eğilimini düşmeye devam etmeye zorlayacaktır. Hâlâ bana inanmıyor musunuz? İşte kanıt:

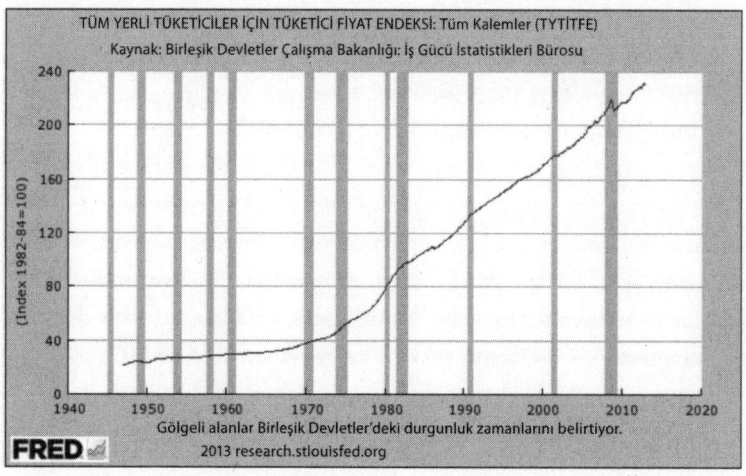

Kendini Seç

1940'dan beri enflasyon, Yerel Merkez Banka'nız iftiharla sunar:
2008/2009'daki küçük aşağı inişe dikkat edin. Ufacık bir deflasyonumuz var. Sonuç ne oldu? 1929'dan bu yana gelen en kötü ekonomik kriz, çift haneli işsizlik ve orta sınıf fakirleşirken yüksek sınıfta zenginleşme.

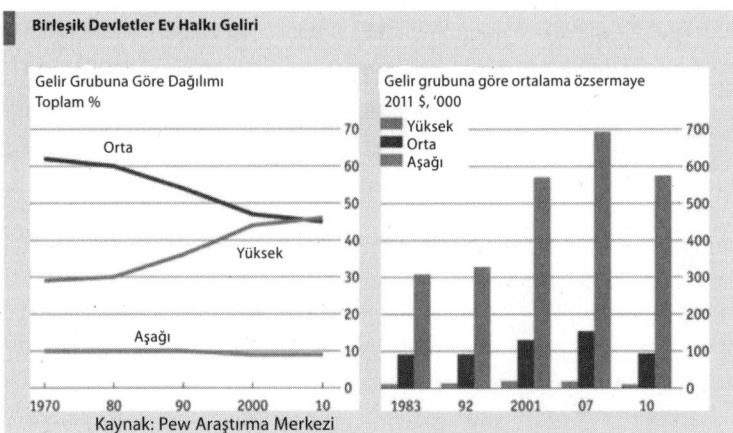

BU ARADA:

Borsanın neden sadece düşmeye devam etmediğini hiç merak ettiniz mi? Neden Mart 2009'da bir sıçrama yaşadı ve tüm zamanların en yükseği olduğu bugünlere geldi?

Çok basit –tüm mütevazılığımla belirtiyorum– ben şahsen Birleşik Devletler borsasını kurtardım.

Mart 2009 başlarında Wall Street'e taşındım. Tam olarak Broad ve Wall'ın köşesinde bulunan, bir zamanlar JP Morgan'ın Bankası olan yapıya. Tarih kitaplarından hatırlayabileceğiniz üzere bu yapı, Birleşik Devletler'in ilk büyük terör saldırısına maruz kalmıştı. 1 Eylül 1920'de, İtalyan anarşistlerin patlattığı bomba, 38 kişinin ölümüne ve 143 kişinin yaralanmasına neden olmuştu. (Teşekkürler Vikipedi. Teşekkürler internet. Artık hayatım boyunca istediğim her rakama sahibim. Benim binam, bir bomba, 38 ölü.)

Seksen dokuz yıl kadar sonra, olabilecek en kötü zamanda, birileri bu yapıyı apartmanlara dönüştürmeye karar verdi. Yapı bir bowling salonuna sahipti. Bir basketbol sahasına. Bir havuza. Bir spor salonuna. Yine de bu daireleri bedava bile veremiyorlardı. Bu yapı, bir hayalet şehirdi. KİMSE Wall Street'te yaşamak istemiyordu. Her gün New York Menkul Kıymetler Borsası'nda çalışan insanlardan daha mutsuz bir insan topluluğu bulamazsınız, onların herhangi biri neden buranın yanında yaşamak istesin ki? Burası kapitalizmin kara deliğiydi.

Sonuçta, tabii ki ben buraya taşındım. Penceremin tam karşısında; dünyaca meşhur New York Menkul Kıymetler Borsası. Sağa baktığımda, George Washington'ın Birleşik Devletler'in ilk başkanı olarak yemin ettiği Federal Hall[3] vardı. Geceleri, gölgesi zıt yönde tam dairemin üzerine düşen büyük bir bayrak ışıklandırılarak asılıyordu. Bunu sevmiştim.

Orada yaşamakla ilgili her şeyi sevmiştim. Tarihin bir parçasıymışım gibi hissetmiştim. Belki de bu benim için yeni bir başlangıç olabilirdi. Bu tuhaf bir duyguydu, çünkü her şey cehenneme gidiyordu. S&P 500[4] sihirli bir nahoşlukla 666 rakamına ulaştığı, son yirmi yılın en düşük değerine doğru gidiyordu. Tahmin ettiğimden daha çok para kaybediyordum ve boşanma sürecindeydim. Bir keresinde banka hesap bakiyeme bakma hatası yaptım. Bir kez daha, ya camdan dışarı atlamayı ya da sorunlarımı bir daha asla düşünmek zorunda kalmamak için hangi uyuşturucunun beni yeterince uzun süre uyuşturacağını bulmayı düşündüm.

Sonra işimi kaybettim. Kimse beni aramadı. Kimse benimle konuşmak istemiyordu çünkü ben piyasanın yükseleceğini tahmin ediyordum ve herkes deli olduğumu düşünüyordu. Kesinlikle kimse para ka-

---

3   1700'de New York'un belediye binası olarak inşa edilmiş ancak daha sonra ABD'nin ilk kongre binası olarak hizmet vermiş ve 1812'de yıkılmıştır. (ç. n.)

4   The Standard & Poor's (S&P), merkezi New York'ta bulunan uluslararası kredi değerlendirme kuruluşudur. (ç. n.)

zanmama yardım etmek istemiyordu. Başka şirketlerin kurulmasına yardım etmeye çalışıyordum ama insanların kendi dertleri vardı ve benim sağlığım ya da önceliklerim sağlam değildi (daha sonra göreceğimiz gibi, başarı için bunlar kritiktir). Ben de en az onlar kadar bunalımdaydım ve onlar da geri kalan herkes kadar bunalımdaydılar.

Bu sadece borsa düşüşte olduğu için değildi. Bu çok basit bir bahane olurdu. İnsan ırkı, sırf kapitalizmdeki küçük bir aksamayla mahvolmak için 200.000 yıl boyunca hayatta kalmamıştı.

Hepimiz zor bir on yıl geçirdik. Hepimiz toplumsal travma sonrası stres bozukluğu yüzünden süründük. İlk adım itiraf etmekti: İnternet patlaması. 9/11. Daha önce görülmemiş bir ölçekte kurumsal yozlaşma. Ev patlaması. Ekonomik kriz. Kurtarma paketleri. Hiç durmadan. Zor oldu. Toplum olarak korktuk. Bırakıp gidemeyecek kadar korktuk.

Bu yüzden ben de yapabileceğim tek şeyi yaptım: Mart ayının başında bir sabah erkenden kalktım ve bir paket çikolata aldım. Cadılar Bayramı'nda dağıtılan küçük Hershey's çikolatalarından. Sabah 08.00 civarı, New York Menkul Kıymetler Borsası'nın girişinde durdum ve içeri giren herkese çikolataları dağıtmaya başladım. İnsanlar ayaklarına bakarak, zombi gibi yürüyerek içeri giriyorlardı ama istisnasız duruyorlar, yukarı bakıyorlar, çikolatayı alıyorlar ve gülümsüyorlardı.

Çikolata âşık olduğunuzda salgılanan feniletilamin hormonunun salgılanmasını sağlar. Aniden, kısa bir an için, borsadaki herkes âşık olmaya biraz daha yaklaşıyordu. Bu onları daha az mutsuz hissettirdi, en azından o gün için. Bu sürekli çikolata yemelisiniz anlamına gelmiyor. O zaman obez olursunuz. Öylece âşık oluvermek çok daha iyidir.

Ama şimdikinden daha zor bir ay/yıl/on yıl geçiriyorduk ve herkesin bir molaya ihtiyacı vardı. Mesainin başlangıcında herkesin bir parça çikolataya ihtiyacı vardı.

9 Mart'tı. Bir pazartesi günüydü. Önceki cuma, S&P haftayı 13 yılın (ve o zamana kadarki) en düşük puanıyla kapatmıştı. Haftanın so-

nunda, S&P yaklaşık 75 puan yükselmişti. Ay sonunda 125 puanın da üzerindeydi. O zamandan beridir de yükseliyor.

Böbürlenmeye çalışmıyorum. Küresel ekonomiyi kurtarmış olmamın ne kadar harika olduğunu söylemeye çalışmıyorum. Eğer doğruysa, bu böbürlenmek değildir.

Bu bir sınıfçı veya komünist savı değil. Ayrıca iyimserlik ya da kötümserlikle de ilgili değil. Birçok insan, işsizken veya "eksik istihdam" halindeyken (insanların fazla kalifiye oldukları ve alışık oldukları ücretin altında ücretler aldıkları işlere sahip oldukları durum) ekonomik başarıyı yakalamaktalar ve bu insanların oranı %20'yi aştı.

Bu, geri kalanlar ölsün o zaman, anlamına mı geliyor? Tabii ki hayır. Bu hepimizin felaketi ya da kasveti değildir. Bu, sadece gerçektir. Aslında bu iyi haber. Bu, yüz, iki yüz yıldır bize yalan söyleyen kurumların düşüşüdür. Bu, bu kitaptaki ilkeleri uygulayan –ve kendi yollarını açmaya başlayan– insanların faydalanacağı yeni bir gerçekliktir.

İnsanoğlu doğuştan öncüdür. Şirketleşmenin yükselişi (kapitalizmin aksine) insanları dünyaya açılıp keşfetmek, icat etmek ve tasrih etmek yerine küçük ofis kabinlerine hapsolmaya zorlamıştır. Kendini seç döneminin etiği, sizi mağlup eden bu boğucu eğilimlere bağlı olmamasıdır. Aksine, kendi platformunuzu yaratmanız, eğreti sistem yerine kendinize güvenmeniz ve inanmanız, başarıyı kendi koşullarınızla tanımlamanızdır.

Artık köklerimize dönme vaktidir. Sörf tahtasını okyanus dalgaları sahile vururken sürme vaktidir. Mücadele edin; yoksa daralan orta sınıf ve düşüşe geçen ortalama kazanç anaforu sizi aşağıya çekip boğacaktır.

DAİMİ GEÇİCİ

Geçenlerde, trilyon dolarlardan fazlasını idare eden bir yatırımcıyı ziyaret ettim. Trilyon doların kulağa imkânsız geldiğini düşünüyor olabilirsiniz. Ben öyle düşünüyordum. Ama dışarıda, insanların belli ettiğinden daha çok para var. Bu para yüzlerce yıldır istifleyen, yatırım yapan, sonra yeniden yatırım yapan aileler tarafından yastıkaltı yapılıyor. Üstelik bu bahsettiğim trilyonlar sadece bir aileye ait.

Dikey New York şehrinin yükseklerindeydik. Tüm ofisi cam pencerelerle çevriliydi. Beni bunlardan birinin önüne getirdi. "Ne görüyorsun?" dedi.

Bilmiyorum, diye düşündüm. Binalar.

"Boş katlar!" dedi. "Şuna bak. Bir banka. Bomboş." Başka bir binayı gösterdi. Parmağı pencereyi tıpkı şey gibi çiziktiriyordu... Bilmiyorum... Ağını örmek için bir örümcek ne kullanıyorsa onun gibi. "Ya şuradaki; bir reklam ajansı, bir hukuk bürosu veya bir muhasebe şirketi. Tüm boş masalara bak. Bunlar çalışanlarla doluydu eskiden, tam zamanlı çalışanlarla. Şimdi hepsi boş ve bir daha asla dolmayacak."

Bu zamana kadar, çeşitli CEO'larla konuştum ve onlara dobra dobra sordum: "Sırf artık faydalı olmayan insanlardan kurtulmak için iyi bir bahane olduğu için insanları kovuyor musunuz?"

Evrensel olarak cevap, asabi bir kahkahayla beraber, "Evet. Sanırım bu doğru!" sözleri oluyordu.

Kendini Seç

Bana söylediklerine göre, daimi ekonomik istikrarsızlık yüzünden bu insanları asla tekrardan işe almayacaklar. Yakın zamanda, 700 milyon dolarlık hasılatı olan bir geçici istihdam şirketinin yönetim kuruluna katıldım. Önceki yıl 400 milyon dolar hasılat yapmışlardı. Bu büyüme durgun konjonktürde meydana geldi. Artık ekonominin hangi kısımlarının daha fazla tam zamanlı eleman aldığını, hangi kısımlarının daha fazla geçici eleman almaya meylettiğini de ilk elden hemen görebiliyorum.

Size cevabı söyleyeyim: Ekonomide HİÇBİR sektör daha fazla tam zamanlı eleman almaya meyletmiyor. Her şey, ülke dışından kaynak sağlayarak tasarruf etmek ya da geçici eleman almaktan ibaret. Üstelik bu, sadece düşük maaşlı sanayi işçileri için geçerli değil; müdürler, bilgisayar programcıları, muhasebeciler, avukatlar hatta üst düzey yöneticiler bile buna dâhil.

Yatırımcı arkadaşım haklıydı.

Gerçeklik, teknolojinin 1930'lardaki ucuz bilim kurgu romanlarında tezahür eden Açık Kader'ine[5] ulaşması hasebiyle şirketlerin işçi alımına eskisi kadar ihtiyaç duymamasıdır. Temelde robotlar insanların yerini aldı. (Hayal gerçek oldu! Kabin köleliği artık sona erdi!) Bunun geldiğini yıllar önce gördüm. İnternetin, Kurumsal Amerika'da yayıldığı dönem HBO'nun teknoloji bölümünde çalışıyordum. Artık kimsenin teknoloji bölümlerine ihtiyaç duymayacağını düşünmüştüm. Tek bir şey için ihtiyaç duyabilirlerdi; programcıların en az üçte biri ağ kurma yazılımı üzerinde çalışıyordu. İnternet de büyük bir ağ oluşturma protokolü. Bu yüzden tüm bu insanlar kovulabilir. Programcıların diğer üçte biri, kullanıcı arayüzü yazılımı üzerinde çalışıyorlardı. Web tarayıcıları, tüm kullanıcı arayüzü sorununu çözüyor, yani tüm bu insanlar da artık gidebilir.

---

5   Açık Kader, 19. yüzyılda Amerika Birleşik Devletleri'nde Amerikalı yerleşimcilerce kıtanın doğu kıyısından batı kıyısına kadar genişlemenin mukadder olduğunu ifade eden ideolojidir. Eski Dünya'yı kurtarmak için yeni bir cennet inşa etmek üzere yeni toprak potansiyelleri tarafından oluşturulan görev duygusudur. (ç. n.)

Bu sadece tek bir örnek. Her sektörde teknoloji, sadece kâğıdın değil ("kâğıtsız ofis"), insanın da yerini aldı. Şirketler, sadece her zamanki oranda üretici olmak için aynı oranda insan çalıştırmaya ihtiyaç duymuyor artık. Çalışanların olmadığı bir topluma doğru ilerliyoruz. Henüz o aşamada değil. Ama olacak. Bu, sorun değil.

Şimdiye kadar finanse edilen, müşteri getiren, uzun süredir uykuda olan bütüncül şirketlerden iş koparan birçok yeni işletme gördük. Gerçi, bu sadece parayla ilgili değil. Öyle olsaydı, sıkıcı olurdu. Harika bir girişimci olmakla da alakalı değil. Ben bir girişimciyim, yazarım ve yatırımcıyım. Herkes girişimci değildir. Herkes öyle olmak da istemez.

Bu, gerçek refahın peşinde, sanat, bilim, iş ve ruhun dıştan ve içten birleştiği tarihteki yeni bir safhayla ilgilidir. Bu, fikirlerin insanlardan daha önemli olduğu ve herkesin kendi mutluluğunu seçmesi gerektiği bir safhadır, tıpkı benim yaptığım gibi. Bu seçimin tezahür etmesi için, bu kurumu içten oluşturmak zorunda kalacaklar. Bundan sonra içsel sağlık ve devamı gelecek; gerek işte olsun, gerekse sanatta, sağlıkta ve başarıda.

Bir örnek: Tucker Max, "fratire"[6] kitaplarıyla tanınıyor. En çok satan ilk iki kitabının başlıkları: *Umarım Cehennemde Bira Vardır* ve *Assholes Finish First*. İki kitap da milyonlarca kopya sattı.

Ama o bununla yetinmedi. Yayıncılık sektörü pastadan çok fazla pay alıyordu. İddiaları; dağıtımı, düzenlemeyi, pazarlamayı, tanıtımı halletmeleri ve avans ödemeleriydi. Tucker, modern teknoloji sayesinde artık bunların neredeyse hiçbirine ihtiyacı olmadığını fark etti. Çok daha cüzi bir fiyata düzenleme, pazarlama ve tanıtım yaptırdı. Yayıncıların kullandığı dağıtımcıya da bir ödeme yaptı. İlk kitapları başarılı olduğu için, önden avansa ihtiyacı yoktu.

Bu yüzden kendi yayınevini kurdu, aslında amacı yeni kitabını basmaktı.

---

6 "Fratire": Fraternity (Kardeşlik) ve Satire (Hiciv) kelimelerinden türetilen, aşırı eril moda ve patavatsız genç erkekler için yazılan 21. yüzyıl kurgu edebiyatı türüdür. (ç. n.)

Kendini Seç

Kitabın adı *Hilarity Ensues*'du ve normal şartlarda yayıncıların vereceği yüzde 15 yerine, kitabın gelirinin yüzde 80'ini aldı. Kendini seçti ve sonuç olarak normalde kazanacağının 3 kat fazlasını kazandı. Bu şimdi tüm sektörlerde gerçekleşiyor. Müzik endüstrisi değişti. Sanatçılar tanınmak için önce Youtube'a gidiyor; böylece büyük markaları atlayabiliyorlar ve müzikleri doğrudan iTunes'da satılabiliyor. Bu örneği birazdan müzisyen Alex Day'de göreceğiz.

Tucker Max gibi yazarlar, üç kat daha fazla para kazanmak için teknolojiyi kullanarak, 5.000 yıllık endüstriyi pas geçebiliyor. 1990'ların sonlarına nazaran on kat daha fazla teknoloji şirketi kuruluyor. Ayrıca ışık hızında kazançlarını büyütüyor ve kâr elde ediyorlar.

Artık üniversitelerin, medyanın, yatırımcıların veya kurumsal Amerika'nın tanrılarının bulutlardan inip başarı için sizi seçmesini beklemek zorunda değilsiniz. Her bir endüstride, komisyoncu artık resmin dışına çıkıyor, bu durum istihdamda bölünmelerin yanı sıra daha fazla olumlu etki ve gerçek refahı üretecek, naçizane fikirler için fırsatlar yaratıyor. Başarı için bu fikirleri geliştirebilir, uygulayabilir ve kendinizi seçebilirsiniz.

Tüm bunların başlangıç noktası, ilk olarak kendinizi seçmenizi sağlayacak, iç bakış açınızı geliştirmektir. Başarı kendiliğinden size mutluluk getirmeyecektir, çünkü bunların hiçbirini hasta bir bünyeyle yapamazsınız. Eğer vücudunuz hastaysa, etrafınızda sizi aşağıya çeken olumsuz insanlar varsa, fikir kaslarınız mükemmel bir makineye dönüşmediyse ve eğer ruhsal olarak şükranlık duygusunu geliştirip teslim olmadıysanız, yeni Kendini Seç döneminde başarılı olmak için daha az şansa sahip olacaksınız.

"Bekle bir dakika," diyor olabilirsiniz. "Max Tucker, *Assholes Finish First* adında, beraber olduğu kızları anlatan bir kitap yazdı. Hayatının tüm bu alanlarında çalıştığını nasıl söyleyebilirsin?"

Bir keresinde, tanınmış bir üstat kitaplarımdan birinin zırva olduğunu tweetlediğinde üzülmüştüm. Ona kitabı okuyup okumadığını sorduğumda itiraf etti: "Hayır. Sadece başlığını beğenmedim." Ben de bunun hakkında bir blog yazısı yazdım.

Aniden, bloğumdaki hayranlarımdan birinden, çok fazla olumsuzluğa kapıldığımı söyleyen bu e-postayı aldım. Haklıydı. Şöyle diyordu:

> *"Eleştirinin sizi olumsuz yönde etkilediğini söyleyen yazınızın hiciv olduğunu sanıyorum. Eğer öyle değilse, o zaman lütfen bu gönülden övgümü kabul edin: Çok başarılı bir yazardan diğerine; bloğunuzu seviyorum. Evet, iğneli sözler ve üslup sorunları var ama tamamen orijinal ve ikna edici, bu inanılmaz nadide bir nitelik. Dışarıda çok fazla yazı var, çok azı beş para ediyor – ama sizin bloğunuz beş para edenlerden biri.*
>
> *25'e yakın blog sayfasını abone olarak takip ediyorum ve sizinki bunlardan biri. Esasen hiç aktif bir yatırımcı değilim – finansal tavsiyelerinizi daha az önemseyemezdim.*
>
> *Lütfen yaptığınız şeyi yapmaya devam edin ve lütfen cahil koyunlar ile trollerden gelen korkak yorumların sizi yıkmasına izin vermeyin. Dışarıda bizim gibi bloğunuzu okuyan ve bundan layıkıyla keyif alan tonlarca insan var ama öyle ya da böyle konuşmaya meyilli değiliz, çünkü bizler normal bir hayat süren normal insanlarız. Amazon değerlendirmelerini kim yazıyor ki? Milyonlarca insanı eğlendirdim, abartısız milyonlarca ama benimle ilgili Amazon değerlendirmelerine bakarsanız, benim işimin bebeklerin ağzına yumruk atmak olduğunu sanırdınız. İnternetin berbat tarafı bu işte ve anonim geri dönüşlerine gelirsek, bunlar gözümüze en çok çarpan şeyler, bunlar ya sizi makul bir dereceden daha fazla sevenler ya da sadece zehir saçanlar.*
>
> *Boş verin o insanları. Güzel iş çıkarıyorsunuz ve ben bunu gerçekten takdir ediyorum.*
>
> *Kulağa garip bir Budist gibi gelmesinden nefret ediyorum ama dünyada kayda değer tek şey, sevdiğiniz insanlarla olan ilişkileriniz*

Kendini Seç

ve yaptığınız anlamlı şeyler. Nefret edenler bunun hiçbir yerine uymuyor. Onlara kafanızda yer ayırmayın."

E–postanın altına imza atılmıştı:
"Tucker Max"

Bu yeni dönemde iki seçeneğiniz var; bir geçici eleman olabilirsiniz (*korkunç* bir seçenek değil) veya bir sanatçı–girişimci olabilirsiniz. Emeğinizi metalaştırmayı seçin veya bir yaratıcı, bir mucit, bir sanatçı, bir yatırımcı, bir pazarlamacı ve bir girişimci olmak için kendinizi seçin. "Veya" yerine "ve" diyorum çünkü yukarıdakilerin hepsini olmalısınız artık. Sadece birini değil. Bir sanatçı aynı zamanda bir girişimci olmalı. Hepsi bu. BUNLAR sizin seçenekleriniz. Kabinler metalaşmaya başlıyor. Bu olduğunda da hepsi boşalacak. Yatırımcı arkadaşımı ziyaret ettiğimde, ofis penceresinden terk edilmiş dikey şehre baktığımda bunu kendi gözlerimle gördüm.

Bunun gerçekleştiğini artık her gün görüyorum. Bu yasalarla, para basamakla ve değerlerdeki bir değişiklikle değiştirilebilecek bir şey değil. Bu, tarih oldu artık. Dünya çoktan değişti ve tüm parçalar yerine oturmaya başlıyor.

Siz hangi tarafta olacaksınız?

SONRA HEPSİ GÜLDÜLER

On iki yaşındayken, yaz kampında bir kızdan hoşlanıyordum. Tabii ki bir kızdan hoşlandığınızda takip edilmesi gereken önemli bir protokol var. Kıza gidip ondan hoşlandığınızı öylece söyleyemezsiniz. Kızın arkadaşına söyleyecek olan arkadaşınıza anlatmalısınız, o da zaten bunu kıza söyler ve sonra geri dönüş alırsınız. Planı harekete geçirdim.

"Resim Grubu"nda ya da ona her ne deniyorsa –tüm ellerimi, kıyafetlerimi ve yüzümü boyadığımı hatırlıyorum– söz konusu olan kız koşarak yanıma geldi ve şöyle dedi: "Önümüzdeki yüz yıl boyunca seninle asla çıkmam!"

Diğer tüm çocuklar gülmeye başladı. Kamp idarecilerinden biri herkesi sakinleştirmeye çalışıp, "kibar olmalarını" söyledi ama tabii ki kimse dinlemedi.

Kızın ahırdan (resim grubu başka nerede olabilirdi ki?) dışarı koşmasını izledim; her yerime bulaşan boya, ahırın kokusu, işittiğim gülüşmeler – o an hafızama kazınmayan tek duyu tat almaydı, bunun için Tanrı'ya şükürler olsun çünkü muhtemelen kusardım.

Reddedilmiştim.

Yüz yılın aslında çok uzun bir süre olmadığını düşündüğümü hatırlıyorum. En azından yüz yıl sonra değerlendirecek kadar benden hoşlanıyordu.

Kendini Seç

Reddedilme –ve reddedilme korkusu– kendimizi seçmemizin önündeki en büyük engel. Şimdiye kadarki tüm reddedilmelerimizi derleyerek bir kitap oluşturabiliriz. Sevgililer, arkadaşlar, aile, devlet, kurumsal camia, yatırımcılar, ortaklar, işverenler, yayıncılar ve niceleri tarafından reddedildik.

> *Bu alıştırmayı deneyin:* Reddedildiğiniz on farklı zamanı bir saniye için düşünün. Bir iş için reddedildiniz mi? Bir romanınız reddedildi mi? Müstakbel sevgiliniz sizi reddetti mi? On tane sıralayın. Şimdi şunu düşünün: Yüz tane sıralamak ne kadar kolay olurdu? Ben muhtemelen bin tane sıralayabilirim.

Ya hiç denemezseniz? Reddedilme korkusu yüzünden ya eğer hiç denemezseniz?

Bunu anlarım. Hatırlayabildiğimden çok daha fazla kez, bazı günler yeter artık dediğim noktaya gelene kadar reddedildim. Kendinizi her gün ortaya koyduğunuzda, bu olacak (hak etseniz de etmeseniz de); nefret mailleri alacaksınız, fırsatlar söz konusuyken reddedileceksiniz (hem de başkaları kabul edilirken), sizi anlamayan, sizinle mutsuz olan, size kızan, onlar için yaptığınız şeye saygı duymayan insanlar olacak.

Sizi reddeden insanlardan nefret edemezsiniz. Sizin en iyi yanınızı almalarına izin veremezsiniz. Sizi seven insanları da kutsayamazsınız. Herkes kendi çıkarı için hareket eder.

Yapmanız gereken şey, içinde yaşayacağınız bir ev inşa etmek. Bu evi sağlam bir temel üzerine inşa edeceksiniz; fiziksel, duygusal, zihinsel ve ruhsal sağlıkla.

Bu, bir *new-age* ya da kişisel gelişim jargonu değil. "İnsanlara iyi davran, o zaman her şey iyi olur." Bu kitap *kendi* başarınıza nasıl ulaşacağınıza dair ve işte bunlar da yapı taşları. *Finansal özgürlük* evresi, *finansal* kelimesini içeriyor ancak aynı zamanda *özgürlük* kelimesini de içeriyor; etrafımızı çevreleyen kutsamayı keşfetme özgürlüğü. Başkalarına yardım edebilmemiz için kendimize yardım etme özgürlüğü. Yaşamamız için seçilen bir hayatı idame ettirmektense kendi seçtiğimiz hayatı yaşama özgürlüğü.

Bu kitap özgürlüklerinizin ikamet ettiği evi inşa etmenize yardımcı olacak. Bu evin geçmişinizde var olmadığını bilin. Şu an olduğunuz yerde inşa edilemez. *Dışarıda* bir yerde.

İnsanlığın başlangıcından beri sınırlar aradık. Kendimizi güvende saydığımız bu medeniyet noktasına evrildiğimiz sadece bir efsane. Yapacağınız gerçekten güvenli tek şey, tekrar tekrar denemek. Yola çıkmak, reddedilmek, tekrar etmek, çabalamak, dilemek. Reddedilme olmadan sınır olmaz, tutku olmaz ve sihir olmaz.

Reddedilmeyle nasıl başa çıkacağımız meselesi, birkaç faktörün birleşiminden oluşur. Bu sadece akli olarak ne kadar sağlıklı olduğumuzla ilgili değildir. Ya da psikolojik ve duygusal olarak ne kadar sağlıklı olduğumuzla. "Zaman tüm yaraları iyileştirir," diye bir deyiş vardır. Bu doğru. Ama bunun ne kadar zaman alacağını bir nebze de olsa kontrol edebiliriz. Bu, bize etki etmesine izin verdiğimiz faktörlerin sayısına bağlı olarak, her insan için farklı bir zaman dilimi alır.

Daha önceki kitaplarda bahsetmiş olduğum "Günlük Alıştırmalar"ı daha detaylı açıkladığımda ve kendini seçmiş birçok kişinin hayat hikâyesini incelediğimizde, bu faktörlerin bu kitap boyunca tekrarlandığını göreceğiz. Yapmak istedikleri için değil, genellikle mecbur kaldıkları için.

Kilit nokta, temeli aşağıya inşa etmektir. Sonra da olumlu adımı atmak; kendinizi seçmek.

Reddedilmekteki toplumsal kaygının yüksek seviyede olduğu insanlarda oksitosin adı verilen hormonun düşük seviyede olduğu görülmüştür. Hepimiz buna ve paraya, mutluluğa, kaybetmeye ilişkin sosyal kaygılara bağlı olarak dışarıdan gelen çeşitli uyarıcılara karşı reaksiyonlarımızı düzenlemeye yardım eden diğer hormonlara farklı seviyelerde sahip olarak doğarız.

Kendini Seç

Oksitosin seviyesi yediğimiz yiyeceklere, zihnimizi nasıl çalıştırdığımıza, diğer insanlarla nasıl ilişki kurduğumuza bağlı olarak artabilir, hatta hayatımızdaki hem olumlu hem de olumsuz olaylara karşı nasıl müteşekkir bir tavır sergilediğimizden de kısmen sorumlu olabilir.

Mesele hayatımızdaki kimyasal kurallar değil. Tam tersine. Tamamen işlevsel bir hayata sahip olmak için işlevsel bir bedene, sağlıklı bir beyne, faal bir sosyal hayata, faal bir fikir kasına ve son derece temel bir his olan kontrol edemeyeceğimiz şeylerin olduğunu kabul etme güdüsüne ihtiyacımız var. Örneğin, 2002'de kimseyi bana bir milyon dolar vermesi için zorlayamazdım. On iki yaşındayken o kızı benden hoşlanması için zorlayamayacağım gibi.

Kontrol edemeyeceğimiz şeyler üzerinde takıntılı olmak faydasız. Bizi oyunun dışına iter. Oyunun içerisinde olmayı seçmeliyiz.

Terapistler şu anki olumsuzluğunuzun nereden geldiğini anlamanız için geçmişinizi irdelemenizi söyleyebilirler. Belki gençlik dönemenizdeki ailevi bir ret, şu an reddedilmeye karşı sizi hassaslaştırmış olabilir.

Bu işe yaramaz. Olumsuzluk üzerine kafa yormak, aniden olumlu bir sonuç vermeyecektir. Kafanızın içine sadece daha fazla olumsuz fikrin gelmesine neden olacaktır. Mevcut mutsuzluğunuzla mutluluğu satın alamazsınız. "Tırnaklarımızla kazıyarak bir yerlere gelmemiz" gerektiği kanısı, bizim emeğimizi ve çabamızı ucuza getirmek isteyen insanlar tarafından bize anlatılan bir yalan.

Olumlu bir temel inşa etmelisiniz; fiziksel, duygusal, zihinsel ve ruhsal olarak. Bir kez bunlar uyum içerisinde çalışan dört "beden" olduğunda, dünyanın içerisine dalabilirsiniz. Yaşamak istediğiniz evin temelini inşa edersiniz.

Bazıları reddedilerek güçlendiğimizi söylüyor. Bu saçmalığın daniskası. Belki biraz güçleniyorsunuz ve direniyorsunuz. Ama aynı zamanda canınızı acıtıyor. Ben reddedilmeyi sevmiyorum. *Failing Forward* veya *Bahanelere Son* gibi reddedilmeyi kucaklamak gerektiğini ve başarının yüzde doksanının reddedilmek, yüzde onunun ise sebattan oluştuğunu söyleyen olumsuzluk odaklı başlıklara sahip kişisel gelişim kitapları var.

Bu o kitaplardan biri değil.

İnandığım şey şu.

Bize çocuk yaşta yeteri kadar iyi olmadığımız düşündürüldü. Bu yüzden biri bizim için seçim yapmalıydı ki... Ne olalım?

Kutsanmış mı?

Zengin mi?

Onaylanmış mı?

Meşru mu?

Eğitimli mi?

Sevgili kumaşı olan mı?

Bilmiyorum. Ama bu güvensizlik hissi altında eziliyoruz. Biri bizi seçmediğinde, kendimizi kötü hissediyoruz. Seçildiğimizde ise –ahmaklar tarafından olsa bile– ödül töreninde, "Beni seviyorsunuz! Beni gerçekten çok seviyorsunuz!" diyen o (adını hatırlayamadığım ve arayıp bulmayı reddettiğim) aktris gibi hissediyoruz.

Goldie Hawn muydu? Unutmuşum.

Bu esaretten vazgeçmeliyiz. Teşrih ve tahlil etmek değil. Tamamen bırakmalıyız.

Metroya bindiğimde, yer bulmayı ve gideceğim istasyona kadar oturarak okumayı ve hayal kurmayı seviyorum. Kim sevmez ki? Kimse kokan kalabalıkta direklere asılarak gitmeyi, insanlarla çarpışmayı, kalabalıkla bütünleşmeyi, her durakta sarsılmayı, hayatı pahasına dengede durmaya çalışmayı sevmez.

Bunun kendinizi seçmekle ne ilgilisi var?

Yale psikoloji bölümünden Stanley Milgram tarafından çok basit bir test yapıldı. On öğrenci seçti ve onları New York metro sistemine gönderdi.

Öğrenciler metroya gittiler ve oturan her türlü insana yaklaştılar; genç, yaşlı, siyahi, beyaz, kadın, erkek vs. Her bir oturan yolcuya,

Kendini Seç

"Yerinize oturabilir miyim?" diye sordular. Yolcuların yüzde yetmişi yerlerinden vazgeçti.

Burada iki ilginç şey var: Birincisi, ayağa kalkanların yüzdesi çok yüksek. Sadece ayağa kalkmaları istendi ve insanlar kendilerine söyleneni yaptı.

Diğer ilginç nokta ise, öğrencilerin bu deneyi yapmaya bile ne kadar isteksiz olduğuydu. İnsanların yerlerini istemek, kendilerine bunca zamandır öğretilenin aksi bir şeydi. Bu belli ki çok uç noktada bir şey. Ama bu, kesin bir dille izin verilmediği sürece kendimiz için bir şey yapmakta ne kadar zorlandığımızı gösteriyor.

"Kendinizi Seçmenin" suistimalle eş değer olduğunu söylemiyorum. Her zaman istediğinizi elde etmekle eş değer olduğunu da söylemiyorum.

Kendimizi içinde bulduğumuz bu Kendini Seç döneminin kurallarını anlamak, size dışarı çıkıp dünyaya sizin için uygun yerin neresi olduğunu sormanız için yeterli özgüveni ve beceri grubunu sağlayacaktır. Şüphesiz istediğiniz şeyi elde edeceksiniz. Çekim yasası şeklinde değil de fikriniz nerede görselleşiyorsa orada. Diğer tüm parçaları bir araya getirmeden işe yaramaz.

Bu kitap o diğer parçalar ve onların bir araya getirilmesi hakkında. Aynı zamanda sizi yıkan harici efsanelerin anlaşılmasıyla ilgili; bu efsaneler, şimdilerde ölmekte olan büyük Amerikan orta sınıfını yaratan ve bizi Kendini Seç döneminin radyoaktif serpintileriyle baş başa bırakanlarla aynı. İnsanlar etrafta kör gibi dolaşıyor. Eğer siz görebilenlerden biriyseniz, bu yeni dünyaya yön vereceksiniz. Çevrenizdeki insanların hayatlarını güzelleştiren işaret fişeği olacaksınız ve bunu yaparken de etrafınızdaki herkesin hayatını güzelleştirirken kendinizinkini de güzelleştirmeden edemeyeceğinizi söyleyen doğa yasasını tetiklemiş olacaksınız.

SADECE BİR KİŞİ Mİ HAYATINIZI KONTROL EDİYOR?

Yirmi yıl kadar önce, başkaları tarafından beğenilmeye çalışmaktan yorulduğumu anladım. İş hayatında, kitaplarda, anlaşmalarda, ortalıklarda ya da aşkta seçilmek için düzenli olarak kendimi ambalajlıyordum. Duruma göre, sürekli yeni bir kostüm giyiyor, yeni bir maske takıyor ya da yeni yalanlar hazırlıyor, politik veya dini görüşler değiştiriyordum. Muhtemelen Dan Quayle'in olabilecek en kötü başkan vekili olduğunu düşünmeme ve sigara içmememe rağmen kızın teki sigaramı yakarken, "Dan Quayle gelmiş geçmiş en iyi başkan vekili olabilir," demiştim ona. Randevunun sonunda bir öpücük için uzandığımda... "Ben seninle ilgili bu şekilde hissetmiyorum," dedi. Reddedildim.

Bana, "Tamam, yeter. Kendimi seçiyorum," dedirtecek kadar beni bezdiren iki reddedilişin daha acısını çektim.

Birincisi: Bir televizyon programı hazırlıyordum: *03.00.* Gecenin üçünde. Konu, hayatın öteki yüzünü keşfetmekti. 07.00'den 20.00'ye, "normal insanlar" dışarıda işlerini yürütüyorlar. Takım elbiselerinin içinde, büyük boy soya sütlü kapuçino alıyor, patrona yalakalık yapıyor, üç öğün yemek yiyor, dedikodu yapıyor, televizyon izliyor, zor bir günün sonuna doğru bir bardak şarap yudumluyor ve son olarak

Kendini Seç

tatlı sözlerle kendilerini kandırıp endişelerini bir diğer akşama bırakarak uyuyorlar.

"Normal" insanlar gecenin üçünde uyandıklarında, bunun sebebi genelde erkenden, şafaktan önce uyanmalarına sebep olan telaşlarıdır. "James! Şunun hakkında telaşlanmalısın." Bu olduğunda, ürpeririz. Kesinlikle gecenin üçünde pişmanlıklarımız, kaygılarımız, yalnızlık, mutsuzluk veya fakirlik korkumuz hakkında başka yapacak hiçbir şeyimiz olmaz. Bu paranoya penceremizdeki çatlaklardan sızar, zihnimizdeki çatlaklardan.

▶ Kaygı ve paranoya sebebiyle gecenin üçünde kalkanlar için bir alıştırma: Tekrar uyumak için koyunları saymak yerine, minnet duyduğunuz şeyleri sayın. Hayatınızın olumsuz yanları dâhil. Onlar için neden müteşekkir olmanız gerektiğini bulmaya çalışın. Bunları yüze ulaştırmaya çalışın.

Peki ya sadece gecenin üçünde yaşayan insanlar ne olacak? Her gün bu saatlerde dışarıda hayatını idame ettiren insanlar ne olacak? "Normal"in tamamen dışında bir hayat yaşayanlar? Salı ve çarşamba geceleri saat üçte dışarı çıkmaya başladım. Herkesin dışarıda parti yaptığı cumartesileri değil de eğer gecenin üçünde dışarıdaysanız, bunun bir nedeni olduğu geceler. Bu genelde normal olmayan bir gecedir.

Fahişeler, müşterileri, uyuşturucu satıcıları ve evsiz insanlardan (Gerçi bunlardan bolca buldum – onlara ek olarak preoperatif transseksüeller ve bir de sadomazoşist kadınlar vardı) daha fazlasını buldum. Ayrıca geleneksel yaşam tarzına uymadığı için kendininkini oluşturmak zorunda kalan iyi bir sınıftan insanlar buldum. Kimse bakmadığında, ışıklar karardığında ve dünyanın yüzde 95'i uyuduğunda var olan bir tarz bu. Sanki gecenin üçü diye bir din olsaydı, kendine güvenir ve dünyayı altüst edebilecek olmasından keyif alır ama yine de dünyayı tüm potansiyeliyle yaşardı.

Üç yıl boyunca her hafta HBO internet sitesi için insanlarla görüşüyordum. Bu yıllardan bir tanesinde, materyaller topladım ve HBO için bir deneme yayını olmasını amaçladım. HBO bu işe çok heyecanlandı ve bu yayına para yatırdı.

Sonra da bunu reddettiler.

HBO'da sadece "evet" ya da "hayır" diyerek projemi oluşturacak ya da bozacak tek BİR yönetici vardı ki bilhassa ondan ve onun ne düşündüğünden daima korkuyordum. Her seferinde yeni bir gelişmeyle yanına gittiğimizde acaba onun ruh hali nasıl olacaktı?

Sonunda kararını verdi: "Bunun gibi malzemeler için ya komşularını sevişirken göstermelisin ya da annesini çıplakken öldüren birini." Bizim elimizdeki malzeme buna epey yakındı ama taban ya da en küçük ortak payda kadar değil.

Reddedildik. Tüm bunlar bir kişi kötü gününde diye oldu. HBO'nun belgesel ve aile programlarının şefiydi, sanırım hâlâ öyle. Çocuklarınızın izlediği programların.

İkincisi: İlk şirketimi satmaya çalışıyordum. Potansiyel bir alıcımız vardı. Başka alıcılarla görüşmeyi bile düşünmedim. 300.000 dolar teklif edeceklerdi. Banka hesabımda yaklaşık 500 dolarım vardı. Daha önce hiç şirket satmamıştım. İş hakkında hiçbir şey bilmiyordum aslında ve iyi giden küçük, sağlam bir iş kurmuştum.

Her gün bunun hayalini kuruyordum. Bankadaki biraz parayla bir yıl ara verebilir, bir kitap yazabilirim diye düşünüyordum. Belki de iki. Ya da televizyon programı yapardım. Veya istifa ederdim. Veya başka bir şey yapardım.

Onlar da anlaşma için en az benim kadar heyecanlı görünüyorlardı, ben de diğer fırsatlara bakmaksızın o paranın bankada olduğunu farz ettim. Büyük hata. Sınırları aramayı bıraktığınızda, kaçınılmaz olarak batağa saplanıyorsunuz, çıkmak için çırpındıkça çamura daha çok batıyorsunuz. Bu benzetme tuttu mu emin değilim ama siz ne demek istediğimi anladınız. Başarı, sınırlarınızı her yöne doğru –yaratıcı, mali, ruhsal ve fiziksel olarak– sürekli genişlettiğinizde geliyor. Sürekli

Kendini Seç

kendinize sorun, neyi geliştirebilirim? Daha başka kiminle konuşabilirim? Başka nereye bakabilirim?

Aylarca süren ayrıntılı inceleme aşaması ve pazarlıktan sonra ne olsa beğenirsiniz; bizi almasını istediğim şirket bizi reddetti. Berbat hissettim.

Bu iki olay da temelde aynı zamanda ve aynı nedenle oldu. Her iki durumda da mutluluğum bir kişinin kararlarına bağlı gibi görünüyordu. Hayatımı şekillendirme gücünü o bir kişiye vermiştim.

Tabii ki her iki reddedilme de benim için daha iyi sonuç verdi; sadece sebat edilmesi gereken nedenlerle değil, kuantum fiziği, sağlık, ruh, gerçek bir insan olmak ve bu kitapta bahsedeceğim diğer birçok şeyden dolayı bu daima böyle olacak.

Bu reddedilmelerin bana kattığı en önemli şey, BİR DAHA ASLA herhangi bir girişimimin başarısına veya başarısızlığına ilişkin seçimi bir kişinin hevesine bırakmayacağımdı.

Peki, bu tavır işe yaradı mı?

Tabii ki hayır. Bu, yüz binler değerinde estetik yaptırmış birine, ansızın daha önce olduğu şekilde görünmesini söylemek gibi. Vücutları artık bunu nasıl yapacağını bilmiyor. Kıç öpmeye devam ettim. Düşmeye devam ettim. İçimdeki ihtiyaçlarıma dürüst olmamaya devam ettim.

Kendini Seç dönemini kendime gerçekten aşılama alıştırmalarına başlamam epey zaman aldı. Şanslısınız ki benim kendimi seçmem için geçen yılları atlayarak, bu kitapla bu alıştırmalara başlayabilirsiniz.

Kendini seçme becerisi –önceki bölümde bahsettiğimiz tarihsel nedenlerle bize dayatılan bir beceri– tecrübe edilmesi için yapılması ve gerçekleştirilmesi için yaşanması gereken kapsamlı bir sağlık yapısının sonucudur. Tavsiyelerimi beğenmezseniz, yapmayın. Ama ne zaman yere kapaklanmış olsam bende işe yaradı. Tekrar kalkabilmemin tek yoluydu.

Denemek ne kadar zor gelse de kıyılara vuran bir dalga asla kendisini yaratan okyanus kadar güçlü olamaz. Amaç –varlığımızın kaynağı olan, dağları hareket ettiren, tüm canlıları var eden, kıtaları sallayan ve herkes tarafından saygı gören– okyanus olmaktır.

Bu kitap, okyanus olmak hakkındadır. Okyanus olmak için kendini seçmek hakkında. Yaptığınız her şey dışarıya dalgalar olarak yansıyacak, yaptığınız her şey dünyayı hareket ettirecek, sizin ve çevrenizdekilerin hayatını güzelleştirecek.

Şimdi, Kendini Seç dönemine giriş yapalım.

KENDİNİ NASIL SEÇERSİN?

Ben bir bağımlıyım. Yirmi yıl boyunca bir alışkanlıktan diğerine geçtim. Hepsinden bahsedemem bile. Aslında utanıyorum. Rezalet. O an beni mutlu eden hangi alışkanlık olursa ona sarılıyordum. Bir ateş, odadaki her şeyin oksijenini emer. Oksijen tükendiğinde ateş söner. Sonra yanıklar ortaya çıkar. Bağımlılık budur. Bu her şekli alabilir; girişimcilik, uyuşturucu, seks, aşk, oyunlar ve gerçeklerden kaçmanın her yolu. Bunların hepsine bağımlıydım. Sizin gibi berbat durumdaki insanlarla buluştuğunuz 12 adım toplantılarına bağımlıydım.

Bağımlılıklar: Haydi şöhret, para, seks, sağlık, daha fazla şöhret için haftada yüz saat çalışalım, sonra da paramızı çarçur edelim, sonra amuda kalkalım, şık bir sanat eseri alalım, büyük evler, koruyucu köpekler, insan öldüren pitbull teriyerleri, daha büyük banka hesapları. Kahrolası bankanın sahibi olalım. Haydi, yukarıdakileri ikiye katlayalım.

Şimdi yeni bir bağımlılık var. Herkes, "Tek istediğim özgürlük," diyor. Ama ne için özgürlük? Sizi köleleştiren, kaçamadığınız kim? Bunun üzerine insanlar çocukları, aileleri, kardeşleri ya da çocuklarının çocukları için özgürlük istiyor. Ya da beş nesil sonraki çocuklar için. Tüm bu çocuklar nereden geldi?

Ama hâlâ; "Tüm bunlar, yaptığım her şey, onlar için!"

Kendini Seç

Sonra tükeniyoruz. Özgürlük için çok fazla savaşıyoruz. Peki, bunca zamandır kiminle savaşıyoruz? Farkında olmadan özgür olduğumuz tüm bu zaman boyunca? Bunu yazarken üzerimde herhangi bir zincir yok. Ama bu his çok derin: Tek istediğim özgürlük.

Kendini Seç döneminde özgürlüğü kullanıp başarılı olmanın iki tane çok önemli temeli var. Onlardan kaçınamazsınız. Onları yapmamak için bahaneniz yok. İyi haber şu ki onlar bedava.

SADECE KEYİF ALDIĞINIZ ŞEYLERİ YAPIN. Bu size çok bariz gibi görünebilir ama çoğu için değil. Kimileri, "Hadi canım! Ben de keyif aldığım şeyleri yapmak isterdim ama ödemem gereken faturalar var!" diyebilir. Bir saniye için sakinleşin. Öncelikle, keyif aldığımız şeyi nasıl yapacağımızı öğreneceğiz. "Sadece keyif aldığınız işi yapın," palavrasını da demeyeceğim. Demek istediğim, bu sizin düşüncelerinize bağlı. Keyif aldığınız insanları düşünün sadece. Sadece sizi insan olduğunuz için mutlu eden, keyif aldığınız kitapları okuyun. Sadece sizi gerçekten güldüren ya da âşık eden davetlere gidin. Sadece kazanan ve size de kazandıracak olan, sizi sevecek olan insanlarla uğraşın.

Bu günlük bir alıştırma.

Son derece mutsuz olduktan, boşandıktan, para, iş, arkadaşlar, kariyer ve uğruna çabaladığım her şeyi kaybettikten sonra, son birkaç yıldır bunu yapmaya başladım. 2008 Şükran Günü akşam yemeğinde tek başıma, hindili sandviç yerken, "Lanet olsun!" dedim. Bıkmıştım.

Her akşam dışarı çıkardım. Ne düşündüğümü asla bilemeyeceksiniz. Davet edildiğim her iş toplantısına giderdim. Çağrıldığımda hep televizyona çıkardım. Ne düşündüğümü asla bilemeyeceksiniz. Belki birileri beni GÖRÜR diye. Belki beni arar, bana teklifte bulunur, bana verir, beni ister, benden hoşlanır ve beni sever. Belki yüzümdeki BEĞEN tuşuna basarlar. Harika.

[Kendime not: Televizyonlar için "BEĞEN" tuşu icat et, böylece insanlar televizyonda gördükleri kişileri BEĞENEBİLİRLER, böylece televizyon ağına bir şekilde ulaşabilirler.]

James Altucher

Bu toplantıların yüzde doksan dokuzu paraya dönüşmez. Haberlerin yüzde doksan dokuzu yalandır. (Güvenin bana. Biliyorum.) Televizyonun yüzde doksan dokuzu, skandal, cinayet ve aldatmadır. Sokaktaki insanların yüzde doksan dokuzu, onlara izin verirseniz hayat enerjinizi emecektir.

Yapmak istemediğiniz bir şeye her evet dediğinizde şunlar olacak: İnsanlara içerleyeceksiniz, işinizi kötü yapacaksınız, iyi olduğunuz işleri yapmak için daha az enerjiniz olacak, daha az para kazanacaksınız; sonunda hayatınızın başka bir küçük yüzdesi tüketilecek, yakılacak ve geleceğe gönderilen bir işaret dumanı, "İşte yine yaptım!" diyecek.

Beslenmeniz gereken tek gerçek ateş içinizdekidir. Dışarıdan hiçbir şey bunu beslemeyecek. İç ateşiniz harlandıkça, bunu daha fazla insan isteyecek. Ateşiniz tarafından yakılan her esrarı içecekler. Kendi ateşlerini yakmaya çalışacaklar. Kendi karanlık mağaralarını aydınlatmaya çalışacaklar. Evren önünüzde eğilecek.

İstemediğiniz bir şeye her evet dediğinizde, ateşiniz sönmeye başlar. Söneceksiniz.

"Ya yapmak istemediğim bir şeye evet demek zorundaysam?" diyor olabilirsiniz. Gayet makul. Beslememiz gereken ağızlar, sorumluluklar, emeklilik için birikimler, bizi "hayır" hapishanesinde tutan diğer birçok şeyimiz var. Henüz bunun hakkında endişelenmeyin. Bu günlük alıştırma, tarlayı sürecek ve her şeye açıklık getirecek; böylece "evet" veya "hayır" cevabınızın daha derin bir yerden, içsel tatmininizden gelip gelmediğini bileceksiniz.

GÜNLÜK ALIŞTIRMA. Boşsunuz. Bunu abartısız söylüyorum. Bedenlerimiz küçük galaksiler gibi. Galaksiler içlerinde milyarlarca büyük yıldız barındırır ve gerçekte yıldızların etrafındaki uzay öylesine devasadır ki tüm galaksi çoğunlukla boştur.

Bu tıpkı sizin gibi. Atomlardan oluşuyorsunuz. Hem de her bir parçanız. *Bir atomun içindeki gerçek fiziksel madde (protonlar, nötronlar, elektronlar) o atomun yüzde birinin ellide birini oluşturur.* Geri kalanı boştur.

Kendini Seç

Yani boşsunuz. Orada gerçekten bir şey yok. Gerçek siz –gerçek ateş– bu boşluğun içinde.

Hayatımızı boşluktan korkarak geçiriyoruz. Bunu sevgi, para, zevkler ve bulabildiğimiz her şeyle doldurmak istiyoruz. Bunlar hiçbir zaman yetmez. Hepsi çürür gider.

Sadece boşluk çürümez.

Bu deliği doldurmak için bulduğum en iyi yol, boşluğu doldurmak için dış dürtüler aramak değil de, *asla kaybolmayacak iç ateşi yakmak*. Kendi iç gökyüzümü aydınlatmak.

Peki, bunu nasıl yapacaksınız?

Bir saniye için vücudunuzu resmedin. Günde yüz bin veya dakikada yetmiş iki kere kan pompalayan ve 1,3 galon kanı vücudunuzun her tarafına gönderen bir kalbiniz var. Eğer –bir damar veya arterde– bir engel varsa hızlıca ölürsünüz. Dakikalar içinde. Bu, bir kalp krizi. Kan, sistemi temizler, suyu, oksijeni ve besinlerinizi vücudunuzun her parçasına taşır.

Daha uzun süre yaşamak için yapmanız gereken tek şey, kalbinizi korumak ve kanın pompalanıp akması için yapabileceğiniz her şeyi yaptığınızdan emin olmak. Bu, diyet, egzersiz, uyku ve diğer şeylerin bir işlevi. Kalbiniz hastalanırsa, ölürsünüz. En nihayetinde öldüğünüzde, şüphesiz ki bu, kalbiniz hasta olduğundan olacaktır.

Fiziksel bedeniniz dışında üç bedeniniz daha olduğunu hayal edin:

- Duygusal bir beden
- Zihinsel bir beden
- Ruhsal bir beden

Bunların içinden ve arasından akmaya zorlanan bir hayat hayal edin, tıpkı kan gibi. Her şeyi sağlıklı tutması gereken bir merkez çekirdek hayal edin. Uzun, verimli ve hatta mutlu bir hayat yaşamak için kalbinizi sağlıklı tutmanız gerektiği gibi, bu diğer bedenleri de sağlıklı tutmalı ve düzenli olarak alıştırma yapmalısınız. Günlük bazda. Dakikalık bazda.

Ben buna Günlük Alıştırma diyorum.

Kulağa klişe gibi gelebilir. Laga luga gibi gelebilir. Bilmiyorum. Umursamıyorum. Bu bende işe yarayan bir düşünüş metodu. Diğer teknikler diğer insanlarda işe yarayabilir. Onlara iyi şanslar. Bende bu işe yaradı.

Bir sonraki bölümde, başlangıç için basit bir Günlük Alıştırma anlatacağım. Ama aşağıdaki, bu bedenleri sağlıklı tutmanın en iyi yoludur. Bu, kendinizi seçerek oluşturduğunuz platformda, (dört bedende de) sağlığı kurmanın bir şekli. Kitabın geri kalanı bunu yapan bir kişinin başarıyı yönlendirmek için nasıl seçenekler yaratarak başarı katmanlarını inşa edeceğini anlatıyor. Bunu yapan insanların hikâyelerini okuyacaksınız.

FİZİKSEL BEDEN: Yaşamak için gözetmemiz gereken kabuk. Yaptığımız her şeyin evi. Gayet basit. Ona kötü şeyler yaptığımızda, bunun farkındayızdır. Çok sık düşünürüz; X,Y,Z hedefime bir kez ulaşsam, forma gireceğim. Ama bu şekilde işlemez. Hırpalanmanıza, sinirlenmenize ya da sekiz baklava sahibi olmanıza veya her neyse işte, gerek yok. Sadece sağlıklı olmalısınız. Ne demek istediğimi biliyorsunuz, değil mi?

Düzenli olarak pislemeniz gerek. Bu kadar.

Peki, bunu nasıl yaparsınız?

Abur cubur yemeyin. Akşamları yedi ila dokuz saat uyuyun. Aşırı alkolden uzak durun. Egzersiz yapın. Egzersizden kastım günde 8 mil koşmanız değil. Yürüyüşe çıkın. Her doksan dakikada bir on dakikalık yürüyüşlere çıkabilir misiniz? Yirmi dakikalık bir yürüyüşe çıkabilir misiniz? Asansör yerine merdivenleri kullanabilir misiniz? Beş dakika yoga yapabilir misiniz?

Benim rutinim: Sabah 5 ila 6 arasında kalkarım. Genelde protein ağırlıklı kahvaltı ederim. (Tim Ferris'in *4 Saatte Süper İnsan* isimli kitabında anlattığı yavaş karbonhidrat diyetini seviyorum). Sonra 2 ya da 3 gibi geç saatte öğle yemeği yerim. Yürüyüşe çıktığım zaman, çok fazla yürür ve mola veririm. Hiçbir zaman yeterince egzersiz yapmış olmazsınız aslında ve yaratıcı bir insan hiçbir zaman çok fazla yürüyüşten şikâyet etmez. Sonra akşam 8 ila 9 arası uyurum. Kimse günde üçüncü bir öğün yemediği için açlıktan ölmemiştir. Eğer gün içerisinde çok geç yerseniz veya gün içerisinde çok geç alkol alırsanız (özellikle de çok fazla alkol tüketiminde) vücudunuz geceleyin zor hazmedecektir. Bu da uykunuzda sizi rahatsız eder. Sabahları metabolizmanıza zarar verir. Böyle devam eder gider.

DUYGUSAL BEDEN: Duygusal olarak etrafımda sadece bana ilham veren olumlu insanları barındırmaya çalışıyorum. Bu sayede olumlu olmayı öğrenebiliyorum. Etrafımdaki insanlara işaret fişeği olmak için.

Sizi aşağı çeken insanlardan uzak durmak önemlidir. Tabii zalim bir şekilde değil. Daimi olarak enerjinizi emen insanlarla bir arada bulunmaktan ve bağlanmaktan uzak durun. Bu kitabı yazdığım esnada bir arkadaşım yeni bir şirket işine girişiyordu. Ortaklarından biri sürekli olarak onu eleştiriyordu. Onunla ne zaman konuşsam, "ABC yine iş başında. Bu sefer şunu dedi," diyordu. Sonra da ortağının insanlığa karşı işlediği son suçu anlattığı uzun bir tartışmaya başlıyordu.

Kilit nokta şu: Sizi deli eden insanı kabullenmek. Bunu ortadan kaldıramazsınız. Gözlemlemeyle birlikte, acı solmaya başlayacaktır. Bu insana ne kadar az bağlanırsanız, bu insanın üzerinizdeki etkisi o kadar az olacaktır. Bu kişi size çok yakın bir kişi olsa bile (ve genelde çok yakın olurlar. Sizi sinir edebilmelerinin sebebi budur.) bağlanmamanın bir yolunu bulun. Koridorda selam verin, nazikçe gülümseyin ama bağ kurmayın. Bu insan hakkında ne kadar şikâyet edebileceğiniz veya endişe edebileceğiniz konusunda kendinize günlük bir kota koyun.

İçinizdeki çirkinlikten sıyrılmazsanız, güzel olamazsınız. İnsanlar oldukları haliyle berbat değiller, sizin gözünüzde berbat oldukları için onları öyle görüyorsunuz. Bunun olmasına izin vermeyin.

► Konuya ilişkin olarak yaptığım bir alıştırma var: Sessiz kalmaya çalışıyorum. Birçok insanın konuştuğu gibi günde 2.500 kelime konuşmak yerine, mümkün olsa günde sadece bin kelime konuşmak, benim için daha hoş olurdu. Bu, beni bağ kurduğum kişilerle konuşurken, kelimelerimi daha iyi seçmeye zorluyor.

ZİHİNSEL BEDEN: Zihniniz çaresizce PATRON olmak istiyor. Sizin SAÇMALIKLARLA çok ama ÇOK MEŞGUL olmanıza ihtiyacı var, bu sayede iyi olduğu her şeyi yapabilir; takıntı, endişe, korku, bunalmışlık, coşku hissi, ileriyi düşünmek, geçmişi düşünmek, düşünmek, düşünmek, DÜŞÜNMEK ta ki... Tükenene kadar.

Yani ya vahşi atı ehlileştirmelisiniz ya da o sizi köle edene kadar ehlileştirecektir. Kimse bunu istemez. Onu ehlileştirmek için kullanacağınız yöntem, odaklı kullanım. Bir hedef belirleyin: Kendime daha fazla zaman ayırabileceğim on yol belirleyeceğim. Ya da işimi iyileştirebileceğim on yol belirleyeceğim. Veya on iş fikri. Yapacağınız listenin zor olmasına dikkat edin. Zihninizi TERLETMELİSİNİZ ki yorulsun. Öyle çok yorulsun ki o gün için bitkin düşsün. Bugün sizi kontrol edemeyecektir. ONUN PESTİLİNİ ÇIKARIN! Sonra bunu yine yapın. On fikir DAHA. Bu konuyu "Bir Fikir Makinesi Haline Nasıl Gelinir?" bölümünde daha iyi irdeleyeceğim.

Bugün ne yaptığımı size anlatayım. Bir online eğitim firması, bir online ders fikriyle gelmemi istedi. Belki "Günlük Alıştırma" hakkında bir ders verebilirdim ama ben öğretebileceğim on farklı ders listesi daha hazırladım. Bu gerçekten zordu! Gerçekten öğretebileceğim on farklı konu var mı yok mu bilmiyordum bile. Hâlâ da bilmiyorum. Ama bir liste yaptım. Zihnim bir domuz gibi terledi. Hemen sonrasında ne yaptım biliyor musunuz?

Uyuyakaldım.

Kendini Seç

Önceki gece on saat uyumuş olmama rağmen. Uyumak eğlenceli. Uyumayı seviyorum. Bir cumartesi. Saat 13.00. Bir yarım saat uzandım. Zihnim yorulmuştu. Kalktım ve bunu yazdım. Günde on fikir üretin.

RUHSAL BEDEN: Çoğu insan geçmişteki pişmanlıklarını veya gelecek kaygısını takıntı haline getirir. Ben buna "zaman yolculuğu" diyorum. Geçmiş ve gelecek yok. Onlar, asla kontrol edemeyeceğiniz, anılar ve spekülasyonlar. Artık zaman yolculuğu yapmanıza gerek yok. Şu anı yaşayabilirsiniz.

New York'ta dolaşırken, herkesin gözleri donukmuş gibi geldi bana. Geçmiş ve gelecek arasında dolaşıyorlardı. Zaman yolculuğu yapıyorlardı. Denediğim bir alıştırma var; binaların çatılarına bakmak. Etrafımı çevreleyen şehirdeki sanatı bulmak, herkes zaman yolculuğundayken beni burada tutmak için iyi bir yöntem.

Benim parasal endişelerim var. İlişki korkularım var. Kendime güvensizliğim var. Beni beğenecekler mi, nefret mi edecekler, sevecekler mi? Çulsuz olur muyum? Claudia diğerlerinin yaptığı gibi beni terk eder mi? Geçmişten gelen tüm korkularım, geleceğin endişeleri. Pişmanlıklarım var. Belki daha iyi bir ebeveyn olabilirdim... Belki daha iyi bir evlat olabilirdim... O kadar parayı kaybetmeseydim, belki hayatlar kurtarabilirdim... Belki, belki, belki.

Bunların hiçbiri olmadı. Onlar varmış gibi davranan, benim zihnim.

Vazgeçtim. Geçmişi ya da geleceği kontrol edemem. Onlar tıpkı benim gibi boşlar. Tek var olan şey, şu an.

Bitti.

Teslim olduğunuz ve çevrenizi saran güzel durgunluğu kabullendiğinizde, geçmişe ilişkin tüm düşüncelerden ve geleceğe ilişkin tüm kaygı ve endişelerden vazgeçtiğinizde, etrafınızı olumlu insanlarla çevrelediğinizde, zihninizi ehlileştirdiğinizde, sağlığınızı koruduğunuzda, tükenme şansınız sıfırdır.

Nasıl teslim olursunuz? Doğru hazırlığı yaptığınıza güvenerek. Yapabileceğiniz her şeyi yaptınız. Hepsi sizin gücünüz ile kontrolünüz altında. Şimdi sonuçlardan vazgeçin. Doğru şey olacaktır.

Bu, ateşi yakmamın ve tükenmekten uzak durmamın TEK yolu. Endişelendiğimiz şeyler hakkında düşünün. Ne zaman geriye dönüp endişelendiğimiz şeylere baksak, neredeyse her seferinde, o konuda endişelenmenin ne kadar gereksiz olduğunu düşünürüz.

Bu asla kötü bir ruh haline sahip olmayacağınız anlamına gelmiyor. Tabii ki olacaksınız. Bir beden ve zihin bunun için yaşıyor; iyi ve kötü ruh halleri arasında gidip gelip duruyor. İşin hilesi, kötü ruh halini tanıyıp, "Kötü haldeyim," diyip beklemekte. Böylece hoşlandığınız şeyleri geri alabilirsiniz. Böylece kararlar vermeye, seçimler yapmaya geri dönebilirsiniz ama sadece –tamamen burada olduğunuz ve zaman yolculuğu yapmadığınız– iyi bir ruh haliyle.

Kendinizi Günlük bir Egzersize adamak, hayatımızda artan gelişmelerin ortaya çıkmasına yardımcı olur, üstelik siz tek seferde sadece ufacık bir gelişimin farkında olsanız bile. Onlar bugün gelişecekler. Onlar her saniye gelişecekler. Her seviyede beraberinizde taşıdığınız çöpleri, sizi ağırlaştıran çöpleri, önünde sonunda yanmaya başlayan ve sizi YAKIP TÜKETEN dışsal çöpleri her saniye dökecekler.

Onun yerine içinizdeki ateşi tutuşturmak, öyle kızgın bir yangın başlatır ki söndürülemez. Bunun yerine, galaksiyi aydınlatacaksınız. Çevrenizdeki herkese ışıltı vereceksiniz. Solmaya yüz tutmuş, cılız bir alev yerine, bereket çeken bir ışık, bir işaret fişeği haline geleceksiniz.

BASİT GÜNLÜK ALIŞTIRMA
(veya Neden Birçok İnsan Ölmek İstiyor?)

Birçok insan ölmek istiyor. Onları suçlamıyorum. Hayattaki en tüyler ürpertici şey ölmek değil. Doğmuş olmak. Bir kez doğdunuz mu, o zaman yandınız. Şimdi gerçekten hayatta kalmak zorundasınız. Altına eden, ağlamadan kendini ifade edemeyen, kendi başına beslenemeyen ya da yürüyemeyen biri olmaktan çıkıp büyümek ve tüm bunları zor yaparken bir yandan da mortgage hokkabazlığı, evlilik, çocuklar, kariyer vs. yapan bir yetişkin olmak zorundasınız ki en nihayetinde bir bebek gibi yine tüm bunları yapamayan yaşlı bir adam olasınız.

Sonra da ölürsünüz. Artık daha fazla endişeniz olmaz.

Birçok insanın ölmek istediğini nereden mi biliyorum? Çünkü bana Google öyle söylüyor. Muhtemelen bloğuma gelen insanların en çok arattıkları kelime öbeği: "Ölmek istiyorum." İkinci arattıkları kelime öbeği ise: "Umarım ölürüm." Üçüncüsü ise: "Nasıl ortadan kaybolabilirim?" ki bu ölmekten biraz daha umut verici ama daha farklı bir duyguyu ifade etmiyor (Bu sanki biraz, "Sahip olduğum hayatı öldürüp, yenisine nasıl başlarım?" demeye benziyor). E–posta kutum ise nispeten daha neşeli. E–posta aracılığıyla aldığım popüler soru ise: "Sıkışıp kaldım. Hayatta nasıl ilerleyebilirim?"

Kendini Seç

Son gruptaki insanların her biri tamamen, "Ben ölmek istiyorum!" noktasında değil ama bir şekilde hayatları istop etmiş. İstop etmiş olmalarının sebebi, dünyanın ekseninin değişmiş olması. İşe, evliliğe, ilişkilerine, beyaz çitli eve, üniversite diplomasına, dışarıdan gelen hiçbir şeye güvenemiyoruz. Hiçbir şey sayılmaz. Hayalini kurduğumuz her şey, bir yanılsamaydı.

Sonuç olarak, insanlar kendilerini yerde buluyorlar. Onların ifade ettiği üzere, "bir hayatları" olmaksızın. Şüphesiz ki bir hayatları var. Nefes alıyorlar. Ama hayatı kendileri için nasıl seçeceklerini bilmiyorlar. Kitleler, bunu kendileri için yapacak diğerlerine güveniyor. Başkaları tarafından yönetilen daha küçük bir "hayat" yaşamak için, hayatlarından vazgeçiyorlar.

Bunu anlıyorum. Bu, benim başıma tekrar tekrar geldi.

Ama bu başkalarına güvenme meselesi sona ermeli. Bu her zaman bir efsaneydi. Umduğumuz her şeydi. Orada olacağımızı söylediğimiz, bizi bekleyen toplum, tamamen gitti ve asla geri gelmeyecek. İsterseniz mavi ilacı (asla geri gelmeyecek yapay gerçeklik için üzülebilirsiniz), isterseniz de kırmızı ilacı (Kendini Seç dönemine tamamen girebilir ve fırsatları yakalayabilirsiniz) içebilirsiniz.

Patronlarımız bize yardım etmeyecek. Bizden nefret ediyorlar. Size karşı ne kadar kibar olduklarının önemi yok, aslında sizden nefret ediyorlar. Birkaç ay önce, büyük bir haber şirketinin başı beni kahvaltıya davet etti. Şirketinin internet sitesinin trafiğini nasıl arttırması gerektiği konusunda tavsiye istiyordu. Büyük bir haber şirketi derken, BÜYÜK demek istiyorum. Her gün onların gazetesini okuyorsunuz.

Onun boş laklak anlayışıyla başladık. "Muhabirlerimle problemlerim var. Hepsinin Twitter hesapları var ve çok fazla takipçisi olanlar aniden terfi ve promosyon istemeye başladılar."

"Bu neden problem yaratıyor ki?" dedim. "Muhabirlerinizin geniş kitlelerce beğenilmesini ve onlara saygı gösterilmesini istemiyor musunuz?"

SAÇMA SAPAN, tipik bir cevap verdi: "Biz haber işindeyiz. Kimse yıldız değil."

Problem bu. Bir şirket, kişiliğin kaybolmasını ister. En iyi ve en akıllı elemanının vasat olmasını ister, böylece içindeki bireyler değil, şirket ışıl ışıl parlar. Gelecekte ise şirketi kaybetmeye başlayacak ve tüm "yıldızları" kendi başlarına süpernova olacak.

Neden Günlük Alıştırma üzerinde çok fazla duruyorum? Bir inanış veya başka bir şey mi satmaya çalışıyorum?

Hayır, bunun üzerinde duruyorum çünkü bende işe yarayan tek şey bu. Bu alıştırmayı takip etmek, beni "sıkışıp kalmamış" yapan, beni yerden kaldıran, hayatımı kurtaran ve aslında beni başarıya götüren tek şey.

Bunun hakkında yazmaya başladığımdan beri, bana bunun hakkında e-posta atan diğer binlerce insanda da aynısını gördüm. Kitabın sonunda göreceğiniz görüşleri topladım. Bunlar bir yıllık süreçte aldığım tweet ve e-postalar değil. Bunu yazdığım son bir saatte aldığım tweet ve e-postalar.

Hiçbir şey satmıyorum (eh, evet bu kitap elinizde ama eğer bunu karşılayamayacak birini tanıyorsanız, bana haber verin, ben ona bedavaya yollayacağım). Aslında insanları bana inanmamaları için cesaretlendirmeye çalışıyorum. Tüm sıkışıp kalmış, hakkı yenmiş, korkmuş, kaygılı ya da pişmanlık dolu insanlar, lütfen bunları bir deneyin böylece kendinizde işe yarayıp yaramadığını görebilirsiniz.

İşte bu şekilde daha iyi bir toplum olabiliriz. Evvela daha iyi bireyler oluruz. Aynaya bakıp kendinizden nefret ediyorken başkalarına yardım edemezsiniz. Aynada gördüğünüz kişiden nefret etmek çok kolay. Hayatımızın çoğunu aynadan nefret ederek geçiriyoruz. Lanet olsun, sabahları aynaya bakınca ben son derece korkunç görünüyorum. Bu bir günlük meydan okuma!

Birçok insan, "Günlük Alıştırma benim için uzun iş. Bunu her gün yapamam," diyebilir.

Kendini Seç

Sorun değil. Haydi, "Basit Günlük Alıştırma"yı tanımlayalım, daha sonra ince eleyip sık dokumaya devam edebiliriz.

Basit bir günlük alıştırmaya neden ihtiyaç duyarız?

I Will Teach You to Be Rich isimli çok satan kitabın yazarı olan arkadaşım Ramit Sethi'nin konuşmalarından birine gittim. Ramit ve ben birkaç kez birbirimizin konuşmasına gittik ve beraber birkaç video da yaptık. Ramit, kişisel finansal durumunu, davranışsal psikoloji yaklaşımıyla ele alıyor ki bu alanda tek olduğunu düşünüyorum. Bu sadece, "Ayda fazladan 1.000 dolar tasarruf edin o zaman zengin olursunuz," gibi bir şey değil. Aslında insanlara bütçe belirlemeleri için tavsiyeler veren kişisel finans yazarları arasında bir anket yaptı ve aslında hiçbirinin kendisi için bütçe belirlemediği sonucuna ulaştı.

Konuşmasında benim için çok önemli olan bir noktaya değindi. Karım Claudia, bana dişlerimi diş ipiyle temizletmeye uğraşıyordu. Üşeniyordum ve birkaç gün bunun için uğraştım ama daha sonra dişlerimin arasındaki o küçük alanları kazımaktan yoruldum. Bu yarım saatlik bir uygulamaydı, bu yüzden bir süre sonra durdum, birkaç gün sonra da vazgeçtim. Ramit diş ipi kullanma konusunda konuşmaya başlayınca, Claudia'nın kulak kabarttığını fark ettim.

Eğer bir insanın dişlerini diş ipiyle temizlemesini istiyorsanız, ondan sadece tek bir dişini temizlemesini isteyin, dedi. Hepsi bu.

Aniden hepsi "temizlenecek"tir. Beyinleri der ki, "Ben diş ipiyle temizlemeyi seven bir kişiyim." Belki bir veya iki gün sonra iki dişi diş ipiyle temizlemeye başlarlar. "Neden burada bırakayım ki?" dedi Ramit. "Birkaç hafta sonra, tüm dişlerini diş ipiyle temizleyeceklerdir, çünkü beyinleri bunun düşündükleri kadar zor bir alışkanlık olmadığını görecektir."

Basit Günlük Alıştırma da aynı şey. Yerden kalkmak için tek yapmanız gereken şey, değişmesi gereken şeyin dışsal hayatınız (bunu biraz kontrol edebilirsiniz) olmadığını ve dışsal değişimlerin içten geldiğini anlamaktır.

Hayatınızdaki dışsal değişimler, uzak kıyılara vuran okyanusun son dalgaları gibidir. Bir promosyon, bir terfi, yeni bir iş teklifi, yeni bir ilişki. Bunlar, son dalgalardır. Okyanus sizin içinizdedir. Bu sonsuz varlığın farkına varmak, elli yıl bir mağarada meditasyon yapmayı gerektirmiyor. Sadece sağlıklı olmayı içeriyor. Sadece fiziksel olarak sağlıklı olmayı değil, aynı zamanda ruhsal, zihinsel ve duygusal olarak sağlıklı olmayı da gerektiriyor.

Şimdilik, Basit Günlük Alıştırma sadece her gün tek BİR şeyi yapmayı ifade ediyor.

Her gün aşağıdakilerden birini yapmayı deneyin:

A) Sekiz saat uyuyun.

B) Üç yerine iki öğün yemek yiyin.

C) Televizyon izlemeyin.

D) Abur cubur yemeyin.

E) Bir gün boyunca şikâyet etmeyin.

F) Dedikodu yapmayın.

G) Beş yıl önceki bir e-postaya geri dönüş yapmayın.

H) Bir arkadaşınıza minnetinizi ifade edin.

I) Komik bir film veya stand-up gösterisi izleyin.

J) Fikirlerinizin listesini yapın. Bu fikirler her konuya ilişkin olabilir.

K) Ruhani bir metin okuyun. Size ilham veren herhangi biri olabilir. İncil, Tao te Ching,[7] ne isterseniz.

L) Uyandığınızda kendinize, "Bugün bir hayat kurtaracağım," diyin. Kurtarabileceğiniz hayat için gözünüzü açık tutun.

M) Bir hobi edinin. Zamanım yok demeyin. Piyano çalmayı öğrenin. Satranç dersi alın. Stand-up gösterisi yapın. Roman yazın. Sizi mevcut ritminizden uzaklaştıracak bir şeyler yapın.

---

7 Tao Te Ching, antik bir Çince metindir ve "Yol ve onun erdemlerinin kitabı" olarak çevrilebilir. Halk arasındaki inanışa göre Laozi tarafından, M.Ö. 600 dolaylarında kaleme alınmıştır. (ç. n.)

Kendini Seç

N) Tüm faaliyet planınızı yazın. Her gün yaptığınız işlerinizi. Bir işe çarpı atın ve artık onu yapmayın.

O) Birilerini şaşırtın.

P) Minnet duyduğunuz on kişiyi düşünün.

Q) Birini affedin. Bunu ona söylemek zorunda değilsiniz. Bunu sadece bir parça kâğıda yazın ve kâğıdı yakın. Birini yüz yüze affederken beyninizdeki oksitosin salgılanışıyla aynı etkiyi yapacaktır.

R) Asansör yerine, merdivenleri kullanın.

S) Bunu 1970'lerdeki popüler psikoloji kitabı *Don't Say Yes When You Want to Say No*'dan çalacağım: Kendinizi, sizin için özel biri için üzülürken bulduğunuzda sessizce, "Hayır," diye düşünün. Eğer o adamı (veya?) kadını bir daha düşünürseniz, yüksek sesle, "Hayır!" diye düşünün. Tekrar mı? "Hayır!" diye fısıldayın. Bunu tekrar söyleyin. Yüksek sesle. Bağırın. Daha yüksek. Böyle devam edin.

T) Birine her gün onu sevdiğinizi söyleyin.

U) Sevmediğiniz biriyle sevişmeyin.

V) Duş alın. Keselenin. Vücudunuzdan toksinleri atın.

W) Size ilham veren birinin biyografisinden bir bölüm okuyun.

X) Bir arkadaşla vakit geçirmek için planlar yapın.

Y) Eğer, "Ölsem, her şey daha iyi olurdu," diye düşünüyorsanız, şimdi şöyle düşünün: "Eyvallah. Artık istediğim her şeyi yapabilirim ve bu düşünceyi bir süre öteleyebilirim, hatta birkaç ay daha." Çünkü şu an bunun ne anlamı var ki? Birkaç ay içerisinde gezegen bile ortada olmayabilir. Kim bilir, bu güneş patlamalarıyla neler olur. Neden bahsettiğimi biliyorsunuz.

Z) Derin nefes alın. Vagus siniri kızıştığında, daha yüzeysel alırsınız. Daha hızlı nefes alırsınız. Bu savaş–veya–kaç zamanı! Panikliyorsunuz. Kesin şunu! Derin bir nefes alın. Size bir şey söyleyeyim: Birçok insan "yoga"nın insanların baş aşağı durduğu ve garip hareketler yaptığı egzersizler olduğunu düşünüyor. M.Ö. 300 dolaylarında yazılan *Yoga Sutras*'taki 196 satır, 4 bölüme bölünmüş haldedir. Tüm bu satırlardan SADECE ÜÇ TANESİ fiziksel egzersizden bahseder. Bunlar temelde dik oturmakla ilgilidir. O kadar. Bu, *Yoga Sutras*'ın fiziksel egzersize tek atfıdır. Claudia bana daima yogilerin hayatlarını yıllarla değil, nefeslerle ölçtüklerini söyler. Derin nefes almak, bu nefeslerin devam etmesini sağlar.

Her neyse, bu tavsiyeler geçtiğimiz yıl Google'a "Ölmek istiyorum" yazıp, kendini bloğumda bulan yüz binden fazla insan için değil. Bazılarının muhtemelen bir terapist veya doktordan gerçek bir yardım almaya ihtiyaçları var.

Ama ben ölmek istediğimde yaptığım şey buydu. **Bu şeylerin her biri.** En azından günde bir tanesi. İşte buradayım. Hâlâ yaşıyorum.

YA BEN KRİZDEYSEM?

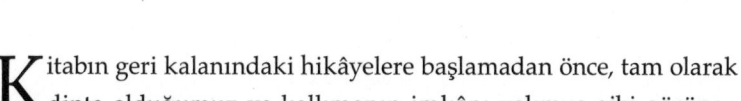

Kitabın geri kalanındaki hikâyelere başlamadan önce, tam olarak dipte olduğumuz ve kalkmanın imkânı yokmuş gibi görünen durumu halletmemiz lazım. Eğer yerden bile kalkamazsak, günlük alıştırmayı bırakın, "günde bir tane" olan basit alıştırmayı bile yapamayız.

Bazen başlangıç için tek bir dişi diş ipiyle temizlemek yetmez. Bazen ızdırap içindesinizdir, dişleriniz düşmek üzeredir ve takma diş takmak istemiyorsunuzdur. Diş ipiyle temizleme işlemi beklemek zorunda kalacaktır.

Ben bu durumdaydım. Mecazi olarak demiyorum, dişlerim gerçekten kötü durumdaydı ve düşmek üzerelerdi. Ama aynı zamanda bazen hayatın biraz hızlı ve sert vurduğundan bahsediyorum. (Tamam, şimdi mecazi olarak söylüyorum.)

Bazen yataktan çıkmak yeterlidir. Hayatımızda hali hazırda var olan bolluğa minnettar olmak. Bolluk da aldatıcı bir şeydir. Şu an, etrafınıza bakın ve bolluk içinde olduğunuz alanları listeleyin. Bir yağmur fırtınasının ortasındaysanız, orada su bolluğu vardır. Suyla büyüyen onca mahsülü düşünün. Eğer trafikteyseniz, orada araba bolluğu vardır. Arabaların, bu gezegendeki kısa hikâyemizde, insanların başarılarını temsil ettiğini düşünün. Umutsuzluğu altüst edin.

Kendini Seç

Her bir engeli, hayatınızdaki bir ihsanı yansıtabileceğiniz bir ana dönüştürün.

Yakın zamanda aşağıdaki e-postayı aldım:

"Yani... Yavaşça açlıktan ölüyorum. Bankaya doksan dolar borcum var, 8 gün içerisinde kira ödemesi var ve ödeme ihtimalim yok. Sefil bir halde başarısız olan iki medya işine giriştim ve artık kimse beni işe almak istemiyor. Ne yapmalıyım?"

Cevabım şu oldu:

"Bu berbat. Gerçekten öyle. Ben de o noktadaydım. Hem de çok uzun zaman önce değil. Bu hakikaten boktan. Kullandığım dil için özür dilerim. Siz mesajınızda kaba bir dil kullanmamışsınız, bu yüzden kusuruma bakmayın.

Benim için işe yarayan şeyi size anlatırsam, bunu dener misiniz? Hatta işe yaramayacak olsa bile. (Kiranızı 8 gün içerisinde ödeyemeyeceksiniz. O gemi muhtemelen çoktan kaçtı ama kim bilir.)

Tüm bunlar kulağa klişe gelecek. Çünkü şu an zihinsel olarak savaş–veya–kaç ruh halindesiniz. Eğer bir şey, "Yavaşla," derse bedeniniz ve zihniniz onu reddedecektir.

A) Bugün birilerini arayıp onlara ne kadar minnettar olduğunuzu söyleyebilir misiniz? Çünkü bu hayatınızdaki bolluktur. Geçmişte ne yaşanırsa yaşansın müteşekkir olduğunuz insanlar olacak kadar olgun bir yaştasınız. Lütfen onları arayın. Aile, arkadaş, eski müşteri, eski sevgili. Her kimse. Onlara niçin müteşekkir olduğunuzu söyleyin. Onlardan ne öğrendiğinizi. Onları neden sevdiğinizi.

B) Çok şanslısınız. Elinizde zamanınız var. Bir öğleden sonranızı gönüllülüğe ayırabilir misiniz? Muhtemelen kendinizi düşünerek çok fazla zaman harcıyorsunuz. Sadece bir öğleden sonra bir yerlerde gönüllü olun. Lütfen. Bu da bolluktur. İki ele, iki ayağa ve bir beyne sahipsiniz. Bunlara sahip olmayanların, yardımınıza ihtiyacı var.

C) Bir doktora görünün. Hasta olmadığınızı biliyorum. Ama muhtemelen uyuyamıyorsunuz. Uyumaya ihtiyacınız var. Günde on saat. Belki dokuz. Ayrıca uyumanın birçok faydası var. Google'da aratın ve görün. Bu faydaları artık listelemek zorunda olmamam harika. Onlar o ŞEYDE, Google'da bir yerlerde var. Doktorlar uyumanıza yardım eder. İşe yarayabilecek çeşitli ilaçlar var. Onlara bağımlı olmayın. Sadece kriz sona erene kadar kullanın. Her neyse, ben doktor değilim. Doktor size anlatacaktır. Klonopin isteyin ve ne dediklerini görün. Unutmayın: DEPRESYONDA DEĞİLSİNİZ. Sizin durumunuzda mutsuz olmak son derece makul. Ama siz anksiyöz olmuşsunuz. Anksiyete azaltan bir ilaç sizin uyumanıza yardımcı olabilir.

D) Egzersiz yapmaya ihtiyacınız var. Sadece yürüyüşe çıksanız bile olur. Günde 20 dakika egzersiz. Nasıl mı olur? Hiçbir fikrim yok. Ama işe yarar, öf aklıma kira ödemeleri, nafaka ödemeleri, kız arkadaşı ödemeleri ve kendi ödemelerim hakkında endişelendiğim ve hiçbir şeyim olmadığı, egzersiz yaptığım ve kendimi berbat hissettiğim zamanlar geldi. Ama siz bunu yapmak zorundasınız. Vücudunuz düzenli olarak saldırıya uğruyor ve bu durum savaş veya kaç halini tetikliyor. Bunu bir şekilde yok etmek zorundasınız. Egzersiz, düzgün beslenme ve uyuma. Aksi takdirde vücudunuz mutsuz olur ve sizin daha kötü hissetmenize neden olur.

Size az önce yapmanız için birçok şey verdim. Yapılması zor. Çünkü kimin daha fazla yüke ihtiyacı var ki? Bu yüzden bazı şeyleri bunlarla değiştirmeniz gerek. Haberleri izlemek yok. Televizyon yok. Abur cubur yok. Eğer kaçınabilirseniz akşam yemeği yok. (Geç bir kahvaltı ve geç bir öğle yemeği yiyin. Neden olmasın? – İşe gitmiyorsunuz.)

Endişelerinizden kurtulun derim ama bu gerçekten zor. Şunu diyebilirim, endişeniz her neyse, bunu bolluk düşüncesiyle değiştirin. Bazen işe yarar. Ama çok zordur ve birçok insan klişe bulur.

Yine de lütfen bu listelediklerimi yapın. Her biri eşit derecede önemli. Şu an göremeyebilirsiniz bunu ama listeyi yapınca işler daha iyi gidecektir. Lütfen sekiz gün sonra bana tekrar yazın ve ne olduğunu söyleyin. Listemdekileri yaptığınızdan emin olun."

Sekiz gün sonra bana geri yazdı, "Teşekkürler! Bilin bakalım ne oldu? Kiramı ödedim. Ve hâlâ hayattayım."

Bu kadar. Detayları sormadım. Bazen acil müdahalelere ihtiyaç duyulur. Ama sonra yaşamaya geri dönersiniz. Hayatta kalmanın temeline geri dönmeniz gerekir. Haydi, birkaç örnek inceleyelim.

YAŞAMAK İÇİN KENDİNİ SEÇ

Kamal Ravikant kayboldu. Bloğumu yazmaya başlamamdan bu yana, bir yıldan uzun süredir yazışıyorduk. Bloğum aracılığıyla tanıştığım harika arkadaşlar için çok minnettarım. Bu durum, yazmanın çok öngörülemeyen ama en değerli yanı oldu.

Önceki yıl boyunca yüzlerce kez karşılıklı e–posta yazıldıktan sonra, sonunda San Francisco'ya gidiyordum ve tüm bunları Kamal'la buluşma ayarlamak için yapıyordum. Ama planlamış olduğumuz kahvaltıya gelmedi. Kardeşi Naval, onu birkaç kez aradı. "Evde," dedi Naval, "ama açmıyor. Hastalığı onu bugün mahvetmiş olmalı." Naval, özellikle Kamal'ın nerede olduğunu gösteren bir GPS cihazına sahipti.

Kamal çok hastaydı ve kötüye gidiyordu. Aylardır bu şekilde devam ediyordu. Bazı günler hareket edemiyor veya kalkamıyordu. Diğer günler sadece birkaç dakika için dışarıya çıkacak enerjiyi buluyor, sonra hemen eve dönmek zorunda kalıyordu. Kamal'ın hastalığı kronikti. Doktorlar ona yardım edemiyordu; daimi olarak yorgundu, ateşliydi, acı içindeydi ve daha kötüye gidiyordu.

Yazışmalarımızdan, Kamal'ın hasta olmadan önce zor bir dönemden geçmiş olduğunu biliyordum. Daha önceleri kayda değer miktarda para kazandıracak kadar iyi giden şirketi sendeliyordu, belki de batıyordu. İlişkisi yakın zamanda sona ermişti. Çok yakın bir arkadaşı ölmüştü.

Kendini Seç

Sıklıkla mutluluğumuzu dışsal hedeflere bağlarız; mali başarı, ilişkisel başarı vs. konusunda hayal kırıklığına uğrarız. İşler yürüse, çarklar dönse bile, genelde mutluluk yok olur.

Bu hedefler bozulduğunda, dışsal acı aniden vücudumuzun içine de etki etmeye başlar. Duygularımız da bozulur. Üzgün, hayal kırıklığına uğramış ve acı içinde hissederiz. Geçmişteki mutluluğa ya da artık değişmesi gereken geçmişte umulan hedeflere tutunuruz. Bu, size kollarınız vücudunuzdan koparılmış gibi hissettirebilir.

Ama Kamal, şirketindeki herkese –çalışanlara, yatırımcılara ve müşterilere– adil olmak için tüm bunları bir arada tutmaya çalışıyordu. Geleceğe bağlı olan geçmişe tutunuyordu. Kendi mevcut mutluluğu dışında her şeye ve herkese.

Duygusal bedeni daha fazla kaldıramadı. Duygusal kol ve bacakları koparılmıştı. Sonunda da fiziksel bedeni yıkıldı. Tamamen yıkılmıştı. Birkaç ay önce iletişimi kestiğimizi ve bir süredir bloğumdaki yazılara görüş bildirmediğini fark ettim. "Neler oluyor?" diye yazdım. "Hastayım," diye cevap verdi. Sonra üyelikten ayrıldı.

Birkaç ay boyunca hiç ses seda çıkmadı. Sonra tekrar yazmaya ve hayatında neler olduğunu anlatmaya başladı. Blog içinde tekrar görüş bildirmeye ve oradaki büyük toplulukla iletişime geçmeye başladı. Tekrar hayattaydı. Sonunda buluştuk.

"Nasıl iyileştin?" diye sordum. "Neler oldu?"

"Sana işin sırrını söyleyeceğim," dedi. "Öleceğimi düşündüm. Yatakta yatıyordum sadece ve kıpırdayamıyordum, yüksek ateşim vardı ve çok acı çekiyordum. Gerçekten öleceğimi düşünüyordum. Sonunda, *kendime tekrar ve tekrar şunu söylemeye başladım: 'Kendimi seviyorum!'*"

Daha sonra tecrübelerini şimdilerde başarılı olan kitabında yazdığı üzere *Love Yourself Like Your Life Depends on It*:

> *Daha iyi hissetmeye başladım. Vücudum hızla iyileşmeye başladı. Ruhsal durumum hafiflemeye başladı. Ama hiç beklemediğim veya ummadığım şeyse, hayatın daha iyi olmaya başlamasıydı. Sadece*

iyi de değil, işler kontrolüm dışında fevkalade ilerlemeye başladı. Bu asla hayal edemeyeceğim bir şeydi [....] Başıma gelen şeyi tarif etmek için "sihir" kelimesini kullanırken buldum kendimi. Üstelik tüm bunlar sadece, "Kendimi seviyorum. Kendimi seviyorum. Kendimi seviyorum," diyerek oldu.

Kitabında Kamal, hasta halinin sağlıklıya dönüşümünü ve başına gelen diğer sihirli şeyleri anlatıyor. Kendiniz için deneyebileceğiniz birçok teknik ve egzersiz de veriyor. Son olarak da o korkunç soruya cevap veriyor; kendinizi sevmezseniz ne olur? Yine de hayatınıza bu sihri sokabilir misiniz?

"Bunun hakkında düşün," dedi bana, aylar sonra New York'ta buluştuğumuzda. "Bir insan âşık olduğunda, sihirli bir güzellikte görünür. Daha iyi hissetmek için kendime âşık olmam gerekiyordu. Bana olan da daha çok buydu, beni çökertecek kadar çok ağırlık vardı üstümde. Artık kendimi sevmeye ihtiyacım vardı. Bu benim için mantra[8] haline gelmeye başladı."

Geçen gün birinin bana dediği gibi, *mantra* kelimesi iki kısma ayrılıyor (Sanskrit dilinde): "man" – coşkulu düşüncesizlik ve "tra" – korumak. Böylece sürekli olarak kendini sevdiğini söyleyerek Kamal, düşünceyi koruyordu, onu besliyordu ve sevgi de bedeninin geri kalanını, duygularını, aklını ve ruhunu besliyordu.

Kamal artık tamamen iyileşti. Ayrıca şirketinin durumunu kurtardı, onunla New York'ta buluştuğumuzda, omuzlarından devasa bir yük kalkmış gibiydi.

Kitabını nasıl yayınladı? Kendisini seçecek bir yayıncıya ihtiyacı yoktu. "Bunun 200 sayfa olması gerekir," diyen bir editöre ihtiyacı yoktu. Kitabını, ziyan olacağı birkaç kitapçıya koyması için bir pazarlama uzmanına ihtiyacı yoktu. (Kendi Günlük Alıştırmalarını yerine geti-

---

8 Mantra, genellikle Sanskrit olan dini hece veya şiirdir. Esasen ruhani bir kanal olarak kullanılır; kelimeler ve oluşan titreşimlerden faydalanarak kişinin daha yüksek bir bilince ulaşmasını amaçlar. (ç. n.)

rerek) YAŞAMAK için kendisini seçtiği gibi yazmak için de kendisini seçti ve hâlâ başarı için kendisini seçmeye devam ediyor. Kitabı çok satanlar arasına girdi. Tüm bunları kendi başına yaptı. Tıpkı Tucker Max gibi. Tıpkı benim hem her gün hem de bu kitapla yaptığım gibi. İşte bunu şöyle yapabilirsiniz:

Nasıl Kendi Başıma Yayınlarım?

Kendi başınıza yayınlamanın birçok çeşidi var; bunlardan biri benim ve Kamal'ın uyguladığı yol.

KİTABI YAZIN. Kamal kitabını birkaç haftada yazdı ve 40 sayfa tuttu. (Kimse bu kadar kısa bir kitabın yayınlanmasına izin vermezdi). Ben son iki kitabım için, bazı blog yazılarımı aldım ve onları yeniden yazdım, onlara orijinal materyaller, yeni bölümler ekledim ve genel olarak kitabın yörüngesine ya da gidişatına dair kapsamlı bir omurga çizdim. Fikirlerinizi nereden bulduğunuz veya onları nasıl yazdığınız önemli değil, sadece yazın. Bununla beraber siz muhtemelen o materyale zaten sahipsiniz.

CREATESPACE. Ben de Kamal da CreateSpace kullanıyoruz, çünkü sahibi Amazon –yani kitaplarımızı satacağımız yer– ve mükemmel bir müşteri hizmeti var. Kitabın büyüklüğünü seçmeyi size bırakıyorlar ve içine kitabınızı biçimlendirmek için yükleyebileceğiniz Microsoft Word şablonları var. Kamal her şeyi tamamen kendi yaptı. Aynı şekilde, ben de ilk kitabımı tamamen kendim yaptım. Ama ikinci kitabım için, küçük bir ücret karşılığında birini tuttum (Alexanderbecker.net) kitabı biçimlendirmesi, kitabın tasarımını yapması ve son olarak, yüklediğim PDF halini yaratması için. Ayrıca grameri kontrol etti ve puntoyla ilgili çözümler sundu (serif yerine sans serif gibi) ve genel olarak son derece yararlı oldu.

PDF DOSYASINI YÜKLEYİN. CreateSpace bunu kabul edip ISBN numarası verecek ve size bir belge gönderecek, bu belgeyi onaylamanız gerekli.

BİRKAÇ GÜN İÇERİSİNDE, AMAZON'DA HAZIR OLACAKTIR. Artık kitabı yayınlanmış bir yazarsınız. Talep halinde karton kapaklı basılıyor. Bu arada toplam masrafınız: 0 dolar. (Ayrıca kapak tasarımı için kullandıklarınız.)

KINDLE. Yukarıda bahsettiğim (CreateSpace'ten olan) her şey ücretsiz. Kamal'in bir arkadaşı kitap kapağını tasarlayarak yardımcı oldu. Eğer kapak için Alex'i tutmamış olsaydım, muhtemelen CreateSpace'teki milyonlarca kapak tasarımı seçeneğinden birini seçebilirdim (ki bunu ilk kitabım için yaptım) ve böylece karton kapaklı baskının tümü bedavaya gelirdi. Ama Kindle kullanınca, CreateSpace 70 dolar ücret alıyor ve Kindle deposuna yüklenene kadarki her aşamayla ilgileniyorlar. Şimdi kitabınızın hem karton kapaklı *hem de* Kindle sürümü hazır.

PAZARLAMA VE TANITIMLAR. Artık pazarlama ve tanıtımlarınızı (bir kitap yayıncısından farklı olarak) yapmaktan kendiniz sorumlusunuz. Kulağa ilk başta ürkütücü gelebilir ama kendi yayıncılığınızı yapmak yaratıcı girişimciliğin en önemli unsurlarından biridir ve girişimciler şu bahaneyi kullanamaz: "Zamanım yok, iş peşinde koşuyorum!" Bu sizin işiniz. Girişimciler zaman yaratır. Tıpkı yayınlama süreci gibi, pazarlama ve tanıtımların da hedefinize bağlı olarak birçok farklı çeşidi vardır. Ancak Kamal ve ben şunları yaptık.

Kamal, tüm çevresine ulaştı. Kitabı hakkında blog yazısı yazacak (aralarında benim de olduğum) çeşitli arkadaşları vardı. Çok satan yazar Tim Ferris, kitabın onu nasıl büyük bir bunalımdan kurtardığına ilişkin bir tweet attı. Daha ne olduğunu anlamadan Kamal'ın kitabı çok satanlar arasındaydı; bu yazının üstünden neredeyse bir yıl geçti ve hâlâ bayağı satıyor.

Bir sürü farklı şey yaptım.

1. İlk 20 kopyayı çevreme ya da bloğumu okuyup isteyenlere verdim. Sonra birçoğu Amazon'da çarkı döndürmeye başlayan, güzel yorumlar yaptılar.

Kendini Seç

2. Verdiğim konuşmalarımda kitaplarımı bağışladım.
3. Kitabın blog içindeki yazılardan ne kadar farklı olduğuna ve neden kendim yayınlama yolunu seçtiğime ilişkin bir yazı yazdım bloğumda.
4. Bana son derece yardımcı olan ve bunun için minnettar olduğum, Techcrunch gibi bloglara misafir olarak yazı yazdım.
5. Sosyal iletişim ağlarımı kullandım: Twitter, Facebook, Linkedin, Google+, Quora ve Pinterest.

Anlatacak bir hikâyeniz veya sunacak bir hizmetiniz (ne olduğu önemli değil) varsa, kendinizi seçecek kadar kendinizi sevin. İşinizin, hayatınızın ve sanatınızın kontrolünü elinize alın. Araçlar orada bir yerde. Tek ihtiyacınız olan içinizdeki araçları kullanmak.

Bu bölümü sonlandırmak için size Kamal'ın mükemmel kitabından bir alıntı yapacağım:

> *Eğer acı dolu bir anı uyanırsa, bununla savaşmayın ya da uzaklaştırmaya çalışmayın – bir bataklıktasınız. Çırpınmak acıyı artırır. Kendinizi sevin. Bunu hissedin. Numara yapmak zorundaysanız, tamam. Kendinizi sevmek gerçek bir his haline gelecektir, tıpkı gelip geçen anılar gibi. Gücü eline alacaktır.*
>
> *Daha da önemlisi, anıların kontrolünü ele alacaktır. Bunu tekrar ve tekrar yapın. Sevin. Yeniden kontrol edin. Sevin. Yeniden kontrol edin. Bu sizin zihniniz. Ne isterseniz yapabilirsiniz. [...] Sonuçlar buna değecek. Sizin için dilediğim bu.*

YAŞAMDAKİ AMACINI BULMAK

On iki yaşındayken hayatımda tek bir amacım vardı – yaz kampının resim grubundaki kızın benden hoşlanması dışında. Albay olmak istiyordum. Öyle sadece bir albay olmak da değil, Kentucky Eyalet Ordusu'nda fahri albay olmak istiyordum. Tıpkı kahramanım Albay Sanders gibi. İşi ağırdan almak zorundaydım – Kentucky albay olmak için cazip bir eyaletti. Önce Mississippi'yle başladım. Vali Cliff Finch'i arayıp kendisiyle görüştüm, hâlâ anlayamadığım bir takım sebeplerden dolayı, eski Güney valisi, mevcut başkan Jimmy Carter'a karşı, ön seçimlerde başkanlığa adaylığını koymuştu.

Cliff Finch, beni Mississippi'ye davet etti. Onun kampanya bütçesi ve babam, uçak masrafımı bölüşmüşlerdi, her birine 60 dolar kadar düşüyordu. İlk kez uçağa biniyordum ve korkmuştum. Uçak indiğinde her şey aynı görünüyor ama herkes farklı konuşuyordu. Garip bir duyguydu. Sanki alternatif bir evrene inmiş gibiydim. Geziden hatırladığım belli başlı şeyler; beni eyaletin fahri albayı yapan sertifikayı almam (Bir daha oraya gittiğimde 18 pare top atışı yapılsa iyi olur!), "genç kesimin oyunu" nasıl kazandığına dair Vali Finch'e başvurmam ve birçok insanın bana Yahudi olmanın nasıl bir şey olduğunu sorması.

Sonra Alabama'nın valisine yazdım; ona ailemin Alabama'ya taşınacağını, Alabama hakkında her şeyi okuduğumu, eyaleti sevdiğimi ve şimdi orada albay olmak istediğimi söyledim. Vali bana büyük bir

Kendini Seç

sertifika yolladı: James Altucher, Alabama Eyalet Ordusu'nda yarbay olmuştur. Texas'ta fahri vatandaş seçildim. Kuzey Carolina'da, "fahri tarheel"[9] oldum. Ama Kentucky çetin ceviz çıktı. Albaylıklarının ne kadar değerli olduğunu biliyorlardı. Referans gösterilmesine, geçmiş kontrolüne vs. ihtiyaç duyuyorlardı. On iki yaşındaydım ve daha sonra birçok kez olacağı gibi vazgeçtim. Eğer hâlâ (Mississippi'den) birileri bana "Albay" demek istiyorsa, bundan memnun olurum.

Bu da beni önemli bir noktaya getiriyor. Muhtemelen Kentucky tarihindeki en önemli kişi, Harlan Sanders'dır; albay olan kendisi, tarihteki en başarılı bayilik zincirlerinden biri olan Kentucky Fried Chicken'ın "kurucusu"dur. Ekstra çıtır Kentucky kızarmış tavuğu hâlâ gezegendeki en iyi yiyeceklerden biri. Sonradan hasta olabilirsiniz ama kimin umurunda. Buda'nın dediği gibi anı yaşayın!

Birçok insan bana, "Yirmi beş yaşındayım ve hayattaki amacımın ne olması gerektiğine dair hâlâ bir fikrim yok," diyor. Albay Sanders yirmi beş yaşındayken bir itfaiyeci, bir tramvay şoförü, bir çiftçi, bir vapur kaptanı ve son olarak da tavuklarını sattığı bir mola yerinin işletmecisiydi; yine de önünde daha çok yolu vardı. Tavuklar güzeldi, insanlar seviyorlardı ama yine de çok para kazanmaya, 65 yaşında bayilik vermeye başladıktan sonra başladı. Bu, "hayattaki amacını" bulduğu yaştı.

Amaç kelimesinden hoşlanmıyorum. Bu, gelecekte bir yerlerde beni mutlu edecek şeyleri bulacağımı ve o zamana dek mutsuz olacağımı ima ediyor. İnsanlar, şu anki mutsuzluğun kendilerine mutluluk satın alacağını düşünerek kendilerini kandırıyor. "Tırnaklarımızla kazıyarak bir yerlere gelmek", bir yolculuğa çıkmak ve artık mutlu olabileceğimiz "amaç" diye adlandırılan büyük durakta inmek zorundaymışız gibi.

Bu artık bu şekilde işlemiyor.

Şu an mutlu olabileceğiniz araçlar bulabilirsiniz. Ben hâlâ amacımın ne olduğunu bilmiyorum. Korkarım hiç bilemeyeceğim. Bu beni çok

---

9   Kuzey Carolina eyaletinin yerel vatandaşlarına yahut orada ikamet edenlere verilen isimdir. (ç. n.)

mutlu ediyor. Belki bugün ve öleceğim gün arasında birçok macera yaşayabilirim. Belki birçok farklı şey yapabilirim. Eğer yapamazsam –yarın ölsem bile– bu sorun olmaz. Öldüğümüzde amacın ne anlamı kalır ki? Şu an mutlu olmayı da seçebiliriz.

Diğer insanlar birçok kez kariyer değiştirdikten sonra mutluluğu buluyorlar: Rodney Dangerfield kırklı yaşlarına kadar komedide başarılı değildi. Gelmiş geçmiş en komik adamlardan biri, alüminyum kaplama satıcısıydı. Sonra da gerçekten komedyenlik yapmak amacıyla Dangerfield's adlı kendi komedi kulübünü açtı. Başarılı olmak için kendini seçti! Ama kırklı yaşlarına kadar değil.

Ray Kroc, ellili yaşlarında milkshake satıcısıydı. Daha sonra iyi hamburger yapan ve soyadı McDonald olan iki kardeş tarafından idare edilen temiz bir restorana tesadüfen rastladı. McDonald's restoranını satın aldığında elli iki yaşındaydı.

Henry Miller ilk büyük romanı, *Yengeç Dönencesi*'ni, kırk yaşında yazdı.

Gelmiş geçmiş en başarılı polisiye yazarı Raymond Chandler, ilk kitabını elli iki yaşında yazdı. Ama ilk kitabı *Angela'nın Külleri*'yle altmış altı yaşında Pulitzer alan Frank McCourt'la kıyasladığınızda genç kalır. Tabii ki ilk yemek kitabını yazdığında elli yaşında olan Julia Child da genç kalıyor.

Benim en sevdiğim yazarlardan biri olan Stan Lee, kırk dört yaşındayken Örümcek Adam, Fantastik Dörtlü, Yenilmezler ve diğerlerini icat ederek –Marvel Evreni– olarak bilinen koskoca bir evren yarattı.

İnsanları öldürmeyi sevmiyorsanız ama onları durdurmak için silaha ihtiyacınız varsa, Jack Cover'ın elli yaşında ürettiği *taser*'ı hatırlayın. Altmış yaşına kadar tek bir tane bile satamadı.

Eğer restoran görüşlerini okumayı seviyorsanız, görüşlerden oluşan bu kitabı hazırlamak için elli bir yaşındayken avukatlığı bırakan Tim Zagat tarafından başlatılan *Zagat*'ı okumuşsunuzdur.

Harry Bernstein, en çok satan biyografisi *The Invisible Wall*'u yazana kadar son derece başarısızdı. Önceki kırk (kırk!) adet romanı

Kendini Seç

yayıncılar tarafından reddedilmişti. Biyografisi çıktığında, doksan üç yaşındaydı. Kendisine ait bir söz: "Doksan yaşıma kadar yaşamasam, bu kitabı yazma imkânı bulamayacaktım, diğer insanların içinde de onları doksan yaşına kadar ayakta tutabilirsek ortaya çıkacak daha ne gibi potansiyeller saklıdır Tanrı bilir."

Peter Roget, yetmişli yaşlarının başlarında emekli olmaya zorlanan, orta karar bir doktordu. Eş anlama gelen kelimelere takmıştı. Onun "amacı" tıp doktoru olmak mıydı yoksa kelimelerle oynayan bir kişi olmak mı? Siz onu bir doktor olarak mı yoksa yetmiş üç yaşında yazdığı, *Roget's Thesaurus*'un yazarı olarak mı tanıyorsunuz?

Üniversitedeyken her gün ramen eriştesi yerdim. Bir keresinde marketteki bir kadın bana onların yiyebileceğim en kötü şey olduğunu anlatmaya çalıştı. Gerçekten mi? Tuğla yemekten daha kötü olduğu gibi mi mesela? On dokuz yaşındaydım o zamanlar. Şimdi kırk beş yaşındayım. Tüm yıl boyunca ramen eriştesi yemek bana o derece zarar vermiş gibi görünmüyordu. Paramın yettiği tek şey oydu. Bir şey, içinde biraz bezelyeyle 25 sente satılıyorsa, benim için tamamdı. Bu arada ramen eriştesinin mucidi, kırk sekiz yaşına kadar ramen eriştesi üretmiyordu. Tanrı ondan razı olsun!

Charles Darwin çoğu standardın biraz "dışında"ydı. Pasifik'teki uzak adalarda bitki ve kelebek toplamayı seviyordu. Daha sonraları *Türlerin Kökeni*'ni yazdığında elli yaşındaydı.

Yukarıdakilerin hepsinin en tepesinde, Henry Ford var. Kırk beş yaşındayken icat ettiği ilk arabası Model T'yle başarısız oldu. Henüz seri üretim hattının getirdiği verimlilik yoktu. Bunu altmış yaşındayken geliştirdi.

Bu, ilham verici olsun diye değil. Yapabileceğiniz "en iyi" şeye hiç sahip olamayabilirsiniz. Bazı yolculuklar acı verici olduğu için sevilmesi gereken şeyin yolculuğun kendisi olduğunu da söylemiyorum. Elli yaşınızda harika bir roman yazdınız diye, size kimse öldüğünüzde ödül vermeyecek. Harika bir tavuk pişirdiğinizde veya birçok insanı fabrikalara doldurduğunuzda da sonuç farklı olmayacak. O kadar çok tökezledim, düştüm, kalktım ve kurtuldum ki hedeflerden, amaçlardan ve yolculuklardan bıkmış usanmış durumdayım. Komisyoncuyu aradan çıkarmak istiyorum. Yolculuğu. "Amaca" odaklanmanın neden olduğu ümitsizliği ve çaresizliği.

Amacı unutun. Amaçsızca mutlu olabilmek güzel bir şeydir. Tek bir amacı aramak, birçok hayata zarar vermiştir.

Soru-cevap internet sitesi Quora'da, yakın zamanlarda biri şöyle sordu: "27 yaşında olup hayatta ne yapmak istediğimi bilmediğim için başarısız gibi hissediyorum. Ne yapmalıyım?"

Cevabım şuydu; yirmi yedi yaşındayken, henüz hiçbir iş kurmamıştım, henüz hiç âşık olmamıştım, hiç televizyona deneme yayını hazırlamamıştım, henüz hiç arka arkaya yirmi tane iş batırmamıştım, hiç serbest yatırım fonuna ve risk sermayesine katılmamıştım, hatta satranç ustası bile olmamıştım (bu yirmi sekiz yaşındayken olmuştu). Daha da önemlisi, hiç başarısız olmamıştım. Ama otuzlu yaşlarımda birçok kez başarısız oldum, öyle ki bana satranç ustası olduğumu unutturdu. Bunu yazdığım sırada kırk beş yaşındayım ve hâlâ "büyüyünce" ne olmak istediğim hakkında bir fikrim yok. Ama bir gerçeği sonunda kabul etmeye başlıyorum; tek istediğim KENDİM olmak.

Bu arada Harlan Sanders, sahip olduğu üç kuruşuyla (elli yaşından sonra para kazanmaya başladı) o kadar iyi tavuk yaptı ki daha kırk beş yaşındayken, Kentucky valisi onu fahri albay yaptı.

Yani sanırım kırk beş yaşında, benim için hâlâ umut var.

NASIL TAMAMEN KAYBOLUNUR VE ASLA BULUNAMAZ?

Sıkışıp kalırız. Mutsuz oluruz. Belki umutsuz bir evliliğin içindeyizdir. Belki umutsuz bir işimiz olur. Belki bu kitabı alıp kendiniz hakkında şöyle düşünüyorsunuzdur; tamam, tüm bunlar iyi, hoş ama benim için çok geç.

Bu şekilde düşünüyorsanız, sizin için üzüldüm. Ben de birçok kez kendim için böyle düşündüm. Bazen hiçbir sorumluluk olmadan temiz bir başlangıç yapabilmeyi dilersiniz, boyayabileceğiniz ya da hayatınızın tam tersini çizebileceğiniz temiz bir tuval. En azından son yirmi yıldır, öyle ya da böyle birçok kez böyle hissettim. Daha önce de dediğim gibi, jamesaltucher.com adresini en çok tıklatan üçüncü arama sözü: "Sıkışıp kaldım." Sıkışmış hissettiğimizde, büyük bir değişiklik isteriz, tüm dünyanın tersine dönmesini, rotasından çıkıp bizi tamamen yeni bir yere götürmesini isteriz. Daha önce bunu birden fazla kez denedim.

1992 yılında evsizler barınağına taşınmak istedim, çünkü ancak evsiz kızların benimle çıkacağını düşünüyordum. Evsizler barınağının nasıl bir yer olacağına dair böyle tuhaf bir düşüncem vardı. Yatakhaneler varsa, birbirimizin odasına gizlice gireriz diye düşünmüştüm.

Kendini Seç

Bu romantik olurdu. Bir sürü kıkırtı olurdu. Esrar içerdik. Lanet olsun deneyecektim. Aşk için.

Bir işim vardı ve gerçekten evsiz değildim. Yaşayacak bir yerim vardı. Ama o zamanki kız arkadaşım benden nefret ediyordu ve değişikliğe ihtiyacım vardı. Ayrıca evsiz barınağı, çalıştığım yerin tam yanındaydı. Barınakta yaşayabilirdim ve işe yürümek yaklaşık yirmi saniye alırdı. Hayat daha ne kadar güzel olabilir? Tekrar soruyorum: Hayat gerçekten daha ne kadar güzel olabilir?

Evsizler barınağının müdürü talebimi reddetti. Ona bu deneyim hakkında yazmak istediğimi söylemiştim. Referanslarımı aradı. Patronum –o dönemki GERÇEK patronum– muhtemelen akıl sağlığımın yerinde olmadığını söyledi. O işte uzun süre kalmadım. Evsizler barınağına da yerleşemedim. Aslında, evsizler barınağına taşınmak için çok dengesiz olduğumu düşündüler.

Tüm bunlarla şunu demeye çalışıyorum; içimdeki bir parça kaybolmak istiyordu. Gördüğüm aşağının da aşağısıyla karışmak, geçmişimi unutmak, anlamsız bir geleceğe kaydolmak, sadece şu anı düşünmek ve geri kalan her şeyi boş vermek.

İnsanlar bir hayat kuruyorlar, bu tatmin etmemeye başlıyor ve bez bebeğin elbisesini değiştirir gibi bunu değiştirmenin bir yolunu bulmak istiyorlar.

Fakat hayatı dışarıdan değiştiremezsiniz. Bunu şimdi hepimiz biliyoruz. Kendini Seç döneminde, dış kimliğinizin olağan mekanizmalarını bırakmak ve hayal ettiğinizden daha özgür bir hayat yaşamak, sadece içten dışa doğru başlamanız halinde mümkün olur. Belki "medeniyetten uzakta" yaşayamazsınız (tabii Montana gibi bir yerden hoşlanmıyorsanız. Bu konuda size iyi şanslar.) ancak beklenmedik, sürpriz bir hayat yaşayabilirsiniz. Her günün yeni bir macera olduğu bir hayat. Aynaya her baktığınızda, yeni bir insan görürsünüz.

Çocukken, *How to Disappear Completely and Never Be Found* isimli bir kitap almıştım. Bu teknikler hâlâ işe yarıyor mu bilmiyorum ama yazarın planı şöyleydi:

Doğduğunuz gün civarında ölen bebeklerin isimlerini bulmak için eski gazetelere bakın. Doğum sertifikalarını eyaletinizin nüfus müdürlüklerinden isteyin. Bu sıra dışı bir şey değil. Birçok insan doğum sertifikasını kaybediyor. Doğum sertifikasını, Sosyal Güvenlik kartı almak için kullanın (şimdiye kadar hep öğrenci olduğunuzu söyleyin). Banka hesabı açmak, kredi kartı ve sürücü ehliyeti almak için iki farklı kimlik kullanın.

Saç renginizi değiştirin. Kilo verin. Ayakkabınıza bir raptiye koyun, böylece farklı yürümeye başlayacaksınız. Banka hesabınızdan hepsi nakit olana kadar para çekmeye başlayın. Ucuz bir daire kiralayabileceğiniz ve kalabalıkta kaybolabileceğiniz kalabalık bir şehir bulun. Geçici ve kurgu işlerden oluşan bir çalışma geçmişi inşa etmeye başlayın.

Sonra kaybolun. Evinizden çıkın ve asla geri dönmeyin. İşte siz şimdi "pseudocide"[10] işlediniz.

Pseudocide kelimesi beni büyüler. Genelde bir orgazmı tanımlamak için kullanılan, "küçük ölüm" gibi bir anlama gelen bir kelimedir.

Kitapta kaybolan insanların (yazarın bu insanları nasıl bulduğu hiçbir şekilde açıklanmamış) anekdotları yer alıyor. Evliliklerinden, davalardan, ABD Vergi Dairesi'nden kaçan veya sadece arada bir ortadan kaybolması gereken, duygularının, korkularının ve kaygılarının üzerini daksille çizmeye ihtiyacı olan insanlar bunlar. Eski hayatlarının akli ve duygusal yükünün tamamını olmasa da bir kısmını atacak geçici bir nirvana getiren beyaz bir sayfa. Çöp torbasına koyun ve bowling pistinin arkasına bırakın.

O his beni hiç terk etmedi. Bilmediğim bir yerde olduğumda, etrafıma bakarım ve oradan uzaklaşıp uzaklaşamayacağımı değerlendiririm. İnsanlar beni bulabilir mi? Beni tanıyan biriyle karşılaşır mıyım? Buradaki kaosun içinde kaybolup bir barınakta yaşayabilir,

---

[10] Sahte ölüm anlamına gelen bu terim, kişinin insanları kandırmak için öldüğünün zannedileceği kanıtlar bırakması işlemini ifade eder. (ç. n.)

Kendini Seç

bir şarküterinin arka tarafında geçici işlerde çalışabilir, harap bir Çin mahallesinde çat pat Çincemle tartışmaya girebilir miyim?

Televizyon dizisi Mad Men'de olduğu gibi bir kitle hareketi düşünün. Bu 1960'ların reklam kültürünün büyüsü için değil. Ana karakter Don Draper'ın kendisine verdiği taze bir başlangıç için. Don Draper, tabii ki gizli bir kimlik altında yaşıyor. Televizyon tarihinde yayınlanan en iyi bölümlerden biri –gizli bir kimlik altında gizli bir kimlikle yaşadığı, California'da bir otelin lobisinde dururken öylece ortadan kaybolduğu, hiçbir zaman bilmeyeceğimiz ve bir daha duymayacağımız kendilerine özgü uzun arka plan hikâyeleri olan bir grup zengin serseriyle gittiği– "Jet Set" bölümüdür. Draper bu yeni kimlikten kurtulduğunda, kendini zengin, boşanmış ve hepimizin boğuştuğu sorularla uğraşırken bulmuştu: Biz kimiz aslında?

Yüküm var. Değer verdiğim insanlar var. Diğer insanlardan uzak durmayı tercih ediyorum. Umduğum şeyler var. Hedeflerim ve hırslarım var. Garezlerim var. Ne kadar minimalist bir tarza sahip olmak istediğinizin önemi yok, hâlâ kafanızın içindeki o iyi ya da kötü şeylere takılmış durumdasınız.

Tüm yüklerinizden kurtulmuş olarak yeni bir yerde uyanmış olsanız ne yapardınız? Peki ya, "Biliyor musun, bu hedefler için değmez. Birçok insan hedeflerinin tehlikeli dağına tırmanırken ölüyor," demeye karar verirseniz? Gençken o dağı tırmanabileceğinizi düşünürsünüz. Biraz daha yaşlandığınızda anlıyorsunuz, lanet olsun, eğer şimdi düşersem bu uzun bir düşüş olacak.

Bir kenar mahallenin derinliklerinde kaybolmak, sadece minimal ihtiyaçlarınızı gidermek, gizemli havanızı kullanarak minimal arkadaşlıklar edinmek ve sadece size sunulan günü yaşamak, tüm bu sorunları çözebilir. Ama muhtemelen çözmeyecektir. Soru şu: Şu anki kimliğinizle sanki çoktan kaybolmuş gibi yaşayabilir misiniz? Hepimiz toparlanmak istiyoruz. Bir şeyleri dışarıya atmak. Ama eğer günlük hayatınızın tamamına, sadece fiziksel olarak değil, duygusal, zihinsel ve ruhsal olarak da uygulayamıyorsanız, minimalist bir hayat tarzı sadece bir saçmalıktır.

En önemlisi ise, yüklerden, geçmişten gelen ve günümüzden bin yıl sonra bir anlam ifade etmeyecek kinlerden kurtulmaktır. Değmeyecek kadar kaygı ve endişe getiren gelecek hırslarınızdan vazgeçin. Zihninizi toparlamak için. Özgürleşmek için. "Küçük ölüm" acısı çekmek veya "yeniden doğmak" için.

Meditasyon Alıştırması: Kendinizi yeni bir kimlikle hayal edin. Tam bir evsiz. Bir serseri. Bir göçebe. Bankada yeteri kadar paranız olduğunu hayal edin. Öncelikli sorumluluklarınızın yerine getirildiğini hayal edin. Hindistan'a gidebilir ve orada yaklaşık yirmi yıl hiçbir şey yapmadan kalabilirsiniz. Kimse kim olduğunuzu bilmiyor. Yepyeni bir sizsiniz. Yepyeni bir vücutla uyanmışsınız gibi. Geçmişle hiçbir bağlantınız yok ve gelecek için hedefleriniz yok. Gerçekten bunun her ayrıntısını hayal edin. Bunu düşündüğümde, omzumdan büyük bir yük kalkmış gibi hissediyorum. Tüm gün bu şekilde hissetmek istiyorum. Bana gerçeği söyleyin: Siz nasıl hissediyorsunuz?

Ama gerçekten kaybolabilir miyim?

Temelleri anladığınızı ve yukarıda tanımlanan özgürlüğe sahip olduğunuzu varsayarsak, ortadan kaybolmanın ima ettiği özgürlüğü elde etmek mümkün mü?

Cevap evet. Aslında, Kendini Seç döneminde başka seçeneğiniz olmayacak.

"Medeniyetten uzak" yaşayamayabilirsiniz –özel durumlar hariç– çünkü her bir hareketiniz daimi olarak yakından izleniyor. Ama kimin umurunda? Gerçekten hükümetin sizi umursadığını mı düşünüyorsunuz?

Kilit nokta, medeniyetten uzakta *para kazanmakta*; bizi seçen veya reddeden güçlerden uzakta kurumsal Amerikan hapishanesinin dışında para kazanmakta. Herhangi bir yerde çalışabilmekte. Fikirlerin paraya dönüştüğü, yeniliklerin, manuel veya idari hizmetlerden daha fazla ödüllendirildiği işçisiz bir topluma doğru ilerledikçe, istediğiniz hayatı yaşamak için daha fazla fırsatınız olacak.

Kendini Seç

I Was Blind But Now I see isimli kitabımda, artık insanların eğitime veya bir eve nasıl ihtiyaç duymayacakları hakkında yazdım. Bu ikisinin, toplum tarafından sizi aşağıda tutmak ve başarınıza engel olmak için yaratılmış tasmalar olduğunu yazdım.

Ama bunu bir adım daha ileriye taşıyalım. Kirada oturmaya ihtiyacınız var mı? Bir yerde kalmaya ihtiyacınız var mı? Belki çocuklarınız vardır ve çocuklar devlet okuluna gidiyor olabilirler (gerçi ben *evden eğitimi* desteklerim ama bu başka bir kitabın[11] konusu), o zaman tek bir yere bağlı kalmış olabilirsiniz.

Bunun dışında, teknolojinin tüm potansiyelinin hayali sonunda gerçekleşti. Bu sadece iş yerlerinde verim yaratmadı. Evleri de etkiledi. Daha önceden bahsetmiştim, kısmen teknolojinin yükselişi bizi şu an içinde bulunduğumuz çağa –uçmamız veya ölmemiz için yuvalarımızdan çıkmaya zorlayarak– getirdi.

Ama sonuç olarak bu, arayanlar için fırsatlar yaratan –fiziksel, teknolojik, maddi ve manevi– sınırları gitgide daha fazla araştırıyor olmamızla ilgilidir.

İnsanların bilgisayarlar, arabalar, televizyonlar, mobilyalar vs. biriktirdiği bir tüketim dünyasında yaşıyoruz hâlâ. Ama bunların hiçbiri gerekli değil.

Dünyanın herhangi bir yerinde, mobilyalı, çok hoş ve uygun fiyata yerler bulan AirBnb gibi servisleri kullanarak, bir yerden bir yere taşınabilirsiniz. Uzun yolculuklarınızda, kontağında anahtarıyla sizi bekleyen en yakınınızdaki aracı bulmak için Zipcar gibi servisleri de kullanabilirsiniz.

AirBnb veya Zipcar gibi uygulamaları kullanarak seyahat ettiğimde, yanımda neredeyse hiç valiz taşımıyorum. Bir bilgisayara ya da tablete ihtiyacım yok çünkü telefonlar neredeyse bir mini–tablet boyutunda. Ne zaman bilgisayara ihtiyaç duysam, makalelerimi yazmak için genellikle etrafta uygun bir FedEx Kinko[12] bulabiliyorum. Okumak

---

11 Lise için de kullanılabilecek, *40 Alternatives to College* isimli kitabımla başlayın.
12 FedEx Kinko ismi, Haziran 2008'de FedEx Office şeklinde değiştirilmiştir. (ç. n.)

istediğim tüm kitaplar "fablet"imde (tablet telefonum Galaxy Note 2). İşimle ilgili ihtiyacım olan neredeyse tüm araçlar telefonumdaki uygulamalarda mevcut. Telefonumla yapamadığım tek şey yazmak, bu durumda da FedEx Kinko devreye giriyor.

Daha başka neye ihtiyacım var ki? Daha başka neye ihtiyacım olabilir ki?

Peki ya bir iş yerinde çalışıyor olsaydın, diye sorabilirsiniz.

Bundan kurtulun. En nihayetinde buna ihtiyacınız yok. En nihayetinde bunun dışına itileceksiniz. Bunun hakkında konuştuk zaten. Bunu şu an yaşamaktayız. Kabinler meta haline geldiler. Kabinin içine kim oturursa otursun yeri doldurulabilir biri haline geliyor. Bunu kendi gözlerimle gördüm.

"Bunun gibi başka iş bulamam. Bu yüzden işimi bırakamam!" diyor olabilirsiniz.

Tamam. İstifa etmek yerine Günlük Alıştırmaları yapın. Sihir gibi olacak, söz veriyorum. Yeni bir iş bulacaksınız. Ait olduğunuz doğru yeri bulacaksınız. Gelir kaynaklarınızı geliştirmek için alternatif yollar bulacaksınız, böylece tek gelir kaynağına bel bağlamayacaksınız. Fırsatlar orada, onları değerlendirecek kadar esnek ve akışkan olmanız gerekiyor sadece.

Size bir örnek vereceğim. Bir arkadaşım Birleşik Devletler'deki, "almak için kiralanan" tüm evlere ilişkin bir veri tabanı hazırladı. Bunlar satılık evler ama ev sahipleri, toplam ödenen kira bedeli evin satış fiyatına gelene kadar kiraya vermeye razılar.

Bu veri kümesini nasıl yarattı? Önce, tüm konut verilerini tutan, benzer bir düzine veri tabanını inceledi ve bunların arasından almak-için-kiralanan" evleri taradı.

Bu ekonomide birçok insan almak-için-kiralanan evleri tercih ediyor. Bankalar, gelir düzeyi enflasyonun altına düştüğünden beri kredi vermiyorlar (biz işçisiz topluma doğru ilerlerken), insanlar peşinatları ödeyemiyorlar.

Kendini Seç

Böylece birçok insanı etkileyen bir sorunu çözmüş oldu. *Almak için kirala* gibi anahtar kelimeler alarak Google'a reklam verdi. Veri tabanına bakmak isteyen bir kişinin yıllık üyelik satın alması gerekiyor. Doğru ev için yüz binler harcayan insanlar, her gün yeni bir listeyle güncellenen onun bu veri tabanına üye olmak için birkaç yüz harcamayı isteyeceklerdir.

Geçen ay onu aradım, veritabanından 300.000 dolar kazanmış. Ondan önceki ay onu yine aramış fakat ulaşamamıştım. Yunanistan'da tatildeymiş. Tüm ay boyunca.

İnsanların bu fikri değerlendirmesini beklemiyorum. Bu kitabı okuduğunuz esnada bu fikir artık var olmayabilir. Ama dışarıda başka fikirler de var. Satabileceğiniz diğer şeyler var. Almak-için-kirala fikrinden önce arkadaşım, her gün cazip indirimler için interneti tarayan bir online indirim kulübünün üyeliğini satıyordu.

Bir kişi ona bunu söylediğimde iğrenerek, "Eğer herkes bu şekilde düşünürse, mülk sahibi olan birkaç kişi tarafından herkes istismar edilir," dedi.

İyi haber şu; ABD'de 250 milyon kişi var. Belki daha fazla. Unuttum. Bunların sadece bir kısmı bu kitabı okuyacak. Kitap çok satanlarda olsa bile. Üstelik bunların sadece bir kısmı bu hususi tavsiyeyi takip edecek. Kolay bir şey değil. Özellikle de aileniz, işiniz vs. varsa.

Bunlar sadece filizlenmesi gereken tohumlar. Birçok insan bu hususi tavsiyeye uymayacak. Ama umarım, geçmiş yüzyılın gelenekleri ve "mülkiyet hakkı", "eğitim", "iş", "politika" hakkında antika fikirler ve insanları köleleştiren diğer kadim felsefi prangalar yerine, hayatınız için neyin doğru olduğu hakkında kararlar verebilmenize yetecek kadar iç huzura sahip olacağınız Günlük Alıştırmalara ilişkin tavsiyeleri hepiniz dinlersiniz.

Gezegen, bardağı taşıran son noktada. Ruhsal olarak, yok olmak isteyeceğimiz ana kadarki hayatımızda daha az şey istemenin önemini anlamalıyız. Teknolojik olarak istediğimiz yerde yaşamamıza imkân sağlayan araçlarımız var. Bu araçların çoğu, cebimizde taşıdığımız bir cihaza sığıyor. Fiziksel, ruhsal ve zihinsel olarak sağlıklı olmak, ruhsallığı teknolojiyle birleştirmenizi ve hayatınızı toplumu daha çok tatmin etmek yerine, sizi en çok tatmin edecek şekilde yontmanızı sağlar. "Bir fikir ortaya koyamam," diye düşünmeyin. Kendi önünüze geçiyorsunuz. Tüm bedenleri bir sıraya dizin. Kitabın ilerleyen bölümlerinde, Fikir Makinasını nasıl geliştireceğimizi öğreneceğiz, böylece fikirler üretmeye başlayabilirsiniz. Temel atıldığında, binanın devamı gelecektir, buna güvenin.

En nihayetinde, mutlu olarak, mutlu bir toplum oluşturmaya en büyük katkıyı sağlayacaksınız.

SADECE YAP ŞUNU

Bir tesisatçı çağırdım. Hadi ona Mike X diyelim. Malcolm X gibi ama "Mike". "Gerçekten bir tesisatçı olmak bu kadar iyi bir şey mi?" Bir saniye kadar sustuktan sonra aksi bir sesle cevap verdi: "Pardon?"

"Özür dilerim," dedim. "Öyle demek istemedim, birden ağzımdan çıkıverdi. Bir makale yazıyorum. İnsanlar sürekli tesisatçılar tonla para kazanıyor ve istedikleri gibi çalışıyorlar vs. diyip duruyorlar. Gerçekten o kadar iyi bir şey mi? Bunu öğrenmek istiyorum."

"Hahaha. Bunu gecenin üçünde, misafir odasının tuvaleti çalışmıyor diye avukatın biri tarafından aranan ve şimdi kalkıp tuvalete gittiğinde duşunu pis su basan birilerinin borularını temizlemesi gereken bir tesisatçıya söylüyorsun."

"Ne demek istiyorsun? Bu nasıl olur?"

"Çok şey giriyor borulara ama bazı şeylerin borulara atılmaması gerek. İnsanlar bunu kendi başlarına yapabileceklerini düşünüyorlar ama boruyu tıkayan yetmiş tane prezervatif varsa çok fazla lavabo açıcısı gerekiyor."

"Tanrım, insanlar o kadar çok sevişiyor mu?"

"Hahaha. Ben sadece gördüklerimi söylüyorum.

"Sonuç olarak oraya inip, yıllardır orada biriken ama aslında orada olmaması gereken şeyleri çıkartmam gerekiyor. O birikenler boruların içinde bir duvar oluşturduğunda ise ayrıca arkasına dolan her şeyi temizlemek zorunda kalıyorum. Eğer yeteri kadar dolmuşsa, bu durumda boruları kıracak ve asla bulunmaması gereken evin diğer bölümlerine dağılacaktır. Veya alt kattaki komşunun oturma odasının halısına damlayacaktır veya her neyse işte.

"Oraya emeklemem ve prezervatifleri, hem de çok sayıda prezervatifi, kanı, saçı, tamponu ve pisliği temizlemem gerekiyor. Hem de ne pislik. Elimi o kadar çok pisliğe sürdüm ki kendiminki dışında bin popo silmiş gibiyim."

"Peki, parası buna değer mi? Sen kendi kendinin efendisi misin?"

Mike duraksadı.

"Sanırım öyle diyebiliriz. Bazen günün ortasında çıkıp gidiyorum. Geçen gün çocuklarımın Küçükler Ligi idmanını izlemeye gittim."

"Mutlu musun?"

"Anlattığım kadar kötü değil. Her durum farklı bir problem ve problemleri çözmeyi seviyorum. Bana dedektifmişim gibi hissettiriyor. Bunda bayağı iyiyim. Ama sana bir şey diyeyim. Kimse, 'Bugün pislik temizlemek için sabırsızlanıyorum,' diyerek sabah uykusundan uyanmaz. Tesisatçı arkadaşlarımın hiçbirinden böyle bir şey duymadım. Ama şunu öğreniyorsun; hem işini yapmalı hem de hayatının diğer alanlarında mutlu olduğundan emin olmaya çalışmalısın, böylece yaptığın iş moralini bozmaz."

İç denge. İç sağlık.

Girişimcilerin hayatının zor olduğunu söyleyen insanlardan bıktım. Bu arada bu, beni de kapsıyor. Bunu çok kez yazdım. Bunu yapmamdan sıkıldım. Hayatımda hiç yapmak istemediğim şeyler şunlar:

– tesisatçı olmak

– bir kabin içinde çalışmak (bunu yıllarca yapmış olmama rağmen)

– geçici eleman olmak (daha önce olmama rağmen)

ŞUNLARI YAPMAK İSTERİM:

SAATLERİMİ KENDİM AYARLAMAK. İş sahiplerinin 24 saat çalıştığına ilişkin bir efsane var. Bu saçmalığın daniskası. Birçok insan, iş sahibi veya değil, boşa zaman harcar. Birçok iş kurduktan sonra, size şunu söyleyebilirim; seyahat ederek bir kuruş kazanmadım. Hal böyleyken, iş için birçok kıtaya, ülkenin dört bir yanına seyahat etmem, her yerde toplantılara katılmam gerekti. Hiçbirinden para gelmedi.

Bir keresinde, duvara harita koydum ve ilk şirketimin "ofisleri" ve müşterileri olan yerleri işaretledim. Şirketin muhtemel alıcılarından biriyle odaya girdim ve haritayı gösterdim. Bir süre bakarak orada durdu. Altmış beş yaşındaydı ve son kırk yıldır kendi şirketi için koşturuyordu. "Bence, tam burada beni zengin edecek kadar iş var," dedi. New York şehrinin merkezinde duruyorduk, dünyadaki en zengin şehir! Neden bir iş kurmanın, müşteri bulmanın neredeyse imkânsız olduğu Paris'e gitmek zorunda kalayım ki? Bana saçmalık olduğunu söyledi ve haklıydı. Sonra şirketimi satın aldı. Tanrı'ya şükürler olsun!

Artık "Hayır Demenin Gücü"nü öğrendim. Eğer birileri bir yerlere gitmemi, toplantıya katılmamı, kahve içmeye gitmemi, telefon etmemi vs. isterse, ilk içgüdüm hayır demek oluyor. Keyif aldığım şeyleri yaptığımda, kendi yaratıcılığımla çalıştığımda ve sağlık için temel oluşturmaya devam ettiğimde, daha çok değer yaratıyorum. Her türlü işi yakalamak için dünyanın bir ucundan bir ucuna koşturmak sadece ruhsal ve finansal fakirlik getirir. Sıkı değil, akıllıca çalışmak çok daha iyi.

İNSANLARA YARDIM ETMEK. İşte girişimci olduğunuzda yardım edip etmemenin sizin kontrolünüzde olduğu insanlar:

a. Çalışanlarınız. Daima şu felsefeye sahip oldum; çalışanlarımın yoğun geçen bir iş gününün ardından evlerini arayıp, "Anneciğim, gezegendeki en iyi işe sahibim. Patronum harika ve kendimi on yıl sonra kendi işimin peşinde koşarken görebiliyorum. Çok şey öğreniyorum," demesini istedim her zaman. Peki, biliyor musunuz? Birçok eski çalışanım şu an kendi işinin peşinden koşuyor.

b. Müşterileriniz. Onların patronları önünde iyi görünmesini istersiniz. Bunu nasıl yaparsınız? Basit:

  i. Dediklerini yapın.
  ii. Bunu zamanında yapın.
  iii. Onları şaşırtmak için biraz fazladan yapın.
  iv. Onlara işlerini nasıl daha iyi yapabileceklerine ilişkin fikirler verin. Asla bir numaralı satış kuralını unutmayın: Gelecekteki en iyi müşterileriniz şu anki müşterilerinizdir.
  v. Onların hayatlarını iyileştirin. Onları dinleyin. Yardım davetlerine gidin. Onları potansiyel ortaklarla tanıştırın. Onlara yeni işler tanıtın çünkü onların sektöründeki tüm iş alanına kuş bakışı olarak bakacaksınız. Bunlar sadece o ayki müşterileriniz için değil; hayat boyu müşterileriniz için geçerli. Bu gezegende onlara hizmet etmek ve onların hayatını iyileştirmek için varsınız. İş alanımı değiştirdiğimde bile beni bırakmamış müşterilerim var, hatta tamamen alakasız alanlarda bile. Kurtardığınız hayatlarla bağlantıyı asla kaybetmeyeceksiniz.

SEVDİĞİM MÜŞTERİLERLE İŞ YAPMAK. Nefret ettiğiniz müşterilerle iş yapmaya çalışmak korkunçtur. Bu, gecenin üçünde kalkıp prezervatifleri sifona atan avukatın pisliğini temizleyen tesisatçının durumu gibi. Bunu yapmak zorundaydım. Beni gecenin üçünde arayıp iş için tavsiyede bulunmamı isteyen müşterilerim vardı. Beni arayıp hiç abartısız, "Beni seviyor musun?" diyen müşterilerim vardı. En az (şu an onları kafamın içerisinde sayıyorum) yedi müşterim beni arayarak daha fazla iş istiyorsam rüşvet vermem gerektiğini söyledi. Verdim mi? Tabii ki verdim. Karınlarını doyurmam gereken çalışanlarım vardı benim.

Bir süre üç-hata-yapma-hakkın-var politikasına sahiptim. Eğer bir müşteri, para kazanamadığım üç anlaşmada zamanımı harcarsa hakkını kaybediyordu. Ama bu kuralı birçok kez bozdum. Aslında şu an bir-hata-yapma-hakkın-var politikasına sahibim. (Üzerinde kırmızı bayrak sallanan ancak çoktan gücün karanlık tarafınca veya beni paramdan eden her neyse onun tarafından ele geçirildiğim işler) Potansiyel müşteriler tarafından kandırıldığım zamanlara dönüp bakınca, gerçekten utanıyorum. Bir zaman makinesi sahası ve kara delikler oluşturan bir alet hakkında bir konuşma dinlemek için altı kişilik bifteğe ödediğim parayı düşündükçe gerçekten çok utanıyorum. Şu an kendimi dava etmek üzereyim.

SANATSAL OLMAK. Bir girişimci olmak, müşterilerin başka bir yerden elde edemeyeceği bir şeyler yaratacağınız anlamına gelir. Yaratıcılık sanattır. Bu, fikirlerinizin kafanızda nasıl çarpıştığı ve sonrasında da fikrinizi gerçekleştirmek için materyallerin nasıl çarpıştığıyla alakalıdır. Bundan sonrası, yarattığınız şeyi insanların gerçek dünyada, gerçek kullanıcılarla nasıl hayata geçirdiğidir. Sonra da insanların para harcamak isteyecekleri ne kadar çok değer yarattığınızdır. Bu değeri nasıl yaratırsınız? Eğer ufak tefek endişeleri göz ardı ederseniz. Eğer sabah ilk iş olarak camdan dışarı bakar ve sessizlik içerisindeki güzelliği bulursanız. Yaratıcı fikirlerinizin geleceği tek yer, sessizliktir.

ÇOK PARA KAZANMAK. Çok para. Haydi, gerçekçi olalım. Bu, girişimci olmanın ana sebebidir. Birileri, "Peki ya ekonomi?" diyebilir. Şimdiye kadar olduğundan daha fazla para akışı söz konusu. Bu paranın çoğu gömülmüş ve sizden saklanıyor. Ona ulaşıp, dokunma zamanı. Borsanın birkaç trilyon dolar işletme sermayesi var. 2 trilyon dolar da özel sermaye fonlarında var. Küresel ekonomide her yıl 50 trilyon dolarlık işlem yapılıyor. Eğer para kazanıyorsanız, birileri şirketinizi alacaktır. Veya daha da iyisi, o kadar hızlı o kadar çok para kazanacaksınız ki şirketinizi satmaya zamanınız olmayacak.

Kendini Seç

Evet, bu zor. Çok stresli. Çalışanlarınız birbiriyle sevişecek ve sonra ağlayacaklar. İnsanlar arkanızdan konuşacak. Maaş almayı özleyeceksiniz. Müşterileriniz sizi bırakacak. Yatırımcılarınız sizden ara sıra nefret edecek. Kilit nokta, her zaman sağlam temel oluşturmakta; fiziksel, duygusal, zihinsel ve ruhsal bedenlerinizin sağlıklı olmaya, birbirlerine karışmaya ihtiyaçları var. Bu, size fikirlerinizin üretileceği, her girişimcinin karşısına kaçınılmaz olarak çıkan problemler karşısında mucizevi olarak çözüm ve fırsatların ortaya çıkacağı, çevrenizdeki herkesin fayda sağlayacağı bir temel sunacaktır.

SADECE SEVDİĞİM İŞ ARKADAŞLARIYLA İŞ YAPMAK. Bir test var; sadece ülkenin öbür ucuna giderken yanına oturmanın sizi rahatsız etmeyeceği kişiyi işe alın.

İşe alan olmak, işe girmeye çalışan olmaktan daha iyidir. İşe girmeye çalıştığınızda, "Ülkenin öbür ucuna giderken yanına oturmak isteyeceğiniz kişi benim," diyen maskeyi takıyorsunuz. Maske takmayı ya da etrafımdaki insanların maske takmasını sevmiyorum. Tüm o kostümlerin altındakini görmek çok zor. İnsanlar onları giydiklerini bile fark etmeden, hayatlarının çoğunu kendileri gibi olmaktansa beğenilen bir başkası gibi davranarak geçiriyorlar.

FİKİR ÜRETMEK. Tek bir işte çalışırsanız, tek bir iş için fikir üretirsiniz. Tamam. Bunda yanlış bir şey yok. Büyük bir şirket için çalışmayı eleştirmiyorum (ama yapacağım. Hatta kalın.) Ama kendi işiniz olduğunda, bu asla durmaz.

Bir üretim şirketiniz varsa, ürününüze ekleyecek ek özellikler düşünün. Her gün. Sonra da spektlerini çıkarın. Bu işi yapacak birileriyle anlaşın. Bir zaman belirleyin ve iş tamamlanana kadar her gün kontrol edin. Sonra piyasaya sürün. İnsanların bunu nasıl kullandığını, nasıl ufak tefek düzeltmeler yaptığını görün. Bunun üzerine bir hayran kitlesi oluşturun. Birilerinin sizin yaptığınız bir şeyi kullandığını görmek çok güzel bir his.

Eğer bir hizmet şirketiniz varsa, daha çok hizmet ortaya koyun. Örneğin, şirketlerin Facebook'ta paylaşım yapmasına yardım ediyorsanız, aynı zamanda şirketlere Facebook'taki milyonlarca takipçileri için bir e–posta listesi oluşturmada yardım etmeye ne dersiniz?

Ne olduğu fark etmez, her gün yeni fikirlerle gelmek işinizi geliştirir. Stockpickr.com için koştururken, en üst yatırımcılardan en iyi fikirlere yatırım yapılacak bir fon yaratmak istedim. Bir web hizmet şirketi işletirken, neredeyse rap müzik markası işine, film işine, çay işine (!), yaklaşık on farklı alanda veri işine girdik. Geriye dönüp bakıyorum da fikirlerimizin bazıları çok iyiydi ve bunu yapacak yazılımımız vardı. O zamanlar, bazı fikirleri sürdürmeye devam edebileceğim bir iş anlayışına sahip olmayı dilerdim. Ama sahip değildim. Eğer bir fikir her ay para getirmiyorsa, o hakkını kaybetmişti. O iş için bir kuruş harcamadım.

Bir sonraki işim için, en başta 30 milyon dolar harcadım ve zamanla 100 milyon dolar bir araya getirdim. Ne mi oldu? Kötü bir fikirdi.

TEK BİR KARAR MEKANİZMASINA BAĞLI KALMAMAK. (Mesela bir patronunuz varsa. Veya teknik olarak patronunuz haline gelmiş tek bir büyük müşteriniz varsa.)

Yalvarmaktan nefret ederim. Birine bakıp kendi kendime, "Sadece 'evet' deseler, hayatımın geri kalanı daha iyi olacak," diye düşünmekten nefret ederim. Birilerine sadece beni sevsinler ve bana veya her ne öneriyorsam ona evet desinler diye iyi olmaktan nefret ederim. Eminim dışarıda, yaptığı işi seven fahişeler vardır. Bilmiyorum. Ben onlardan biri değilim. Sevmediğim biriyle sevişmekten nefret ederim. Zamanın herhangi bir diliminde, sizin finansal geleceğinizi tek bir karar mekanizması kontrol edince de bu oluyor.

KAFA DENGİ İNSANLARLA TAKILMAK. Her iş sektöründe, rakiplerimle buluşmaktan hoşlanırdım. Gerçekte rekabet gibisi yoktur. Dünya aynı yerde iki insanın olmasına yetecek kadar büyük. Eğer değilse,

Kendini Seç

yanlış iştesiniz demektir. Sektörünüz yüz adet rakibe yetecek kadar büyük olmalı. Bu iyi haber. Bu çok para kazanacaksınız demektir.

Yaptığım her işte, rakiplerimle buluşup, kahvaltı etmek için zahmete girdim. Böylelikle her zaman çok şey öğrenirim: Onlar nasıl yapıyorlar (her süper kahramanın ve her girişimcinin sahip olduğu "gizli başlangıç" hikâyeleri), belli başlı engelleri nasıl aşarlar, zor müşterilerle nasıl başa çıkarlar, hangi müşterileri bana yollayabilirler (!), satın alınmayı istiyorlar mı, ne kadar edeceklerini düşünüyorlar, nasıl müşteri çekiyorlar gibi. Şimdi bile hiçbir işte olmamama rağmen, başarılı blogcular, yazarlar ve melek yatırımcılarla buluşmayı seviyorum. Hepsinden bir şeyler öğrenirim ve güzel arkadaşlar edinirim. İşte "kavminizi" bu şekilde oluşturursunuz. Kavminiz, kısmen sizin tarafınızdan tanımlanır (onları ararsınız), aynı zamanda sizi (girişimciler kavminde misiniz yoksa kabindeki insanlar kavminde misiniz diye) tanımlar.

UZMAN OLMAK. Bir işe başladığınızda ve insanların diğer benzer ürün ve hizmetler yerine, sizinkileri kullanacakları kadar iyi ürün ve hizmetleriniz olduğunda, alanınızda uzmansınız demektir. O alanda yeni olsanız bile, uzmansınızdır. Bu hissi seviyorum. Konferans vermeyi seviyorum. Beni etkileyen konularda yazmayı seviyorum. Bir işe girişmeyi ve hoşuma giden sektörlere bulaşmayı seviyorum. Bazen, uzman olmamanız gerekir ama yine de öylesinizdir.

Twitter üzerinden bir arkadaşlık sitesi olan 140love.com işine giriştiğimde, internet sitem sefilce başarısız oldu. Aslında Twitter konulu konferansta konuşma yapmak için davet edilmiştim. Konuşmanın başlığı "Twitter ve Aşk"tı. Boşanma sürecindeydim ve 4 veya 5 kız arkadaşım tarafından art arda terk edilmiştim. Şimdi ise aşk hakkında konuşma yapmam gerekiyordu. İroni o kadar yoğundu ki eğer ekmek o kadar karbonhidrat içermeseydi, onu bir sandviç ekmeğine sürebilirdim.

Her neyse, iş hızlı bir şekilde battı. Konferans günü konuşma yapmaya gitmedim. Benim yerime hızlıca bir başkasını bulmaları gerekti. Üzgünüm, Jeff Pulver. Bir daha beni asla bir konferansa davet etmedi.

SON BİR ŞEY DAHA. Bu büyük yaklaşım değişikliğinin ortaya çıkmasının nedenlerini tartıştım. Sebebi sistemin sizi dışarı atması değil. Sistemin içeriye doğru patlıyor olması da değil. Bu hükümet, kapitalizm veya "Yüzde 1" hakkında bir komplo teorisi de değil. Bu aslında, tarihin bizim kıyılarımıza attığı, sert dalgaları kontrol eden insanlar için harika bir fırsat.

Ne olursa olsun, gelen değişimler için değişmeniz lazım. Bunun bazı sebeplerinden önceki bölümlerde bahsettim ama tekrardan bunların üzerinden geçeceğim; böylece onları unutmak için bir bahaneniz kalmaz.

1. **Orta sınıf öldü.** Tüm istatistikleri ve anekdotları daha önce sundum. Bunu yine korkulacak bir şey olarak söylemiyorum. Belki de biraz sert bir şekilde söylüyorum. Ama mevcut gelir oranlarında, Birleşik Devletler'in dışına kaçırılan sermayeyle birlikte, hayatınıza ilişkin önemli kararlar alırken bunu hesaba katmalısınız. Bunun olmaması için seçim yapabileceğiniz bir durum yok. Bu bir seçim değil. Bu oluyor. Aslında bu çoktan gerçekleşti ve hepimiz Yürüyen Ölüleriz.

2. **Yerinize başkası bulundu.** Teknoloji, dış kaynaklar, büyüyen geçici eleman sektörü ve üretkenlik verimliliği, hepsi orta sınıfın yerini aldı. İşçi sınıfı. Yirmi yıl önce var olan birçok işe şimdi ihtiyaç duyulmuyor. Belki de asla ihtiyaç duyulmadı. Bu yüzyılın ilk on yılının tamamı, Park Avenue kulüplerinde purolarıyla, "Tüm bu safrayı nasıl kovacağız?" diye ağlayan CEO'larla geçti. En nihayetinde 2008'de bu şansı elde ettiler. "Ekonomi yüzünden!" dediler. Ülke 2009'dan beri durgunluktan tükendi. Dört yıl oldu. Ama işler geri gelmedi. Herkes kovuldu. Herkes tuvalet kâğıdı oldu.

Üzerlerine de sifon çekildi.

3. **Şirketler sizi sevmiyor.** Bu, kapitalistler veya girişimciler, hatta sanatçılar için bile sürpriz değil. Bir şirketin arkasında yatan tüm fikir, ucuz işçi çalıştırılması için yasal bir zemin

oluşturmaktır. Ucuz işçi, sattığınızdan daha aza size bir şeyler üretir. Bu haksızlık değil, demiyorum. Olan bu. Eğer faydalanılansanız, bundan geri faydalanmayı da öğrendiğinizden emin olun. Şirket işini sağlıklı olma, nasıl yenilenileceğini anlama ve efsanevi güvenlik ağını avantaja çevirme, daha iyi ve büyük işlere geçiş yolunda bir mola durağı gibi kullanın.

4. **Para mutluluk değildir.** Twitter'ımın soru ve cevap kısmında, haftada en az bir kez sorulan yaygın sorulardan biri şu: "Sevdiğim işi mi yoksa bana daha çok para veren işi mi kabul etmeliyim?"

"Bir işe girmeli miyim ki?" sorusunu bir kenara bırakıp bir saniyeliğine paradan konuşalım. Öncelikle, bilim: Çalışmalar gösteriyor ki belli bir seviyenin üzerindeki maaşlardaki artış "mutluluk" üzerinde sıfıra yakın bir artış sağlıyor. Neden böyle? Nedeni basit: İnsanlar kazandığını harcar. Eğer maaşınız 5.000 dolar artarsa, arabanızın dış görünüşüne ekstradan 2.000 dolar daha harcarsınız, bir ilişkiniz olur, yeni bir bilgisayar, daha iyi bir koltuk, daha büyük bir televizyon alırsınız ve sonra sorarsınız; tüm para nereye gitti? Bu yukarıdakilerin hiçbirine ihtiyacınız olmasa bile, artık başka bir şeye ihtiyacınız vardır; maaşınızda yeni bir artışa, böylece maaş ruleti oynamak için şirket kumarhanesine geri dönersiniz. Maaş zammını biriktiren hiç kimse görmedim.

Diğer bir deyişle, maaş artışı güvencesi için bir işte kalmayın. Bu sizi kesinlikle istediğiniz yere getirmez – yani finansal endişelerden özgürlüğe. Sadece boş zaman, hayal gücü, yaratıcılık ve kaybolma becerisi, insanlık tarihinde kimsenin sahip olmadığı bir değeri edinmenize yardımcı olur.

Bu arada, bu sadece bir görüşten ibaret değil. Sadece tek bir mesleğe bakabiliriz; hukuk. Ortalama ücret bakımından avukatlar üst sıralarda yer alıyor. Ayrıca, klinik depresyon yüzdesi en yüksek olan meslekler arasında bir numarada yer alıyorlar.

Tabii ki para birçok geçici sorununuzu ve maddeci dünyadaki endişelerinizi çözebilir. Ama büyük içsel olanları, kötü özelliklerinizi de abartmaya meyillidir.

5. **Hayatınızı mahvedebilecek büyük kararlar alabilen kaç kişi olduğunu sayın.** Buna "Sonra Hepsi Güldüler" bölümünde değindim. Burada tekrar değineceğim böylece bundan kaçamayacaksınız: Kariyer hedefinize ulaşmak için kaç tane insanın kıçını öpmelisiniz? Bir? İki? Buradaki olay şu; hiç kimsenin kıçını öpmemek. Bağımsız olarak ihtiyacınız olan başarıya ulaşmanıza yardımcı olacak en az yirmi insanın olduğunu bilmek.

Bu yirmi kişilik insan listesini eski usul oluşturun – onlara yardım edin. Kendiniz için bir değer yaratmanın tek yolu başkaları için değer yaratmaktır.

▶ *Alıştırma:* Ağınızdaki birbirini tanımayan ama birbirlerinin hayatına değer katabileceklerini düşündüğünüz iki kişiyi düşünün. Onları tanıştırın. Bunu her gün yapın. Bu konuda her geçen gün daha iyi olun. Siz ağınızdaki insanlara daha fazla değer kattıkça, bu sizin için doğrudan (ani bir şekilde) sonuç doğurmasa bile, ağınızın değeri daha da güzel olacaktır. Bunun sonucunda, siz daha güzel bir netice alacaksınız.

6. **İşiniz ihtiyaçlarınızı tatmin ediyor mu?** "İhtiyaçları" her zaman yaptığım şekilde, Günlük Alıştırmanın dört ayağıyla tanımlayacağım. Sizin fiziksel, duygusal, zihinsel ve ruhsal ihtiyaçlarınız tatmin ediliyor mu?

Tüm bunları bana veren bir iş yaptığım; çok az çalışmam gereken, aynı zamanda yazmaya, yeni bir işe girişmeye, eğlenmeye veya arkadaşlarımla zaman geçirmeye vakit bulduğum

Kendini Seç

tek bir zaman vardı. Tüm bunlara vakit bulamadığım zaman ise, çok çalıştığım, sevmediğim insanlarla iş yaptığım, yaratıcılığımı tekrar ve tekrar ezdiğim vb. bir dönemdi. Bu gibi durumlarda olduğunuzda, bir kaçış stratejisi belirlemelisiniz. Elleriniz hatırlatma notları yazmak için değil. Ya da faks makinesine kâğıt yüklemek için. Ya da sevmediğiniz biriyle konuşurken hatta bekletilmeniz için değil. Bundan yüz yıl sonra, elleriniz mezarınızda çürüyüp toz olacak. Şimdi o elleri harika bir iş için kullanmak zorundasınız. Ellerinizi öpün ki sihir yaratabilsinler.

Herkes tüm ihtiyaçlarını tek bir işte tatmin edemeyebilir, diye itiraz edebilir birileri. Bu doğru. Fakat bir işin maaşının sizi mutlu etmeyeceğini zaten bildiğimiz için, hayat tarzınızı ve işinizi en azından daha fazla ihtiyacınızı tatmin edecek doğrultuda kolaylıkla değiştirebilirsiniz. Bu ihtiyaçlar tatmin oldukça, gerçek refahın hayatınıza gelmesi için daha çok koşul yaratacaksınız.

Hayatınız bir ev. Refah ise çatısı. Ama temel ve tesisatın önce döşenmesi lazım, yoksa çatı çöker ve o ev yaşanamaz hale gelir. Temeli, Günlük Alıştırmaları yerine getirerek oluşturuyorsunuz. Bunu bir şeyler sattığım için söylemiyorum, benim çatım ne zaman çökse her zaman bende işe yaradığı için söylüyorum. Benim evim bombalandı, benim evim soğuktu, sert rüzgârlar sinir uçlarımı dondurmuştu ama tekrardan inşa etmeyi başardım. İşte bu şekilde inşa ettim.

7. **Emeklilik planlarınız saçmalık.** 401(k)[13] için ne kadar kenara ayırdığınız umurumda değil. Bu sona erdi. Tüm o saklama efsanesi sona erdi. 401(k)'da biriktirdiklerinizi enflasyon bitiriyor. O emeklilik planına göre elinize para geçmesi için, yapmak istemediğiniz şeyleri yaparak, bayağı uzun bir süre yaşamanız gerekiyor. Bir de bakmışsınız seksen yaşınıza

---

13 ABD'deki bireysel emeklilik fonuna ilişkin maddedir. (ç. n.)

basmışsınız ve bir mağarada kısıtlı hayat şartlarında yaşıyor ve geceleri zar zor ısınıyorsunuz.

Tek gerçek emeklilik planı Kendinizi Seçmektir. Kenara yüklü miktar para koyabileceğiniz bir işe, platforma veya hayat tarzına girişmek.

Bazıları, "Ben girişimci değilim," diyebilir.

Bu doğru değil. Herkes bir girişimcidir. Girişimci olmak için gerekli olan meziyetler, kaybedebilmek, fikirlere sahip olmak, bu fikirleri satmak, onları icra etmek ve ısrarcı olmaktır; böylece başarısız olduğunuzda bile ders alır ve bir sonraki maceraya adım atarsınız.

Yaptığınız işte girişimci olun. Bir "iş–girişimci". Ne yaptığınızı, ne yarattığınızı rapor verdiğiniz kişinin kontrolünü ele alın. Veya aynı anda ayrı bir işe girişin. Birilerine, herhangi birine değer –herhangi bir değer– katın, sonra o değerin kariyerle birleşmesini izleyin.

Diğer seçeneğiniz ne? Sizi aşağıda tutmaya çalışan, önünde sonunda sizin yerinizi başkasıyla dolduracak, hayatta kalmanıza yetecek kadar para verecek, sizi övgüler ve aşağılamalar arasında döndürecek, böylece oltaya yakalanmış balık gibi sizi makaraya çekecek patronun olduğu işte kalmak mı? Bu mu sizin diğer en iyi seçeneğiniz? Siz de ben de her gün aynı yirmi dört saate sahibiz. Siz kendinizinkini bu şekilde mi harcayacaksınız?

8. **Bahaneler.** "Bunun için çok yaşlıyım." "Yaratıcı değilim." "Güvenceye ihtiyacım var." "Çocuklarımı büyütmeliyim." Bir keresinde bir partideydim. Şaşırtıcı derecede güzel bir kadın bana doğru gelip, "James! Nasılsın?" diye sordu.

NE? Sen kimsin?

"Ah! İyiyim," dedim. Ama kiminle konuştuğuma dair bir fikrim yoktu. Bu kadın benimle neden konuşsundu ki? Çok

Kendini Seç

çirkindim. Yalandan muhabbet ederek kadının kim olduğunu anlamam, beş dakikamı aldı.

Anlaşılan o ki çalıştığımız yerden 6 ay önce kovulan, rüküş giyimli kadındı. Kovulduğu zaman, kabinindeki eşyaları toplarken ağlamıştı. Vücudu biçimsizdi, olduğundan 30 yaş daha yaşlı görünüyordu ve hayatı kötüden daha kötüye gidiyordu. Ta ki… Kafesinden çıktığını anlayana dek. George Lucas'ın filmi *THX–1138*'de (ana karakterin adı THX–1138 idi), herkesin seçme hakkı kaldırılır ve herkes yeraltında yaşar, çünkü yer üstü "radyoaktif"tir. Sonunda THX, yer üstünde ölmenin, âşık olmasına izin verilmeyen yeraltında sonsuza dek acı çekmekten daha iyi olduğuna karar verir.

Özgür değildir.

Tüm polis ve korumalardan kurtularak yer üstüne çıkar. Oraya ulaştığında hava güneşlidir, yer üstündeki insanlar güzeldir ve kollarını açmış, öpücüklerle onu beklemektedirler. "Ama orası radyoaktif!" bahanesi onu sadece oraya kadar engellemiştir. [Bu arada, bu örneği daha önce de insanlara verdim ve genelde, "Bu, filmde yoktu," dediler. Tamam haklısınız. Kitabı okuyun!]

"Senin için söylemesi kolay," diyor insanlar bana. "Bazılarımız bunu yapmak ZORUNDA!" Şimdi güzel olan o kadın da bunu yapmak zorundaydı. "Şimdi ne yapıyorsun?" diye sordum ona. "Ah, bilirsin işte," dedi. "Danışmanlık."

Bazıları, "Oraya öylece gidip danışmanlık yapamam. Hem bu ne anlama geliyor ki?" derler.

Buna vereceğim cevap şu: "Tamam, sana katılıyorum." Ben kimim ki tartışayım? Eğer birileri, kilit açık olmasına rağmen, hapiste kalmaya ihtiyacı olduğu konusunda ısrar ediyorsa, onlarla tartışmayacağım. Hapiste kalmakta özgürler.

9. **Bebek adımları atmakta sorun yok.** "Öylece İSTİFA EDEMEM Kİ!" diyor insanlar. "Ödemem gereken faturalar

var." Anlıyorum. Kimse bugün istifa edin demiyor. İnsanoğlu maraton koşmadan önce emeklemeyi öğreniyor, sonra bebek adımları, sonra yürüyor ve sonra koşuyor. Sonra her gün egzersiz yapıyor ve sağlıklı yaşıyor. Daha sonra maraton koşuyor. Lanet olsun, neden bahsediyorum ki ben? Acı içinde kıvranmadan iki milden fazla koşamam. Tam bir süt çocuğuyum.

Listeyi şimdi yapın. Her hayali. Çok satan kitaplar yazan bir yazar olmak istiyorum. Maddi ihtiyaçlarımı azaltmak istiyorum. Hayatım boyunca karşı koyamadığım endişelerimden kurtulmak istiyorum. Sağlıklı olmak istiyorum. Hayatıma giren, çevremdeki herkese yardımcı olmak istiyorum. Yaptığım her şeyin insanlara yardım kaynağı olmasını istiyorum. Sadece sevdiğim, beni seven insanların etrafında olmak istiyorum. Kendime zaman ayırmak istiyorum.

BUNLAR HEDEF DEĞİL. Bunlar maddeler. Her gün, bu maddeleri uygulamak için ne yapmalıyım? Bu maddeler uyandığım an başlar. "Bugün kime yardım edebilirim?" Gözlerimi açtığımda karanlığa soruyorum. "Bugün kime yardım edeyim?" Ben bir gizli ajanım ve görevimi bekliyorum. Almaya hazırım. İşte bu şekilde bebek adımları atacaksınız. İşte bu şekilde önünde sonunda özgürlüğe doğru koşacaksınız.

10. **Refah asla işinizden gelmeyecek.** Sizi refaha sadece şirketiniz tarafından dayatılan hapisten dışarı adım atmak ulaştırır. Bunu şimdi göremiyorsunuz. Nezarette kilitliyken, bahçeleri görmeniz çok zor. Refah, sadece maddelerinizi takip ederseniz, gelir. Çevrenizdeki herkesin hayatını gerçekten daha iyi bir hale getirdiğiniz zaman yani.

Her gün gelişim motivasyonuyla uyandığınızda. Ailenizi, arkadaşlarınızı, iş arkadaşlarınızı, müşterilerinizi, potansiyel müşterilerinizi, okuyucularınızı, henüz şu an tanımadığınız ancak tanımak isteyeceğiniz insanları geliştirin. İyiye götüren işaret fişeği olun, böylece gece griyken, tüm gemiler size doğru gelecek ve cömert zenginliklerini sunacaktır.

Bu bölüm, bir uyandırma çağrısı değil. Felaket tellallığı değil, bir nevi "fakir olmaya hazır olun" bölümü. Bu, girişimciliğin harika ve eksiksiz bir düsturu da değil. Bu, gerçeklik.

BİRAZ DAHA BELİRLİ OLALIM: NE YAPMALIYIM?

Muhtemelen şöyle soruyorsunuz: Eğer işimden istifa edersem, ne yapmam gerek?

İstifa eden insanlara sormaya başlamıştım. Onlar ne yapmışlardı? İşlerinden istifa edip, nasıl bir milyon dolar kazandılar? Herkes Mark Zuckerberg veya Larry Page değil. Herkes üniversiteyi bırakacak ve bir iPhone, bir zaman makinesi ve üzerine oturan kişiye göre kendi boyunu ayarlayan bir tuvalet (gerçi çok havalı olurdu) yaratacak değil.

Bazı insanlar, sadece hali hazırdaki berbat işlerini bırakıp güzelce geçinmek ister. Bazı insanlar, sadece hali hazırdaki işlerini bırakıp milyon dolarlar kazanmak ister. O Facebook filminde, (hani şu Justin Timberlake'in oynadığı), JT diyor ki; "Bir milyon havalı değil. Bir MİLYAR havalıdır."

Pekâlâ Justin, esasen genelde bir milyon oldukça havalıdır. Herkes özel sermaye fonundan 100 milyon dolar kazanmayacak. Bazen bir milyon dolar kazanmak, kendinizin patronu olmak ve bu finansal başarınızı özgürlük için mancınık olarak kullanmak güzeldir.

Braintree adlı şirketi kuran, Bryan Johnson'ı aradım. Braintree ismini hiç duymamış olabilirsiniz ama müşterilerini duymuşsunuzdur. Open Table, Uber, AirBnb vb. şirketlere kredi kartı işlemleri ve ödeme servisleri sağlıyorlar.

Daha önce Bryan'la hiç konuşmamıştım. Braintree'de bir yatırımcı değilim. Az çok bildiğiniz üzere, Braintree'nin müşterilerinden birinde bile (ne yazık ki) bir yatırımcı değilim. İlginç hikâyeleri olabileceğini düşündüğüm insanları aramayı ve ne söyleyeceklerini duymayı seviyorum. Finansal bağlantılarımdan ve aynı zamanda potansiyel arkadaşlarımdan oluşan ağımı bu şekilde oluşturuyorum.

Braintree'yi nasıl kurduğuyla ilgili olarak, "Bundan sonra ne yapacağım?" diye soran insanlara yardımcı olabilecek, Bryan'ın ilginç bir hikâyesi olduğunu biliyordum.

Cliff'in Notları versiyonu: 2007'de Bryan, Sears'ta müdürdü. İstifa etti ve Braintree'yi kurdu. İki yıl içerisinde, yılda bir milyondan fazla para kazanıyordu. Zamanla Braintree daha çok büyüdü ve Accel ile diğer yatırımcılardan 70 milyon dolar kazandı.

Ama bu beni ilgilendiren kısım değildi.

"Bunu nasıl yaptın?" diye sordum. "Basamakları nelerdi?"

"İşimi gerçekten sevmiyordum," dedi. "Hiçbir zaman sabit maaş fikrine inanmadım. Daha önceleri, dışarı çıktığım, iş yerlerini şirkete çevirmek isteyen restoranlar, tacirler ve perakendeciler bulup satış yaptığım kredi kartı satış işindeydim. Sonra anladım ki bu işi başka bir şirket yerine kendim için yapabilirim."

Kural #1: Aracıyı aradan çıkartın. Daha önce çalıştığı şirkete dönmek yerine, Bryan aracıyı aradan çıkarttı ve doğrudan kredi kartı işlemcisine gitti, onlarla kendi hazırladığı yeniden satış anlaşması üzerinde çalıştı ve tüm bunları Sears'taki işinden ayrılmadan ÖNCE yaptı.

Birçok insan soruyor; "Bir işte çalışıyorum, şimdi özel yatırım parası kazanabilir miyim?" HAYIR, tabii ki de hayır! Öncelikle dürtmelisiniz. Özel yatırım fonları azıcık gayret gösteren birine dönüş yapar!

Kural #2: Sıkıcı bir iş seçin. Herkes dışarıda "sıradaki büyük şey" için bekliyor. Sıradaki büyük şey Dünya'da nadir bulunan mineralleri Mars'tan çıkarmak. Bu ÇOK ÇALIŞMA ister. Bunu yapmayın! Bryan dünyadaki her tacirin ihtiyacı olan bir işi seçti. Ayrıca biliyordu ki e-ticaret patlaması yüzünden aynı zamanda patlayan bir işti. Yepyeni bir şey ortaya koymanıza gerek yok. Sadece eskisini diğer herkesten biraz daha iyi yapın. Hünerli ve bürokrasinin içerisinde donmuş olan dev yaratıklardan daha küçükseniz, daha az fiyata daha iyi hizmet önerirsiniz. Müşteriler size yönelecektir. Eğer yüksek hizmet sunabilirseniz, peşinizden koşacaklardır.

Kural #3: Müşteri bulun. Bu muhtemelen girişimciliğin en önemli kısmıdır. İnsanlar "büyülü yolu" bulmak ve oradan gitmek istiyorlar: Özel yatırım fonundan para alıp, istifa edip, bir ürün üretmek ve sonra milyonlarca müşteri elde etmek istiyorlar. ASLA bu şekilde yürümez.

Bryan, kredi kartı işlemlerini kendisine verebilecek (görüştüğü ilk 12 müşteri arasından) on müşteri buldu. İşinden istifa etmesi için ayda 2.100 dolara ihtiyacı olduğunu anladı. İlk on müşterisiyle ayda 6.200 dolar kazanıyordu, böylece birkaç müşteri kaybederse diye önlem almış oldu. İşinden istifa etti ve iş hayatının içindeydi.

Kural #4: Uyurken güven oluşturun. Kural genellikle "Uyurken Para Kazanın"dır. Fakat Bryan zaten uyurken para kazanıyordu. İlk on müşterisi sayesinde her kredi kartı ödemesinde para kazanıyordu.

"Sokakları aşağı yukarı arşınlayıp müşteri aramak istemedim," dedi Bryan. "Müşteriler gibi, online işler için de bir yol bulmam gerekiyordu. Biri bana bir bloğa ihtiyacım olduğunu söyledi. Bir blogda tamamen şeffaf olmalısın yoksa işe yaramaz, diye tavsiye etti. Böylece ben de ahlaksız uygulamalar da dâhil olmak üzere, kredi kartı endüstrisinde gerçekten ne olduğu ve tüccarların durumu nasıl lehe çevirecekleri hakkında blog yazmaya başladım. Sonra bu yazımı en popüler sosyal sitelere –Digg, reddit ve StumbleUpon– koydum ve yazılarım bazen bu sitelerde en üst sıralara çıkıyordu ve internet sitemin trafiği o kadar yoğun oluyordu ki çöküyordu.

Kendini Seç

"Ama kredi kartı işlemlerinde güvenilir bir kaynak haline geldim. Böylece, daha önce yönlendirmekte zorlandığım bu endüstride, neredeyse tüm bu online siteler ödeme servislerini yönlendirmek için benimle iletişime geçtiler."

Burada birkaç şey var.

Kural #5: Blog yazmak parayla ilgili değil. Blog yazmak güvenle ilgili. Bloğunuzda reklam satmıyorsunuz (nadiren), büyük bir kitap işi almıyorsunuz (nadiren) ama güven oluşturuyorsunuz ve fırsatlara öncülük ediyorsunuz. Benim bloğum bana beş kuruş kazandırmadı ama milyonlarca fırsat yarattı. Bryan'ın durumunda ise, daha fazla akışa ve en büyük fırsatına ulaşmasını sağladı.

"Aslında, OpenTable beni aradı ve kredi kartlarını depolamak, restoran bilgilerini elde tutmak ve yasal normlara uygun olmak için bir yazılımsal çözüm istedi. Yazılım geliştiricilerden oluşan bir ekip kurmama izin veren üç yıllık bir sözleşme imzaladım ve onlara çözüm ürettik. Şimdi insanlara satacak daha çok servisimiz var."

Kural #6: EVET diyin! Bir kredi kartı işlemcisiyle tacirlerle iletişime geçerek başlamıştı işe. Sonrasında OpenTable kendisini aradı ve bir yazılım geliştirmesini istedi, üstelik daha önce hiç yazılım geliştirmemiş olmasına rağmen. EVET, dedi! Yazılım geliştiricileri edindi, harika bir ürün yaptılar ve kazancını *en az* dörde katladı. EVET, deme kararı, işini yepyeni bir seviyeye taşıdı, sadece müşterilerine sunduğu hizmet olarak değil, aynı zamanda fark edilmesini sağladı. Aniden, kulaktan kulağa yayılmaya başladı ve diğer online şirketler Braintree'nin hizmetlerini kullanmaya başladı: AirBnb, Uber vs. Ayrıca, özel yatırım fonları aramaya başladı, çünkü tüm müşterilerinin tamamının ödeme hizmetleri Braintree tarafından sağlanıyordu. Online şirketlerin ödeme hizmetlerini almak o kadar kolay bir iş değildir.

"İlk başladığımda, her yeni müşterimize, kredi kartı işlemcimize neden müşteriye güvenilebileceğini ve yasal işler yürüten bir tüccar olduğunu düşündüğümüze dair bir paket ekliyorduk," dedi bana Bryan. Bunun sonucu da…

Kural #7: Müşteri Hizmeti. Her bir müşteriye, eski veya yeni, gerçek bir insan gibi davranabilirsiniz. "Az çok diğer müşteri servislerinde neyin hoşumuza gitmediğini biliyorduk; otomatik çağrılar, yavaş cevap süreleri, zayıf sorun çözümleri vs. Bu yüzden müşterinin bizimle iletişime geçmesi ve probleminin gerçekten çözülmesi süreçleri arasında sıkıntı yaşanmamasını mümkün mertebede sağladık." Küçük bir işletmeyseniz, zayıf bir müşteri hizmeti sunmanız için hiçbir bahaneniz yoktur. En iyi yeni müşterileriniz, eski müşterilerinizdir ve eski müşterilerinizin iletişimi kesmemesinin en iyi yolu ihtiyaçları olduğunda hızlıca yardım sağlamaktır. Müşteri hizmetleri, hizmetlerinizi müşterilerinize satmaya devam etmenin en sağlıklı yoludur.

"Tamam," dedim. "Sormak zorundayım. Hangi noktada yedi haneli paralar kazanıyordun?"

İki yılda, Bryan bir milyonun üzerinde para kazanmıştı, iş her yıl ikiye katlanıyordu. Yeterince hızlı eleman alamıyordu.

2011'de, işteki dördüncü yılından sonra, Braintree A Serisi fonundan[14] 34 milyon dolarlık yatırım sermayesi aldı. Crunchbase'e göre iki yıl sonra, kredi kartı işlemlerinde yıllık 8 milyar doların üzerinde işlem yapıyordu.

İşinden istifa edip faturalarını ödeyecek bir yol bulmak istemiş biri için hiç fena değil.

Peki bu sizin için ne ifade ediyor?

"Altın alarak bir milyon dolar kazanın!" "Emlak işinde bir milyon dolar kazanın!" "Bir milyon dolar kazanmanın sırları, tek seferliğine açıklanıyor!" şeklinde saçma sapan mailler alıyorum. Sonra linke tıklıyorum ve saçmalığın daniskası sadece. Üstü kapalı cevaplar, bazı yorumlar ve bir bakıyorsunuz bir paket almak zorundasınız. Hepsi saçmalık.

Bu bölümün geri kalanında, Bryan Johnson'ın iki yıldan az sürede kazandığı bir milyon doları kazanmak için ne yapmak gerektiği hakkında beyin fırtınası yapacağız. Sadece benim kişisel deneyimlerim ve

---

14 Series A round, bir şirketin ciddi meblağda edindiği ilk girişim sermayesi fonudur. (ç. n.)

Kendini Seç

uzmanlıklarımdan yola çıkarak zihninize beyin fırtınası yaptıracağımız için, bu kapsamda biraz kısıtlı olacak. Ama bu daha başlangıç. Bu benim yeni bir iş için fikir üretirken başladığım nokta. Aynı zamanda sizin de başlayabileceğiniz yer. Not: Aşağıda değineceğim her fikir, birinin daha önce bir milyon dolar kazanmak için takip ettiği bir fikirdir. Bu metotları öneriyor muyum? Hayır. Ama tekrar ediyorum, bunlar beyin fırtınası için başlangıç.

A) Ne olursa olsun, son model internet hizmeti sunun. Küçük bir işle başlayın. 90'lı yıllarda, internet sitesi işi yapardınız. Şimdi ise bir telefon uygulaması üretebilirsiniz veya bir sosyal medya hizmeti yapabilirsiniz. Sadece insanlar için Facebook hayran sayfaları hazırlamakla kalmayın. O insanlara biraz hayran kazandırın. Twitter hesabı kurun. Onlara takipçi getirin. Youtube, Pinterest, Wanelo, etsy, Quora, Instagram, MailChimp üzerinden iş kurun. Her küçük işin (bir hukuk bürosu, bir dişçi muayenehanesi, bir çiçekçi dükkânı vs.), bu araçların her birini olmasa bile, bazılarını bilmesi gerekir. Sizin yeni işletmeniz onlara bunu verebilir.

Müşterilerinizi nasıl bulacaksınız? Kullandığınız yerel işletmelere gidin. Onlara neye ihtiyaçları olduğunu ve ne yapabileceğinizi sorun. İlk birkaç müşterinize ücretsiz hizmet verin, sonra aylık olarak ücret kesin. Her hafta onlara, yapabileceğiniz yeni işlere ilişkin bir mektup hazırlayın. Unutmayın; en iyi yeni müşterileriniz, mevcut olanlardır.

Eğer herhangi bir yerde işçiyseniz, mevcut işvereninize gidin. Ona hizmetlerinizi önerin. Eğer evet derse, istifa edin, bir şirket kurun ve hizmetinizi yine önerin. Lanet olsun, onlara öz sermaye mülkiyeti verin, çünkü onlar sizin başlangıç yapmanızı sağladı.

Tek yapmaya çalıştığımız BİR MİLYON DOLAR kazanmak, hatırladınız mı? Birkaç yüz bin tutarında geliriniz olduğu zaman insanları işe almaya başlar, işi 1 milyon dolara satarsınız. Bu kadar. Birçok alıcı olacaktır (yerel reklam ajansları, büyük reklam ajansları birleşmeye çalışacak, büyük sosyal medya firmaları, küçük halka açık şirketler reklam için alan açmaya çalışacaktır).

Her zaman satış yapıyorsunuzdur; hizmetinizi satıyorsunuz, müşterilerinizin (!) hizmetini satıyorsunuz (bu arada müşterilerinizi korumanın esas, gerçek sırrı budur) ve şirketinizi satıyorsunuz.

B) İki insan tanıştırın. Her şirket satılıktır. Her şirketin bir değeri vardır. İşletme almaya çalışan birçok girişimci var. Sadece girişimciler de değil, tüm işi diğer şirketleri almak olan "birleşmiş"[15] denilen şirketler de öyle. Bu şirketler farklı bölgelerdeki aile şirketlerini alıp birleştiriyor, gereksiz arka büro çalışanlarını kovuyor ve halka arz edilebilen ya da satın alınabilen daha büyük ölçekli ulusal şirketler oluyorlar.

Bazen şirketlerin alıcı bulmak için yardıma ihtiyacı olur. Bazen şirketler alıcılarla buluşmak için forma girmekte yardıma ihtiyaç duyar. Bazen şirketlerin bir alıcıyla buluştuktan sonra ne yapacaklarına dair hiçbir fikri olmaz. Bir avukat sözde yardım edebilir ama gerçekte edemez. Onlar sadece prosedür katmanlarını ekler ve kâr katmanlarını çıkarırlar.

Satın alınmaya yol vermek zordur. Merkezde bir yerde olabilirsiniz, ödeme alabilirsiniz. Bu hizmete ödeme sağlayacak bazı düzenlemeler vardır ama eğer ki onları iyi çözer ve bu fikir çerçevesinde bir iş oluşturursanız, kolaylıkla bir milyon dolar kazanabilirsiniz.

C) Bir kitap yazın. Ben bir kitap yazarak bir milyon dolar kazanmadım. Ama kitap yazarak veya bu tarz ürün bilgileri yazarak milyonlar kazanan birçok arkadaşım var. Burası hileli bir alan, buradaki anahtar ise meşru olmanız. Hakkında hiçbir şey bilmediğiniz bir konuda kitap yazmayın. Yoksa o reklam e–postalarının, istenmeyen mesajların, çok daha kötüsü olursunuz çünkü onların 600 kelimeyle yaptığını, siz 60

---

15 Birleşmiş (İngilizce; Roll-up), aynı anda birkaç küçük firmanın satın alınarak birleşmeye zorlanmalarına dayanan bir yatırım biçimidir. (ç. n.)

bin kelimeyle yapmış olacaksınız. Onun yerine, bir şeyler bilen biriyle ortak olun ve onun ne yaptığını yazın.

D) Bir kitap yazın, bölüm 2. Aslında yalan söyledim. Kitap yazarak bir milyon dolar kazandığımı şimdi fark ettim. İlk kitabım; *Trade Like a Hedge Fund*. Kitabın kendisi bana o kadar kazandırmadı –belki aşağı yukarı 50.000 dolar olabilir– ama 2004'te Fidelity, Schwab, Profunds gibi firmalarda konuşmalar vermeye başladım. Bazı kuruluşlar 20.000 dolara yakın para ödüyorlardı konuşma başına. Geçen dokuz yılda, kitaba dair muhtemelen yüze yakın konuşma verdim. Ayrıca makaleler yazdım ve kitap sayesinde başka fırsatlar elde ettim. Hatırlatma: Bir kitap yazdığınızda, her şey kitap satışları değildir. Kitaplar ilgi ve yaşam alanınızda size güvenilirlik verir. Güvenilirlik ise size şunları katar:

– **danışmanlık** (Tim Feriss bunu başarıyla yaptı.)
– **konuşma** (Freakonomics'in yazarları bununla epey kariyer yaptı.)
– **diğer medya fırsatları** (Televizyon şovları, radyo şovları vs.)
– **diğer yazma fırsatları.** Tanıdığım birçok yazar, hatta çok satan kitapları olanlar bile kitaplarından milyon dolarlar kazanmıyorlar. Öte yandan, yüksek ödeme yapan dergilerde, şirketlerde veya her neyse, yazı yazmak için para alıyorlar. Bu yazıları derliyorlar. Eğer yeteri kadar toplarlarsa, yaptıkları işi üç kez kontrol ettikten sonra, güvendiğiniz birçok insandan yazılarınız için destek alabilirsiniz. 2005'te finansal makaleler yazdığım zaman, hisse senetleri hakkında tanıdığım herhangi bir koruma fonu uzmanının bildiğinden daha fazla şey bilen bir ucuz işçi ekibinin (lise öğrencileri) yardımıyla GÜNDE beş makale yazıyordum.

– **e-posta listesi.** Başka ürünler de satabilirsiniz. Ben bunu hiç yapmadım ama bazı arkadaşlarım (Ramit Sethi'nin veya John Mauldin'in kitabını okuyun) bunu çok başarılı bir şekilde yaptılar.

E) Mali Onarım. Geçen gün Miami, South Beach'te 5 milyon dolara malikâne kiralayan bir arkadaşımı ziyaret ettim. Ona, "Buranın sahibi kim?" diye sordum. "Ehliyetindeki ceza puanlarını silmenin yolunu bulan biri," diye cevap verdi. Evde yedi yatak odası, sekiz banyo, bir müzik stüdyosu, verandanın arkasına takılı bir tekne ve tipik bir New York dairesinden büyük bir gömme dolap ve özel aşçı vardı. Aşçı bize öğle yemeği hazırladı.

Medyanın bize neredeyse her gün zengin ve fakir arasındaki farkın gitgide ne kadar arttığını hatırlattığı bir ekonomide yaşıyoruz. Medyayı boş verin! Durum neyse o. Siyasetçilerden ve ekonomiden şikâyet etmeyelim. Haydi, insanlara para sorunları konusunda gerçekten yardım edelim. İşte insanların yardıma ihtiyacı olan şeyler:

– park cezaları (yukarıda olduğu gibi)

– öğrenci kredileri. Dışarıda bir trilyon dolar öğrenci kredisi var. Bu boşlukları doldurulacak alanda gençlere yollarını belirlemede yardım eden bir iş, kuşkusuz bir milyon dolarlık iştir.

– kredi notu düzeltme

– almak-için-kirala. Ev almaya ne olursa olsun sonsuza kadar karşıyım ama bazı insanlar ev sahibi olmak istiyorlar. Ben kimim ki onları durdurayım? 2008'den beri ev sahibi olmaya birçok insanın artık maddi gücü el vermiyor. Bankalar kredi vermeyi reddediyor. "Nasıl Tamamen Kaybolunur ve Asla Bulunamaz?" bölümündeki, tüm evlerin veri tabanını alan ve almak-için-kirala evlerinden oluşan kendi veri tabanını oluşturan arkadaşımı hatırlayın. Bu veri tabanı için üyelik ücreti alıyor. Tahmin edin ne oluyor? İnsanlar buna üye oluyor. Öyle ki kendi almak-için-kirala modelini geliştiriyor.

Almak–için-kiralanan laptop ürününü yeni piyasaya sürdü. Laptopları parça başına 200 dolardan satın alıyor ve yılda haftalık 20 dolara almak-için-kiralıyor. GÜM! Büyük kazanç. Henüz birkaç ay önce başladı.

Kendini Seç

Şimdilik ayda 300.000 dolar getirisi oldu ve istediği zaman bu işi en az birkaç milyon dolara satabilir. Bu arada, üniversite mezunu değil.

Eğer siz de bunu ilk kez yapan diğer insanlar gibiyseniz, tüm bu beyin fırtınası fikirleri aklınızı biraz bulandırmış ve birçok soru işareti bırakmış olabilir. Yazmaya ve konuşmalar yapmaya başladığımdan beri şunları duyuyorum:

İşimi bırakmalı mıyım? Milyonlarca fikrim var, hangisinden başlamalıyım? Aynı anda daha fazla işle daha çok mu ilgilenmeliyim? Fikirlerim var ama ertelemeye meyilli bir insansam ne yapmalıyım? Çok yoğunum, bir ailem var, zamanım yok, o zaman ne yapmalıyım?

Anlıyorum. Ne yapmak üzere olduğunuzu anlıyorum, inanın bana. Bu çok zor. Bunlar çok zor sorular. Her biri için belirli cevaplarım var, ne yazık ki cevaplarım bir şey ifade etmiyor –ve etmeyecek– eğer siz en baştan başlamaz ve temellere dönmezseniz.

Çocukken büyükannemden ölümüne korkardım. Bize geldiği zaman, yaptığı ilk şey odama gelmek ve eğer odam dağınıksa bana bağırmak olurdu. Onu sakinleştirmek için günlük vitaminlerinin arasına daha fazla kortizon sıkıştırmaya başlamıştık.

Onun ziyaretlerine hazır olmak için, odamı temizlemeye başladım. Bunu süper hızlı bir şekilde yapabiliyordum. Bunun sebebi her şeyi yatağımın altına süpürmemdi. Odam tertemiz görünüyordu ama aslında hâlâ iğrenç bir şekilde dağınıktı.

Aynı şey birçok insanın hayatı için de geçerli. Bunu eleştirel olarak söylemiyorum. Sadece bunun doğru olduğunu biliyorum. Ne zaman para kaybetsem, hâlâ yatağımın altında çerçöp süpürülmüş olmasına rağmen, iyi bir durumda olduğumu düşünerek kendimi kandırmam yüzündendir. Bundan kaçış yok. Odanızı temizlemek, özgürlüklerinizin yaşadığı evi –yaşamak istediğiniz evi– temizlemek çaba ve zaman istiyor. Temellere dönerek sağlam bir zemin oluşturmanız gerekiyor.

Temellere dönmenin yolu Günlük Alıştırmalarınızı yapmak ve Dört Bedeninize (yani her gün bir tanesine) odaklanmaktan geçiyor:

Fiziksel Beden: İyi besleniyor muyum? Egzersiz yapıyor muyum? Dişlerimi diş ipiyle temizliyor muyum? Yeteri kadar uyuyor muyum? Gerçekten bunların kestirme bir yolu yok. "Günde üç saat uyuyup, tonlarca enerjisi olduğunu" iddia eden, tanıdığım insanlar %100 bipolar. Şaka yapmıyorum.

Duygusal Beden: Etrafım beni seven insanlarla mı çevrili? İş arkadaşlarım olsalar bile, beni aşağı çeken insanlarla mı bağlantı halindeyim? Dedikodu yapıyor muyum? Bana iyi davranan insanlara şükranımı gösterebiliyor muyum? Biraz klişe görünüyor, değil mi? Muhtemelen kendinize şöyle soruyorsunuz; *bunun bir milyon dolar kazanmakla ne alakası var?*

Geçen yıl, Miami'deki arkadaşım (malikânesi olan), yaptığı işten birkaç milyon dolar kazandı. Birkaç yıl önce çulsuzdu, ailesinin bodrum katında yaşıyordu. Aşırı kilolu ve sağlıksızdı. Kötü bir ilişkisi vardı. Fikirleri bayat, en son milyon dolar kazandığı (sonradan tabii ki kaybettiği) dönemden kalmaydı.

Ne değişti?

Birçok insan gibi, içinde olduğu bu durumdan çıkmak için farklı bir şeyler yapmak zorunda olduğunu anladı. Sizi bu hale getiren, en iyi fikrinizdir, diye bir söz vardır. Yani, ilk adım "en iyi fikriniz"i bir kenara atmak.

Arkadaşım, temellere dönmek için bu ilk adımı anladı. Yürüyüşe başladı ve daha iyi beslendi. Daha sonra bu kendini geliştirme dürtüsü, ilişkilerinde, yaratıcılığında, ruhsal yaşantısında ortaya çıkmaya başladı ve tüm bunlar birleşince işi hakkındaki düşüncelerine dönüştü. İşinin daha iyiye gitmesi anlamında değil. Düşünceleri daha iyiye gitti çünkü kalbinden gelen bir temele dayanıyordu. Yaşamak istediğiniz evi oluşturduğunuz o temele.

Şimdi kötü ilişkisine son verdi. 23 kilo verdi. Kendisine sadece sağlıklı yemekler pişiren bir özel aşçısı var. Yeni ve taze fikirler üretmesine yardım ederek işini pazarlamasına yardım eden birini tuttu. Eskiden kibriyle tanınırken, artık bu huyu epey törpülenmişe benziyor.

Kendini Seç

Zihinsel Beden: İnsanların birçok fikri var ama genelde çoğu kötü. İyi bir fikir elde etmenin iki yolu var: 1) Günde iki saat okuyun. 2) Günde on fikir yazın. Bir yılın sonunda yaklaşık bin saat okumuş ve 3.600 fikir yazmış olacaksınız. Bu fikirlerden biri başarılı olacak. Hangisi olduğunu nasıl bileceksiniz? Ya da hangi ikisi? Ya da üçü? Şöyle, Günlük Alıştırmaları yapıyorsunuz ve sağlığınız için hayati olan diğer üç bedene eşit odaklanıyorsunuz.

Ruhsal Beden: Birkaç ay önce, bir manevi "dinlenme yerinde" inzivaya çekilme kılavuzluğu yapıyordum. Hiçbir ödeme talep etmek istemiyordum ve konu "İçinden Başarı Yaratmak"tı. İki şey oldu. İnziva merkezi, "Hayır, ödeme talep etmek zorundasınız," dedi. Sonra da, *"Başarı* kelimesini kullanamazsınız. Dinleyicilerimiz bunu sevmezler," dedi.

Bunun komik olduğunu düşündüm. Manevi şahsiyetler *başarı* kelimesinden nefret ediyorlar, yine de buna ulaşmak için "dinleyicilerinin" anasının nikâhını istemeye pek hevesliler. Aklınızda bulunsun, buna "sahtekârlık" dendiğinden son derece eminim. "Başarı" odaklı insanlar daha iyi olduklarından değil. Onlar da *manevi* kelimesinden bir o kadar nefret ediyorlar. Bu onlara, sıkıcı olmaya zorlandıkları, çocuklarının odalarını temizlemeleri için sonsuz lanet tehdidine ihtiyaç duyan ailelerince verilen dini yönergeleri, New Age saçmalığını ya da çocukluklarını hatırlatıyor.

Şimdi tüm bunlardan uzaklaşalım. Kimsenin maneviyat konusunda ön yargılı düşüncelerini tatmin etmek için endişelenmeyin. Bazı insanlar, "Ah! Meditasyon yapmalısınız!" diyebilir. Lotus pozisyonunda oturmalısınız! Falan filan.

Hayır, bunları yapmak zorunda değilsiniz.

Tek yapmanız gereken bugünde kalmak. Kendinizi geçmiş hakkında üzülürken veya gelecek için endişelenirken bulursanız, "Ah, zaman yolculuğu yapıyorum!" diyin kendinize ve DURUN. İşte bu, meditasyondur. İşte bu, "ruhsal" olmanın manasıdır; zaman yolculuğu *yapmamak*. Bunun aksini söyleyenlere inanmayın. Bunu tüm gün yapabilirsiniz. Hâlâ emin değil misiniz?

Bunu her gün yapın: Uyanın ve *şu an* hayatınızda olduğu için minnet duyduğunuz beş kişiyi düşünün. *Geçmişte* minnet duyduğunuz insanları değil. Eğer yapmalarını istediğiniz şeyi yaparlarsa, gelecekte minnet duymayı umduğunuz insanları da değil. Beş kişi, hemen ŞİMDİ. Tek yapmanız gereken bu. Bir adım öteye mi taşımak istiyorsunuz? Hayatınızdaki HER olayı kontrol edemeyeceğiniz gerçeğine teslim olun. Minnettar olmayı umduğunuz o insanlar, muhtemelen tam olarak onlardan yapmalarını istediğiniz şeyi yapmayacaklar. Tek yapmanız gereken hazırlık. Yemeğin tadı, olması gerektiği gibi olacak. Nihayet, düşüncelerinizi tanımlamaya çalışın; "gelecek" veya "geçmiş". Bunu yapabilirseniz, günümüzde kalmak için iyi bir fırsat elde etmiş olursunuz.

Soru sormaya başladığınız ve bu dört alanda alıştırma yapmaya başladığınızda –bu dört bedeni sağlıklı yaptığınızda– fikirlerinizin kalitesi artacak, daha fazla enerjiniz ve zamanınız olacak, daha sonra yaşamak istediğiniz eve dönüşecek olan basit temeli atacaksınız.

Küresel ekonomik kriz, aslında şirketlerdeki nakdin çeyrekten çeyreğe YÜKSELDİĞİ, tarihteki tek piyasa durgunluğuydu. Sonuç şu; dışarıda büyük miktarda para var. Trilyonlarca dolar. Bu esnada, milyonlarca insan işsiz kalıyor (ya da yeteri kadar çalıştırılmıyor) ve ekonomik strese giriyor. Bu siz misiniz? Yardıma ihtiyacı olan, özgürlük arayan, sıkıntı içindeki milyonlardan biri misiniz? Bu bölüm, özellikle sizin için yazılan spesifik seçenekler hakkında.

Duvara pislik fırlatmaya çalışmıyorum burada. Size hiçbir şey satmaya çalışmıyorum. Yukarıda bahsettiğim beyin fırtınası fikirlerinden herhangi birini denemenizi de önermiyorum. Yapmaya çalıştığım şey, size *bir şeyler* yaptırmak. Bir milyon dolar kazanma şansınızı artırabilecek bir şeyler. Sizi daha sağlıklı yapabilecek spesifik bir şeyler, kendinizi seçmekteki yolda atacağınız ilk somut adım olacak şeyler.

1 MİLYAR DOLAR KAZANMAK ÇOK MALİYETLİ DEĞİL

Kimse kendini seçerek bir milyar dolar kazanmaz. Uyanıp, "Çok para kazanmak için ne gerekiyorsa onu yapacağım," demezsiniz. Uyanıp, "Büyük bir sorunum var. Birçok insan da aynı soruna sahip. Bu problemi benim dışımda kimse çözmeyecek," dersiniz.

Daha da iyisi, "Bir milyon insanda bu sorun var," diyebilir misiniz?

Kurumsal Amerika sorunları çözmez. Bu şirketler ufak bir ince ayar çekip hep aynı ürünü üreten makinelerdir.

Yeni teknolojiyle, yeni pazarlama metotlarıyla, yeni fikirler ortaya koymanızı ve onları icra etmenizi sağlayan sağlıklı ve dengeli bir hayatla milyonlarca insanın hayatındaki sorunu çözen insanlardan biri olabilirsiniz.

Çevrenizdeki insanların hayatını daha iyi yapmak, kendinizi daha iyi yapmanın dış tezahürüdür.

Sara Blakely, bir sorunu olduğuna karar verdi. Büyük bir sorun. Kısa tayt giydiğinde daha iyi görünmek istiyordu.

Özellikle de eteğin altında beliren kısa tayt çıkıntısının nahoş görüntüsünü istemiyordu. Kusursuz bir kısa tayt yaratarak sorununu çözdü. Bunu duymuş olabilirsiniz. Spanx, deniyor, kulağa basit mi

Kendini Seç

geliyor? Önemsiz mi geliyor? Öyle zaten. Hatta o bile bunu kabul edecek. Şimdi onun değeri bir milyar dolar.

Milyar dolarları yüceltiyor muyum? Tabii ki de. İnsanların fark ettiği şey budur. Yeni bir kısa tayt üreten bir kişiyi kimse önemsemez. Ama onun çözdüğü bu problem, devamını getirdi. Aslında sadece daha iyi görünmek istemişti. Sonra arkadaşları da daha iyi görünmek istedi. Böyle devam etti.

İşte Sara'nın hikâyesinden çıkarımlarım:

Motive kalın. Sara, on altı yaşından beri motivasyonel kitaplar ve kişisel gelişim kitapları (özellikle Wayne Dyer'ın ilk kitaplarını) okumuş. Kişisel gelişim kitabı ne yapar? Size, etrafınızda bulunan dünya parçasının var olma sebebinin, sizin onun var olduğunu "düşünmeniz" olduğunu anlatır. Uç bir örnek: Eğer her seferinde mutsuz olarak yerde yatarsanız, fırsatları yakalayamayacaksınız. Eğer her gün kalkıp bugün hangi macerayı yaşayacağım, derseniz o zaman maceralar sizi bulacak. Böylece Sara, erken yaşından itibaren, kendisini hayattaki fırsatları aramak için eğitmiş oldu. Spanx fikri ortaya çıkmadan önce, kendisini on yıl boyunca eğitti. Farkında olmadan, ruhsaldan zihinsel, duygusal ve fiziksel sağlığa kadar hayatına Günlük Alıştırmayı getirdi.

Satışlarda inanılmaz derecede iyiydi. Sara, ilk yaptığı işlerden biri olarak, Danka için faks makinesi satmak zorundaydı. Yirmi beş yaşına basana kadarki birkaç yıl içerisinde, ulusal satış eğitmeni olmuştu. İnsanlar *satıcı* kelimesinden utanıyorlar. Satış işleminin bir sebepten "pis" olduğunu düşünüyorlar. Fakat bir yerlere gelebilmenin tek yolu fikirler üretme ve onları satabilme yetisidir. Sara'da bu yeti vardı.

Kadınların büyük bir problemini çözmüştü. Bir milyar dolar yaratmak istiyorsanız, daha önce kimsenin çözmediği bir problem bulmalısınız. Şimdi, şu saniye, dışarıda bir milyona yakın sorun var; eğer birini çözerseniz birileri, "Vay be! Çok kolaymış. Neden bunu ben düşünmedim?" diyecektir. Evet, şimdilik bu problemler hâlâ çözülmedi.

Onun "çözdüğü" problem neydi? Kadınların yüzde doksan dokuzu, kısa tayt bitimi ve karın başlangıcı arasında oluşan göbeklerinin "yanlardan taşma" durumundan şikâyet ediyordu. Sorun yok, dedi Sara, işte kısa tayttaki bu sorunu çözecek bir fikir. Bunlar ayak kısmı olmayan ve elbise altında kadın vücudunu kusursuz gösteren kısa taytlardı. Dışarı çıktı ve bunu başardı. Şimdi kadınlar daha seksi görünüyor. Bu sadece kadınlar için büyük bir problem değildi, aynı zamanda erkekler için de büyük bir meseleydi! Seksi kadınlara bakmayı seviyoruz.

Hazırlanın. Bunu nasıl yaptı? Sara daha önce hiç modayla ilgili bir şey yapmamıştı. Bu yüzden her gününü kütüphanede ve iç çamaşırı mağazalarında geçirdi. Tam zamanlı bir işi vardı ancak akşamları her patenti araştırıyordu. Her tip kısa tayttan aldı. Tüm sektörü biliyordu. Bir şeyde başarılı olmak için:

- Sektördeki tüm ürünleri bilin.
- Her patenti bilin.
- Tüm ürünleri deneyin.
- Ürünlerin nasıl yapıldığını anlayın.
- Her gün SİZİN kullandığınız bir ürün yapın. Şahsi olarak sizin SEVMEDİĞİNİZ bir şeyi satamazsınız.

Soğuk çağrı. İnsanların Stockpickr.com'u –2006'dan 2007'ye kadar yaptığım site– kullanması için uğraştığım zamanlar Yahoo'yla, Google'la, Reuters'la, Forbes'la vs. soğuk telefon görüşmeleri yaptım. Ne oldu tahmin edin? Herkes geri dönüş yaptı, çünkü bunun hepsinin ihtiyacı olan bir şey olduğunu biliyordum. Her bir grupla en az 2 ila 5 toplantı yaptım ve bazılarıyla anlaştım. Eğer kayda değer bir şeyleriniz varsa, soğuk telefon görüşmelerinden korkmamalısınız. Onların size, sizin onlara olduğundan daha çok ihtiyaçları var.

Kendini Seç

Bunun Sara Blakely ve Spanx'le ne ilgilisi var? Sara, ürünlerini satmak için bir numaralı yerle soğuk telefon görüşmesi yaptı –Neiman Marcus– ürünlerini sevdiler ve hemen aldılar.

BU ARADA:

Dün biri bana, büyük bir çocuk şirketiyle bağlantım olup olmadığını sordu, eğer varsa onlara çocuklar için seyahat kitabı seti satabilecekti. Bunun harika bir fikir olduğunu düşündüm. Neden mi? Çünkü benim çocuklarım da bu çocuk şirketindeki her kitabı alıyorlardı. Bu aslında bir oyuncak bebek şirketi ama aynı zamanda, "Boşanma çocuğu nasıl olunur?" gibi (benim çocuklarım da, boşanma çocukları olarak, bu kitabı baştan sona okumuşlardı) kitaplar da çıkarıyorlar. Neden seyahat kitapları da olmasın ki? Bu kadın zaten, tam olarak da oyuncak şirketinin hitap ettiği yaş grubu olan 8-12 yaş çocuklar için bir düzine seyahat kitabı yazmıştı. İyi bir yazar olduğunu biliyorum çünkü benim evladım bile onun bir kitabı hakkında rapor hazırlamış ve sevmişti. Bu yüzden çocukların onun seyahat kitaplarını da seveceklerini biliyorum.

Soğuk telefon görüşmesi yapmaktan korktuğu için bir bağlantı istemişti. Ama neredeyse bütün satışlar soğuk telefon görüşmeleri aracılığıyla gerçekleşir. Bir yerde bir ihtiyaç varsa, insanlar sizinle buluşmaktan memnun olacaklardır. Şimdi soğuk telefon görüşmeleri yapın!

---

1 milyar dolar kazanmak çok maliyetli değil. Sara 5.000 dolarla başladı. O kadar. Hiç girişimcileri olmadı. Hiç borç para almadı. Şimdi kazancı yılda yüzlerce milyon değerinde. Facebook, günde bir milyon kullanıcıya sahip olduğu mevcut seviyesine gelmek için birkaç bin harcadı. Google başlangıçta çok az para harcıyordu. Ben milyar dolarlar liginde değilim ama size Stockpickr.com'un bana maliyetinin 5.000 dolardan az olduğunu söyleyebilirim ve birkaç ay sonra 10 milyon dolara sattım. Son sattığım şirketin kurulmasının bana maliyeti 0 dolardan *azdı*. İlk günden kârlı müşterilerimiz oldu.

Eğer bir fikriniz varsa, paraya odaklanmayın. Nasıl bir yaşam süreceğinize odaklanmayın. Bunları yapın:

- Ürününüzü yapın.
- Tüketiciye satın.
- Sevkiyata başlayın.
- **Sonra** işinizden istifa edin.

Sara, ilk bir milyon satış siparişinde iyi duruma gelene kadar istifa etmedi. Birçok girişimci, yapılmış ürünleri bile olmadan önce bana yazıyorlar. "Bir fikir"leri var ve bunu kovalamak için işlerinden istifa etmek istiyorlar ve şu an paraya ihtiyaçları var. Delirdiniz mi? Size para verecek olan kişi, gerçekten tuvalet pompalama işinde çok iyi olmalı, çünkü paranın üzerine sifon çekildiğinde pompaya ihtiyaçları olacak.

Asla izin istemeyin, daha sonra af dileyin. Sara, Spanx'in Neiman Marcus'ta sunuluş şeklini beğenmiyordu. Böylece Target'taki kendi ürünlerinin örneklerinden satın aldı ve onları Neiman Marcus'taki kasanın tam yanında sergiledi. Kimsenin onu sorgulamayacağını doğal olarak biliyordu. Eğer güvenilir, zeki ve ürünlerinizle gurur duyan biriyseniz kimse bir şeyi sorgulamaz. Bu durum, "Sonra Hepsi Güldüler" bölümünde bahsedilen Stanley Milgram deneyine benziyor. Metroda oturacak bir yer İSTİYORSUNUZ ve insanlar size yer veriyor.

Sara sadece bunu yaptı. Sonuçların canı cehenneme. Başka ne yaptı? Spanx'i, Oprah Winfrey'in stilistine gönderdi. Oprah Winfrey'den başka kim Spanx'i daha mükemmel giyebilirdi ki?

Kendini Seç

Tüm tanıtım imkânlarından yararlanın. Ben bu konuda kötüyüm. Neredeyse her şeye hayır diyorum. CNBC beni hep arardı ve ben geri dönüş bile yapmazdım. Sonunda Jim Cramer, "Neden beni böyle utandırıyorsun ki? Çağrılarına geri dönüş yap," dedi. Önemli bir noktaya değindi, siz kendinizi öne çıkarmazsanız, kimse çıkarmaz.

Spanx'i ilk olarak, Sara Blakely'nin katıldığı Donnie Deutsch Show'da duydum. Ama milyonlar, Sara'nın kendisi için yarattığı bir fırsat olan Oprah sayesinde duydu. Ayrıca şimdiye kadar sahip olduğu tüm korkulara meydan okuduğu, Richard Branson'ın televizyon programında bir sezon geçirdi. Her alanda kendisini öne çıkardı. Başarılı olmak için yapmanız gereken işte budur. Utanma duygunuz olmamalı. Kendimi öne çıkarma konusunda epey utangaçtım ki bunu aşmam gerekiyordu. O meşhur lafı söylemek için demiyorum ama Sara kendisini seçmesi için kimseyi beklemedi. Her şekilde kendini seçti.

Görünüş. İyi görünüş ya da kötü görünüşten bahsetmiyorum. Ama ürününüzü öne çıkaracak en büyük destekleyici SİZsiniz. Eğer ürününüz moda sektöründe bir şeyse, bunu üzerinde en iyi taşıyacak kişi siz olmalısınız. İyi bir arkadaşım Latin kadınları için bir cilt kremi hazırlıyor. Krem, birçok Latin kadında olan kırışıklıkları düzleştiriyor ve cilt lekelerini düzgünleştiriyor. Yaklaşık kırk dört yaşında. Size şu kadarını söyleyebilirim: Cildinde tek bir kırışıklık bile yok ve cildi parlıyor. Kendi ürünü için en iyi model kendisi olacak.

Unutmayın, güzel görünmek zorunda değilsiniz. Ben tuhaf, inek tipli bir adamım. Kim daha iyi bir şekilde internet sitesi satabilir ki? Veya 90'larda benim de kullandığım internet sitesi hizmetlerini. Eğer J. Crew modellerine benzeseydim, başarısız olabilirdim. Ancak pis bilgisayar dâhisi görünüşüne sahibim (gerçi bilgisayar bilimleri yüksek lisans bölümünden atıldım) ve size şunu söyleyebilirim ki bu görünüş bende işe yaradı.

Aferin ona. Nefret eden olmayın! İnsanların yüzde doksan dokuzu nefret dolu. İstediğiniz şeyi yüceltin.

Başarılı olmak istiyorsanız, başarıya çalışmalısınız, bundan nefret etmeyin ve kıskanç olmayın. **Eğer kıskançsanız, kendinizi başarıdan uzaklaştırırsınız ve başarıya ulaşmanızı zorlaştırırsınız.** Asla kıskanç olmayın. Asla birilerinin "şanslı" olduğunu düşünmeyin. Şans, hazırlanarak yaratılır. Asla birinin sahip olduğu parayı hak etmediğini düşünmeyin. Bu sizi peşinde olduğunuz özgürlüğünüzden bir adım daha uzaklaştırır. Size hemen şimdi şunu söyleyebilirim, biri çok kıskanç veya haset olduğunda, istediği özgürlüğe asla ulaşamaz fakat tüm hayatını buna ulaşmak için harcar.

Konu para değil. Sara düğününden birkaç hafta önce nişanlısına, Spanx'in sadece yılda birkaç milyon dolar değil, binlerce milyon dolar sattığını söylemek zorundaydı.

Arada büyük bir fark var değil mi? Üstelik düğünlerinden sadece birkaç hafta önceydi.

Daha sonraki bir röportajında dediği gibi: "Bana 'Spanx'in – [ve] benim ne kadar başarılı olduğumuzu tam olarak bildiğinden emin değilim,' dedi." Sara ona söyledikten sonra, nişanlısı ağlamaya başladı. "Onun için çok mutlu oldum." Satışları iyi olan özel uçak kiralama şirketini Berkshire Hathaway'e yeni satmıştı ve kendi başına da fena idare etmiyordu. Ama bu durum, azıcık paranın Sara'nın kendini tanımlamasındaki rolünü gösteriyor.

Forbes'a verdiği bir röportajında Sara, "Para, sizi daha fazla kendiniz yapıyormuş gibi hissediyorum. Eğer pislik biriyseniz, gerçekten büyük bir pislik oluyorsunuz. Eğer iyi biriyseniz, daha iyi biri oluyorsunuz. Para kazanmak eğlenceli, harcamak eğlenceli ve hibe etmek eğlenceli."

Geçtiğimiz on beş yıl boyunca banka hesabıma bakmadığım tek zaman, tutkuyla bağlantılı olduğum bir şeyleri yaptığım zamanlardır. Sara, belli ki Spanx'e tutkuyla bağlıydı. Para ise hemen ikinci sıradaydı.

Bu, asla parayı düşünmemelisiniz anlamına gelmiyor. Ama bu, işinizi kurarken parayı çok fazla DÜŞÜNÜYORSANIZ, işinize tutkuyla bağlanmıyor ve işinizle insanlara yardımcı olmuyorsunuz demektir.

Kendini Seç

Bu iki düşünce, kişisel banka hesabınızla ilgili düşüncelerin arasında sıkışıp kalacaktır.

Son çıkarımım: Tanrı Sara'yı korusun! O 1 milyar dolar değerinde.

USTA BİR SATICI OLMAK

Hiçbir okul size kendinizi nasıl seçeceğinizi öğretmez. Burada okul karşıtı laf kalabalığı yapmak istemiyorum. Bunu daha önce yaptım. Şimdi okulun size öğretmeyeceği şeyler üzerine odaklanalım, çünkü bunlar sağ kalmak için tam da ihtiyacınız olan şeyler; nasıl fikir üreteceksiniz (önceki bölümlerden birinde bahsettik), bu fikirleri nasıl satacaksınız, nasıl başarısız olacak ve nasıl toparlanacaksınız. Sonra da bunları tekrar edeceksiniz.

Biri bana gördüğüm en kötü satış tekniğiyle bir yazı yazdı. "Sizinle konuşmaya gerçekten ihtiyacım var. Yirmi ya da otuz dakikanızı alabilir miyim?" diye yazmıştı.

Cevabım hayırdı. O kadar iyi bir insan olduğumu düşünmüyorum. Veya zamanımın pek değerli olduğunu. Fakat mesajı, zamanımın değerinin sıfır olduğunu belirtiyor gibiydi. Bana hiç ama hiçbir şey teklif etmiyordu, sonuçta 20–30 dakikalık fırsat maliyeti söz konusuydu. Onun yerine, *Mad Man*'den yarım bölüm izleyebilirdim mesela. Ya da proteinin içerisine nasıl Wifi kodlayabileceğimi araştırabilirdim (bundan henüz vazgeçmedim).

Bu korkunç tekniğin bazı çeşitleri var. "Harika bir fikrim var. Eğer bana zamanınızın 20–30 dakikasını ayırırsanız, size hisse senedi vereceğim." Hisse senedinin bir şeye değip değmeyeceğini henüz bilmiyorum, yani bu durum yukarıda bahsettiğimle aynı şey.

Kendini Seç

Kötü bir satıcının diğer işareti ise, iyi bir pazarlıkçı olmasıdır. Bu her zaman doğru olmayabilir ama benim için bu böyle. Ben berbat bir pazarlıkçıyımdır. "Bu araba 10.000 dolara satılık," dersem ve onlar "8.000" derse omuz silkip, "Tamam," derim.

Pazarlık yaptığınız zaman bol miktarda hayır demek zorunda kalırsınız. Satış yaptığınızda ise her zaman bir "evet" bulmaya çalışırsınız.

Herkesin içinde gömülü bir "evet" vardır. İyi bir satıcı, bu "evet"in gömülü olduğu yeri nasıl bulacağını ve onu oradan nasıl çıkartacağını bilir. İyi bir satıcı bunu içgüdüsel olarak bilir.

Eğer pazarlıkçıysanız, karşı taraf ne derse desin hayır demeye istekli olursunuz.

Sözlerinizin taban tabana zıttını söylemeseler bile, hedefler tamamen farklıdır.

Pazarlık Değersizdir. Satış Her Şeydir.

Neden mi? Çünkü birileri size "evet" dediğinde, kapıdan içeri girmiş olursunuz. En sonunda, kızı (veya oğlanı, her neyse) yatağa atarsınız. Eğer tam kapıda pazarlık yaparsanız, uzaklaşmak ve yandaki evi denemek zorunda kalabilirsiniz. Bu, zaman ve enerji alır ama buna rağmen işe yaramayabilir.

Aslında, sadece "kötü pazarlık" iyi satış sonucu vermez (ve açıkça söylemek gerekirse, kapı kapı dolaşmaktansa, yatakta olmayı tercih ederim) ama eğer usta bir satıcıysanız, bu aynı zamanda en iyi sonucu getirecektir.

Bende işe yarayan bazı "kötü pazarlık" türleri şunlar:

A) İlk işim, o dönemin diğer internet şirketlerinden daha aza satıldı. 1998 yılıydı, internet batmak üzereydi ama hepsinden önce hisse senetleri yükselmişti. Belki satmak için erkendi. Kesinlikle bir süre bu şekilde devam edeceği belliydi. Ama erkenden satmak, iflas etmekten iyiydi. Bazı insanlar "neden uzun vadeli bir şey denemiyorsun – sonsuza kadar sürecek bir iş kur," diyor. Çok az iş sonsuza kadar sürüyor. "On beş dakikalık şöhret" denmesinin bir nedeni var. Bu sadece insanlar için geçerli değil. Neredeyse her şey için geçerli.

B) Stockpickr'ın yüzde ellisini hiçbir ücret almadan thestreet.com'a verdim. Makaleler, anlaşmamın ne kadar kötü olduğunu yazdı. Ancak biri işletmenizin yüzde ellisine sahipse, ne olup bittiğini önemser. 4 ay sonra, şirketin yüzde ellisinin başkasında olması riskini alamayarak tüm şirketi satın almışlardı. Yüzde onuna sahip olan şirketler de onlara bırakmışlardı. Piyasa düşmeden dört ay önce satabilmiş oldum. Ondan sonra bir daha asla satılamazdı. Tek çalışanım, yaptığım anlaşmadan o kadar iğrenmişti ki istifa etti. O dönem en iyi pazarlık sonucu buymuş gibi de görünmüyordu. Aslında korkunç bir pazarlıkçıymışım gibi görünüyordu. Öyleyim zaten. Ama daha önemlisi, herkesi öldürüp pazarlıktaki her kuruşu almak yerine, ilişkiler oluşturmaktır.

C) Claudia'nın arabasını 1.000 dolara, Claudia'nın satılmasını istediği fiyatın altına sattım. Ama şimdi araba yok. Artık onun hakkında endişelenmemize gerek yok. Benim için 1.000 dolar ediyordu. New York şehrinin merkezindeki bir parka ayda 600 dolar ödemekten kurtulduk. Bu benim kitabımda +1.600 dolar.

D) Eski şirketim 1.000 dolara New Line Cinema için internet sitesi yapıyordu –*Matrix*'in sitesi için yaptığımız bunun bir iki yüz katıydı– gerçi bazı sitelerin boyutları ana siteyle aynıydı. Bunu neden yapıyordum? En iyi tasarımcılar o filmler için kendilerini tutmamızı istiyorlardı. Bu esnada da Con Edison sitesi üzerinde çalışmak için cumartesi akşamları fazla mesaiye kalıyorlardı, çünkü daha fazla ödeme yapıyordu. Ben de hiç pazarlık yapmadım.

E) Kitaplarımı Kindle üzerinden neredeyse hiçbir şey karşılığında sattım. Kitaplarımı konuşmalarıma gelen veya haber bültenime kayıt olan insanlara bedavaya dağıtıyordum. Kulağa salakça mı geliyor? Belki. Ama bu ismimin dışarıda duyulmasını sağladı. Şimdi, kitaplarımın yüz binden fazla kopyası, satışlarda en üst sıralarda. Bu bana uzun vadede etki edecek. Her gün hissediyorum.

Kendini Seç

F) **Her gün bloğuma reklam teklifleri alıyorum. Her birine hayır diyorum. Sitemi parasallaştırmak mı? Benim büyük resmimin bir parçası değil.**

Kilit nokta şu: Aptal olmayın. Sadece gerçekten satış yapmak istediğiniz insanlarla pazarlık yapın. Aksi takdirde, sadece para kaynar. Değer yaratmak camdan uçup gider. Sadece sevdiğiniz şeyi sevdiklerinize satın. Her zaman düşünün, burada büyük resim nedir? Birçok durumda büyük resimde pazarlık "satış" kadar önemli değildir. Eğer kimse duymamışsa, bir ürün için kendinize ne kadar değer biçtiğiniz kimin umurunda? Sonuç olarak "bedava seçkin"[16] modeller yükselişte.

Satışın 10 kilit noktası:

A) **Tüketicinin ömür değerinin ne olduğunu sorun.** Bir kitabı bedavaya verdiğimde bu, ismimin duyulmasını sağlıyor. Bu bana, belki kazanabileceğim birkaç doların ötesinde, uzun vadede değer katıyor. İnsanların hayatlarına değer kattığınızda (örneğin, kaliteli içeriği bedavaya verdiğinizde), size geri dönen fırsatlar sayamayacağınız kadar çok oluyor. Geçtiğimiz yıl bloğumda sunduğum dürüstlük sayesinde, çok değişik bir fırsata sahip oldum. Bazen neredeyse sihir gibi geliyor. Ama bu sorun değil. Sihirbaz olmayı seviyorum.

B) **Bu müşteriye sahip olmanın yan faydalarının ne olduğunu sorun.** Miramax.com'u 1.000 dolara yaptığımızda, MIRAMAX.COM'U YAPAN ADAMLAR olduk! Bu bize daha fazla kazandıran 20 farklı müşterinin gelmesini sağladı. Miramax'ın sitesini yapmak için üstüne ödeme yapardım.

C) **Müşterinizin, seyircinizin, okuyucunuzun ve platformunuzun tüm hikâyesini öğrenin.** Müşterinizi sevmeniz lazım. Tüm ürünlerini sevmeniz lazım. Kendinize onların

---

16 Freemium (bedava seçkin) bir fiyatlama stratejisi olarak kabul edilebilir. Bir ürünün veya hizmetin her kullanıcıya ücretsiz olan bir başlangıç versiyonu bulunmaktadır; buna karşılık seçkin kalitede olması ve seçkin özellikler içermesi için ücret ödenmesi üzerine kurulu bir stratejidir. Bu ürün bir yazılım, bir oyun, web hizmeti vs. olabilir. (ç. n.)

ürünlerinin bilgilerini aşılayın. HBO'da çalışmak istiyordum çünkü tüm şovlarını seviyordum ve 90'larda orada işe kabul edilene dek, 70'lere kadar olan tüm hikâyelerini okumuştum.

D) **Ekstra özellikler verin.** İlk projeyi ucuza yapın. Spesifik olarak, ne olursa olsun, en az iki havalı yeni özellik ekleyin. Bu, müşteriyi UÇURUR. Müşterilerinizin bir şirket değil, birer birey olduğunu unutmayın. Bu insanın bir patronu var. Bu kişi patronu önünde iyi görünmek istiyor. Eğer ona terfi etmenin bir yolunu verirseniz, sizi sevecektir ve her zaman size iş verecektir. Her zaman fazladan vermeyi unutmayın. Basit bir çaba, size ömürlük tüketici getirecektir.

E) **Bulaşık teknesinden vazgeçin.** Koruma fonlarımdaki en büyük yatırımcılardan biri saadet zinciri eliyle daha yeni dolandırıldı. Neredeyse battılar. Dünyanın saadet zincirinden kurtulmasına yardımcı olmak için, onları tüm gazetelerin muhabirleriyle tanıştırdım. Sonsuz şükran duyuyorlardı ve fonuma daha çok para yatırdılar. Ne zaman esas adam, meydana gelen bir şeyler yüzünden mutsuz olsa, onunla bir saat konuşur ve neşelendirmeye çalışırım. Ben onun sadece yatırım yaptığı bir fon değilim, aynı zamanda halkla ilişkiler uzmanı ve terapistiyim. Elinizden gelenin fazlasını yapın.

F) **Rakiplerinizi tavsiye edin.** Şu şekilde düşünün: İnternetteki en popüler iki site hangileri? Yahoo! ve Google. Onlar ne yapıyorlar? Rakipleri olan diğer sitelere link veriyorlar. Güvenilir bir kaynak olursanız, herkes size geri döner; eğer bilginiz kayda değerse, buna sadece sizin aracılığınızla erişebilirler. Bu erişimi sizin ürününüzü veya hizmetinizi satın alarak sağlarlar.

G) **Fikir makinesi.** "Her zaman yakın ol," diye bir laf var. Eğer kendinizi her zaman müşterilerinizin yerine koyar ve onlara yardımcı olabilecek yollar düşünürseniz, bu doğru bir laf.

Kendini Seç

Stockpickr.com'u thestreet.com'a sattığımda, yüzeysel sebep sitemin oluşturduğu trafiği, topluluğu ve reklamları istemeleriydi. Gerçek neden ise, şirketleri için yeni fikirler üretmeye ihtiyaçları olmasıydı. Her zaman yeni fikirler üretiyordum ve thestreet.com'daki bağlantılarıma anlatıyordum. Genellikle, birilerinin alış sebebi ürününüz değil, siz olursunuz.

H) **Ortaya çıkın.** Victor Niederhoffer'ın[17] parasını idare etmek istediğimde, tüm sevdiği kitapları okudum. Onun için makaleler yazdım. Benden akşam yemeğine gelmemi istese, nerede olursa olsun seve seve gidebilirdim. Eğer elemanlarının yapabileceğinin ötesinde bir programlamaya ilişkin çalışma yapılmasına ihtiyaç duyarsa, bunu en kısa sürede yapmayı önerirdim. Kimse bana ödeme yapmıyordu ama en sonunda, diğerlerine de para kazandıracak olan bana biraz para (gülünç derecede düşük bir ücretti ama pazarlık etmedim) verdi. Ayrıca onu gerçekten seviyordum. Harika bir insan olduğunu düşünüyordum.

I) **Bilgi.** Bir ticaret işi kurduğum zaman, ticaretle ilgili iki yüzden fazla kitap okumak ve iki yüz tane tacirle konuşmak zorunda kalmıştım. Ticaretin hiçbir türü yasak bölge değildi. Bu bana sadece ticaret işi kurmamda yardımcı olmadı, aynı zamanda koruma fonu oluşturmamda ve en nihayetinde stockpickr.com'u kurmamda yardımcı oldu. Ticareti dışarıdaki yatırımcılardan ve dünyadaki herkesten daha fazla biliyormuşum gibi hissediyordum. Değer yaratmak neredeyse bundan sonra geliyordu. İnternet siteleri yaptığım zamanlarda, internet sitesi programlamak hakkında her şeyi biliyordum. Yapamayacağım hiçbir şey yoktu. Genelde programcılar değil de iş adamları

---

17 Victor Neiderhoffer, bir zamanlar George Soros'la birlikte çalışan ünlü bir koruma fonu idarecisidir. Zamanında o kadar iyiydi ki Soros kendi oğlunun ticaretin nasıl olduğunu öğrenmesi için Neiderhoffer'ın yanında çalışmasını istemişti.

arasında dönen rekabette de benim bu özelliğim biliniyordu. Her zaman daha ucuza geldiğimi biliyorlardı.

J) **Sevin.** Sadece sevdiğiniz işi yaparak para kazanabilirsiniz. Eğer sabah 9 akşam 5 arası nefret ettiğiniz bir işiniz varsa, size yeteri kadar dur ve kalk yaptıran, azıcık gerçek özgürlük, mutluluk ve para veren bir tasmaya bağlısınız demektir. Eğer bir şeyi severseniz, bilgiye sahip olursunuz, bağlantılarınız olur, başkalarının sahip olmadığı özelliklerle bir site kurarsınız, rakiplerinizi korkutursunuz ve müşterilerinizi şaşırtırsınız.

Ben finansal makaleler yazmaktan keyif almıyordum. Rastgele bir finans sitesi için finansal bir makale yazmıştım, sonra onu jamesaltucher.com'da paylaştım. Hiç trafik edinemedim. Sonra keyif aldığım şeyler hakkında makale yazmaya karar verdim. Yazmayı ve okumayı sevdiğim gerçek köklerime dönmeye. Ayrıca gerçekten, tüm başarısızlıklarımı, zavallılıklarımı ve acılarımı keşfetmek istiyordum. Alenen. Dürüst olmayı ve insanlarla samimi olmayı seviyorum. Topluluk oluşturmayı seviyorum. Okuyucularla karşılıklı e-posta yollamayı seviyorum. Bir yıldan biraz daha uzun süre önceydi, jamesaltucher.com'da planlarımı ifşa etmek ve istediğim her şeyi söylemek üzere mesai yapmaya karar verdim; aynı zamanda yazma, sanat, yaratıcılık ve okuma aşkımı şımartacaktım. 4 milyondan fazla "müşteri"den sonra, yapmayı sevdiğim işten daha fazla keyif alıyorum.

BİR FİKİR MAKİNESİ HALİNE NASIL GELİNİR?

Zihinsel Beden, Günlük Alıştırmanın üçüncü ayağıdır. Diğer üç ayaktan ne daha az, ne de daha fazla önemli değildir. Ama birçok insan burada tökezler. Ufak bir defterle oturup, Tanrı'nın gelip bu defter üzerine fikirler bırakmasını beklerler. Veya ilham için beklerler. Aslında ilham diye bir şey yoktur.

Stephen King, *Yazma Sanatı* adlı kitabında kendisini birkaç hafta yazmaktan alıkoyan bir kazadan bahseder. Daha sonra tekrar yazmaya başladığında, farklılığı hissedebiliyordu. Kelimelerin doğru şekilde bağlanmadığını hissedebiliyordu. Yazma kası körelmişti. 30 yıldır yazdığı çok satan gerilim romanlarını durmadan yazmaya devam etmesi için bu kasını tekrardan çalıştırması gerekiyordu.

STEPHEN KING!

Sadece birkaç hafta, onu bu dünyada en iyi yaptığı şeyin dışına itmeye yetmişti.

Fikir kasının da yazma kasından farkı yoktur. Bu anlamda, bacak kasınızdan da farkı yoktur. İki hafta yürümezseniz, bacak kasınız da körelir. Tekrar yürüyebilmek için fizik tedavi görmeniz gerekir.

Fikir kası her gün çalıştırılmalıdır. Hayatınızın her günü yeni fikirler üretiyor bile olsanız, iki hafta ara verdiğinizde, körelecektir.

İşlevsel bir fikir kasına sahip olmanın avantajları nelerdir? Bir fikir makinesi haline gelirsiniz. Hangi durumda olursanız olun, önünüzde hangi problem olursa olsun, arkadaşlarınızın ya da iş ortaklarınızın sorunları ne olursa olsun, durmadan onlar için çözüm üretirsiniz. Fikir kasınız en üst düzeyde performans sergilerken, fikirleriniz gerçekten çok iyi olacaktır ki bu da sürdürmek istediğiniz hayatı yaşayabileceğiniz anlamına gelir.

Fikir makinesi olabilmek için, fikir kasınızı 6 ila 12 ay günlük alıştırmayla çalıştırmanız gerekmektedir. Aşağıda, bu alıştırmanın nasıl geliştirileceğini anlattım. Tekrardan söylüyorum, bu yavaş yavaş diğer üç "bedene" de etki edecektir. Eğer kötü bir ilişki veya hastalık yüzünden acı çekiyorsanız veya şükran duygunuzu kaybetmişseniz ve önünüzde sizi bekleyen şeylere olan merakınız kalmamışsa, fikir kasınızı geliştiremezsiniz.

90'ların ortasında, iki bira içimlik süre kadar var olan bir fikrim vardı. Böyle diyorum çünkü bu fikir aklıma bir barda gelmişti ve o esnada beraber olduğum iki arkadaşım tarafından hızlıca yok edilmişti.

Realite şovları yayınlayan bir kablolu kanal kurmak istemiştim. Her zaman realite şovları olacaktı yayında. Realite televizyonculuğu henüz yeni başlamıştı. MTV'nin *The Real World* ve HBO'nun *Taxicab Confessions* isimli programları gerçekten başarılı olan tek örneklerdi. Geçen gün, Televizyon ve Radyo Müzesi'nde *The Real World* hakkında bir seminere gitmiştim. En sevdiğim sezondan konuklar (Ama ölen Puck veya Pedro yoktu) katılmış, soruları cevaplıyorlardı. Realite televizyonu televizyon üretiminin ucuz yoluymuş gibi hissediyordum, insanları buna takıntılı hale getiriyordu, özellikle de cinsellik içeriyorsa.

"Ne kadar ahmakça bir fikir," dedi bir arkadaşım. Bana şu an komik gelen, "Ortada çok fazla gerçeklik var," diye bir söz söyledi.

Diğer arkadaşım ise, "Sen büyük bir televizyon şirketi değilsin. Kablolu televizyon şirketlerine bu fikri nasıl ulaştıracaksın?" dedi.

Böylece ben de bir daha bunun hakkında düşünmedim. Bu fikrin etrafına çitler ördüm ve bu fikri icra etmek için o çitleri asla kaldırmamaya karar verdim. Şimdi HER televizyon kanalı veya en az yüzde ellisi realite şovu sunuyor.

Benim asıl sorunum şuydu; *kendime güvenim yoktu*. Bir sonraki adımın ne olduğunu bilmiyordum. Geçmişe baktığımda, fikrimi yazmam gerekirdi diyorum, hazırlanabilecek on adet potansiyel şov fikrimi yazmalı ve bana ortak olacak birini bulmak için televizyon şirketlerine başvurmaya başlamalıydım. Bu, basit ve ödeme olana kadar çok zaman almayan bir iş olurdu.

Not: Sizin için (bir sonraki adımı düşünürken) çok büyük olan bir şey, başkası için çok büyük olmayabilir. Korkmayan ve bir sonraki adımın ne olduğunu bilen birileri olabilir.

İki adet örnek. Biri bana, "Bir düşüncenin çok büyük olduğunu nasıl biliyorsunuz?" diye sordu. Ona şöyle cevap verdim; eğer bir sonraki adımı düşünemiyorsanız, o fikir çok büyüktür. Sonra da şöyle devam ettim; eğer daha konforlu koltukları, internet erişimi, daha iyi yiyecekleri ve daha ucuz fiyatları olan bir havayolları işine girişseydim, muhtemelen çok zorlanırdım, çünkü güzel bir fikir olsa bile, bundan sonrasında ne yapacağımı bilemezdim.

Ardından Richard Branson'ın hayatını okudum.

Virgin Records kendisine yılda yaklaşık 15 milyon dolar düzenli kâr sağladığı zamanlarda, okyanus aşırı giden daha konforlu bir havayollarının olması gerektiğine karar verdi. Havayolu kurmak hakkında ne biliyor olabilirdi ki? Hiçbir şey. Sadece bu da değil, havayolları işi zor bir iştir. Tarihteki en iyi üç girişimci olan Howard Hughes, Carl Icahn ve Warren Buffett, hava yolları satın alarak yere çakılmış ve yanmıştır. Warren Buffett bir keresinde şöyle bir şey söylemişti: "Milyon dolarlar kazanmanın en iyi yolu, milyar dolarla başlamak ve bir havayolu satın almaktır."

Buna rağmen Branson bir fikir üretti ve işte o gün, bir uçak kiralamanın ne kadara mal olacağını öğrenmek için Boeing'i aradı. Onlarla iyi bir anlaşma yaptı; öyle ki eğer bu işe yaramazsa, uçağı iade edebilecekti. Eğer işe *yararsa*, Boeing için harika bir müşteri olacaktı.

Kendini Seç

Airbus'a da benzer bir arama yaptığını ve en iyi anlaşmayı seçtiğini sanıyorum. Sonra muhtemelen ihtiyaç duyacağı çeşitli havaalanlarında yer kiralamanın ne kadara mal olacağını araştırdı. Muhtemelen daha fazla iş olmasından mutlulardı. Sonra da tahminimce, birkaç pilot, birkaç yer görevlisi tutmuş ve yeni uçuş güzergâhına ilişkin el broşürleri bastırmıştı ve işin içindeydi.

Virgin Air başarılı (Daha birkaç hafta önce New York'tan Los Angeles'a uçtum) ve Virgin Galactic'in bir parçası. Yani müzik yapım şirketiyle başlayan bu pasaklı çocuk, uçaklarda daha konforlu koltuklar olmasını istediğine karar verdi ve şimdi, bunun sonucu olarak uzaya roket fırlatıyor.

Bu önemli şeyi not alın: Bu fikir aklına geldiği gün, Boeing'i aradı ve onlardan uçak aldı. Sadece bir sonraki adımı tanımlamakla kalmadı, aynı zamanda onu yerine getirdi. Ben havayolları işine giriyor olsaydım, muhtemelen kendimi "bir sonraki adım"ın benim için çok büyük olacağına ikna ederdim. Bu *kesinlikle* benim için çok büyük olurdu. Bu tam olarak "sır"la –yani düşüncelerimizin kendi gerçekliğimizi yaratabileceği görüşüyle– aynı şey değil ama ona yakın. Düşüncelerimiz ideal gerçekliğimizi mümkün kılabilir. Eğer bir şeyi yapabileceğinizi düşünüyorsanız, güveniniz varsa, yaratıcılığınız varsa (fikir kasınızı geliştirdiyseniz), size büyük gelen fikirler, küçülerek çok da büyük görünmemeye başlayacak. Çok büyük diye bir fikir kalmayana kadar küçülecek. En azından deneyemeyeceğiniz bir fikir kalmayacak. Henry Ford'un dediği gibi, "Yapabileceğinizi düşündüğünüzde de yapamayacağınızı düşündüğünüzde de haklısınız."

Daha küçük bir ölçekte, kendimden birkaç örnek verebilirim ama sadece bir tanesinden bahsedeceğim. Yatırım fikirleri ortaya çıkaracak çeşitli metotlar dışında başka haber içermeyecek bir finansal haber sitesi yapma fikrim vardı. Özellikle, büyük yatırımcıların sırtlarında taşıdıkları yatırım fikirlerini içerecekti. Aklıma bu fikrin geldiği sabah, sitenin spektlerini çıkardım. Bunu elance.com'a koydum, birkaç yazılım geliştiricisi istedikleri fiyatla birlikte benimle iletişime geçtiler, birini işe aldım. Birkaç hafta içerisinde, sitenin 1.0 versiyonu yayınlandı;

stockpickr.com. Yedi ay ve milyonlarca tekil kullanıcıdan sonra, kârlı şirketi thestreet.com'a sattım.

Yani soru, bir fikrin ne zaman çok büyük olduğu değil. Soru şu; tüm fikirleri nasıl küçültebilir ve ulaşılabilir hale getirebilirim? Bunu fikir kasınızı geliştirerek yaparsınız:

Her gün, kitaplardan en az dört farklı konuda bölümler okur/göz gezdiririm. Bu sabah, Mick Jagger'ın biyografisinden bir bölüm okudum; hiçbir şey bilmediğim bir konu olan genetik mühendisliği hakkında *Regenesis* adlı bir kitaptan bir bölüm okudum. Chery Strayed'in *Tiny Beautiful Things* kitabından bir bölüm okudum. Joseph Campell'ın *Myths to Live by* kitabından bir bölüm okudum ve aynı zamanda vakit geçirmek için online satranç oynadım.

10 tane fikir yazın. Herhangi bir konuda. Fikirlerin ne olduğunun önemi yok, iş fikirleri, kitap fikirleri, eşinizi yatakta şaşırtmak için fikirler, eğer hırsızlıktan dolayı tutuklanırsanız ne yapmanız gerektiğine dair fikirler, nasıl daha iyi bir tenis raketi yapılacağına dair fikirler, istediğiniz herhangi bir fikir. Kilit nokta şu; bu fikirler on veya daha fazla olmalı.

Kitabın önceki bölümlerinde bahsettiğim gibi, beyninizin terlemesini istiyorsunuz.

Hem de gerçekten terlemek ve benim realite televizyonculuğuyla ilgili önceki hatalarımdan ders almak istiyor musunuz? Şimdi, "benim için çok büyük" dediğiniz on fikri ve bir sonraki adımın ne olacağını listeleyin. Örneğin, "daha etkili güneş enerjisi elde etmek için uzaya göndermek üzere güneş paneli hazırlamak" bir fikir olabilir. Diğer bir fikir "sudaki tuzu emen bir mikrop üretilmesi" olabilir. Bunun mümkün olup olmadığına dair bir fikrim bile yok. Bir diğer fikirse, "Bir yıl içerisinde bir kitap yazacağım ve bir milyon kopyasını bedavaya vereceğim," de olabilir.

İlk adım kitabı yazmak olacaktır. Sonra belki kitabı bedavaya vermeyi sağlayacak bir destek kaynağı bulabilirim. VEYA nano boyutunda kopyalarını basabilirim, böylece yalnızca mikroskopla okunabilir ancak milyonlarca baskı bana sadece birkaç parça kâğıda mal olur. Böyle devam eder. Güneş panelleriyle ilgili olarak, SpaceX'i arayabilir ve bir alan kiralamanın ne kadara mal olacağını öğrenebilirim. Tuzdan arındıran mikrop içinse... Hiçbir fikrim yok. Siz bana yardımcı olabilir misiniz?

Bu fikirlere bir daha bakmanıza bile gerek yok. Amaç, güzel bir fikir ortaya koymak değil. Amaç, binlerce fikir üretmek. Fikir kasını geliştirip bir makineye çevirmek.

Aktarıcı olun. Dip dibe yaşayan iki çiftçinin suları kendi arsalarına kurdukları kuyudan geliyormuş. Çiftçilerden birinin kuyusunda su tükenmiş; ya hemen yağmur yağıp dolması gerekiyormuş ya da susuzluktan ölecekmiş. Diğer çiftçi çalışmış, kuyusunu o kadar derin kazmış ki yeraltı suları kuyusuna doluyormuş. Kuyusu her zaman suyla dolu olduğundan hiç endişelenmesi gerekmiyormuş.

Bu yeraltı suyunu nasıl bulacak ve kullanacaksınız?

Hayatınızın diğer alanlarının dengede olduğundan emin olarak; kötü bir duygusal konumunuz/ilişkiniz olmayacak veya ondan uzaklaşmak için elinizden geleni yapacaksınız. Fiziksel olarak sağlıklı kalacaksınız, alkolü sınırlayacak (veya bırakacaksınız), sağlıklı besleneceksiniz ve uykunuzu alacaksınız. Maneviyatla (iki bin yıldır kullanıldığı anlamsız manaları yüzünden nefret ettiğim ama yerine daha uygununu bulamadığım bir kelime) hayatınızdaki her şeyi kontrol edemeyeceğinizi anlayacak, geçmişteki pişmanlıklarınız ve gelecekteki korkularınız için zaman yolculuğu yapmak yerine, mevcut ana teslim olma güdüsü geliştireceksiniz.

Beyninizin bir başka bölümünü harekete geçirin. Her gün yazarım. Bazen, karanlıkta kalan kısımları aydınlatmak için beynimin diğer bölümlerine yeniden enerji vermem gerekir. Geçen gün, Claudia'yla birlikte sulu boya dersi aldık. Hayatımda daha önce hiç sulu boya yapmamıştım. Oraya gittik ve sonra bir baktım ki üç saat geçmişti. Beynim zamanın nasıl geçtiğini anlamamıştı. Sonunda elimde ne mi vardı? Bugüne kadar sulu boyayla yapılmış en kötü günbatımı, birkaç dağ ve biraz bulut. Ama beynim iyi hissetmişti.

Çarpışmalar. Birbiriyle dost olan fikirler, çocuk fikirler üretecektir. Diğer fikirleri okuyun. Yeni fikirlerinizi eski fikirlerinizle karşılaştırın. Büyük Patlama'dan sonra, evrenin geri kalanı aslında çarpışmalar sonucu oluşmuştur. Tüm elementler oluşana kadar hidrojen atomları helyum atomlarıyla çarpışıp durdular. Gezegenleri, suyu ve sonsuz yaşamı oluşturmak için ölü yıldızlar asteroitlerle çarpıştılar.

Evrenin asli hayat kaynağı çarpışmalardır. Fikirler de bundan farksızdır. En iyi fikirler yeni ve eski fikirlerin çarpışmasından doğar.

Kendinize baskı yapmayın. Bu durum "Kendini Nasıl Seçersin?" bölümündeki "tükenme" durumuna benziyor. Bazen tohumları ekersiniz ancak her tohum büyüyüp güzel bir bitki olmaz. Aslında çok azına böyle olur. Eğer her bir tohumu dünyanın gördüğü en güzel bitkiye dönüştürmek için, kendinize çok fazla baskı yaparsanız kendinizi tükenmeye ve hayal kırıklığına uğramaya hazırlarsınız. Elinizden gelen her şeyi bile isteye yaptınız, şimdi görünmez yaşam güçlerinin bu tohumlar üzerinde çalışmasına izin vermelisiniz. Eğer onlara izin verirseniz, en iyi olanları FİLİZLENECEKTİR.

Silkelenin. Her gün, çok sıkı bir rutinim var. Kalkarım, okurum, yazarım, alıştırma yaparım, yemek yerim, toplantılara katılırım (telefonla veya canlı), sonra bu süreci tersine çevirip yemek yer, yazar, okur ve uyurum. Bazı günler, henüz ortaya çıkmayan bir şeyler üzerinde çalışmam gerekir. Bu gibi durumlarda, biraz daha canlanmaya ve silkelenmeye ihtiyaç duyuyorum. Farklı bir şeyler yapın. Ben bazen okumak yerine, sabah beşte yürüyüşe çıkıyorum. Bazen sekiz saat aralıksız uyumak yerine dört saat aralıklarla uyuyorum. Bazen bilgisayar yerine tüm günümü elle mektup yazarak geçiriyorum. Sıra işe gelince, birkaç fikri not almak veya şimdiye kadar ne yapmış olduğuma bakmak yetiyor ve sonra bunu tekrar kaydediyorum. Bilinçaltım buna çalışmaya başlıyor.

Silkelenmek beyne şunu söyletiyor; "Az önce ne oldu yahu?" Üst bilinciniz şaştığında, bilinçaltınız sessizce çalışmaya ve üst bilincin çok yoğun olarak yaptığı işi bırakmasına yardımcı oluyor. Birçok in-

Kendini Seç

sanın duşta veya uykuya dalmadan önce fikir üretmesi ve kafasında "ampul" yandığı bir an tecrübe etmesinin nedeni budur.

▶ Bilinçaltınızın bir fikir üzerinde çalışmasını sağlayacak bir egzersiz: Günlük rutininizi yazın. Bunu olabildiğince detaylandırın. Bugün neyi değiştirebilirsiniz? Nasıl değiştirebilirsiniz?

Çocukluk tutkularınızı listeleyin. Altı yaşımdayken, hem yunan mitolojisine hem de çizgi romanlara tutkuluydum. Lise ve üniversitede, beş yıl boyunca Fransızca dersi aldım ve bir süre Fransa'da vakit geçirdim (hatta ilk işim için orada bir ofisim bile vardı). Şimdi, *oui*[18] hariç Fransızcadan tek bir kelime bile hatırlamıyorum. Fakat altı yaşımdayken, Yunan mitolojisi üzerine okuduğum neredeyse tüm çizgi romanları gayet net hatırlıyorum – ilk çizgi romandan ("süper kahramanlar birliği" geçmişe dönmeli ve Clark'ın ailesiyle Smalville'de kalmalılardı) yeni çıkan her bir çizgi romana kadar.

Sadece tutkunu olduğumuz şeyleri hatırlarız. En nihayetinde, bunlar fikirlerin çiçek açtığı ve hasat verdiği tarlalardır. Bunun dışında kalan her şey kurur ve ölür.

Beş yaşınızdan beri tutkunu olduğunuz şeyleri hatırlamaya çalışın. Ne kadar çok şey olduğuna şaşıracaksınız. Bu tutkuların eşleşip çapraz döllenmeyle gelecek fikir ve tutkularınızı oluşturabilmelerinin kaç yolu olduğuna şaşıracaksınız.

İnternette gezinin. Az önce nasıl yaratıcı olunacağına dair bir "bilgi görseli" (bilgi görselleri hızlıca yeni blog yazıları oluyor) gördüm. Esasen, "Bilgisayarı kapat," demek istiyor. Bu bazen doğru. Bazen değil. Tüm dünyadaki bilgi parmaklarımızın ucunda, Alice gibi bazen tavşan deliğinin içine sıkışmak ve Harikalar Diyarı'nda dolanmak bazen eğlenceli oluyor. Braindroppings, thebrowser.com, (iş için güvenli değil) ve extragoodshit.phlap.net başlamak için bazı güzel yerler. Gördüklerimden hiçbir fikir edinmiyor olabilirim ama tohumlar belki çiçeklenebilir. Bir müzedeki kitapçıya gittiğimde, bir tomar kitap alıp

---
18 (Fr.) "Evet." (ç. n.)

oturduğumda ve onlara göz attığımda hissettiğim duyguyla benzer bir hissi buluyorum. Beynimi gıdıklıyor ve uyku halindeki şeyleri harekete geçirebiliyor.

İnsanlardan, daha fazla fikir üretmek için fikir üretmemde bana yardımcı olmalarını istedim. İşte insanların aklına gelen bazı öneriler. Emeği geçen herkese teşekkür ederim:

Ben Nesvig

Fikir başlıkları için çabalarken yaptığım üç şey:

1. Twitter Araştırması

Aşağıdaki cümlelere benzer şeyler araştıracağım:

"Keşke ... sahip olsaydım"

"Birilerine daha yeni ödeme yaptım ki ..."

"... en kötü ürün"

"... korkunç bir şirket"

"... berbat bir internet sitesi var"

"... favori internet sitem"

"Kimse nasıl ... biliyor mu"

Tüm bu terimlerle, onların isteklerini tamamen nasıl yerine getirebileceğime veya o berbat internet sitesinin ya da şirketin nasıl daha az berbat olabileceğine ilişkin fikirler düşüneceğim.

2. Groupon[19]

Groupon kullanan birçok şirket, müşteri bulmak için çabalıyor ve yaratıcı fikirlere ihtiyaç duyuyor. O gün için öne-

---

19 Groupon (grup ve kupon sözcüklerinin birleşiminden türetilmiştir) yerel ve uluslararası pek çok firmada kullanılmak üzere indirim kuponları sağlayan bir günlük fırsat sitesidir. Sitenin kurucusu ve CEO'su Andrew Mason'dur. Şirket, Türkiye'de Groupon Şehir Fırsatı adıyla hizmet vermektedir. (ç. n.)

rilen Groupon tekliflerine bir göz atıp şirketi veya ürünlerini geliştirmek için başka yollar ortaya çıkarmaya çalışacağım.

3. Aşırı Odaklanma/Serbest Yazma

Herkesin görevlerini yerine getirmek için gereken dikkatin asgari miktarını gösterdiğini varsayalım. Fikirler/sezgiler/gözlemler elde etmek için aşırı odaklanırım. Zamanlayıcıyı 25 dakikaya ayarlar, odaklanır ve tek bir şey hakkında serbestçe yazarım. Bu genelde, daha önce hiç düşünmediğim fikirleri aklıma getirir.

Pat P

Fikir #10: YouTube'a girmeyi ve hakkında hiçbir şey bilmediğim veya o dönem yeni ilgilenmeye başlayıp hakkında daha fazla şey öğrenmek istediğim şeylerle bağlantılı bir kelimeyi aratmayı seviyorum. O konuya ilişkin bir video izliyorum. Riski ise şu; berbat bir video izleyerek zamanınızı harcayabiliyorsunuz... İyi yanı ise bir sınırının olmaması. Bir süre sonra, içgüdünüz gelişiyor ve YouTube'un size sunduğu birçok konu arasından hangisinin diğerlerinden daha iyi olduğunu biliyorsunuz. YouTube, internetin çoğu yeri gibi, neredeyse her konuda bilgiye dair harika bir define sandığı, kendi içinde fikir üreten bir çekirdek ve zihin kası egzersizi.

Kevin Faul

Sizi ilgilendiren ve size ilham veren, tanımadığınız birilerini bulun, sonra onlara nasıl ulaşacağınızı bulun. Onlara Facebook veya LinkedIn üzerinden bir çeşit not gönderin. Twitter'da takip edin. Ama önce onları araştırın. Size ilham veren biriyle iletişime geçmenin veya karşılıklı e–posta göndermenin size de ilham vereceğini garanti ederim. İmkânsızı mümkün yapmış birilerine "Dokunmak", sizin fikirlerinizin de mümkün olduğunu anlamanıza yardımcı olur ve size daha fazla ilham verir. Sosyalleşmenin gücünü hafife almayın.

Fikir kası, Günlük Alıştırma çalışmasının doğal bir yan etkisidir. Fiziksel olarak sağlıklı olduğunuzda, çevrenizde sevdiğiniz insanlar olduğunda, fikir kasınızı çalıştırdığınızda, çevrenizi saran gerçekliği işleme yetisi geliştirdiğinizde, bu sizi özgürleştirir ve artık bir Fikir Makinesi haline gelebilirsiniz.

Gittiğiniz her yer, gördüğünüz her şey, karşılaştığınız her sorun, yolunuzda duran her durumda ona hemen tepki verebilmenizi sağlayacaktır. Örümcek Adam gibi olacaksınız, onun hemen tepki veren örümcek sezgileriyle, sorunlarla karşılaşmadan önce ne yapacağınızı bileceksiniz. Bana bu konuda inanmak zorunda değilsiniz. Ben sadece bunun bende işe yaradığını ve iyi bir başarı elde etmemde yardımcı olduğunu söylüyorum. Bunu kendiniz için deneyin ve görün. Belki sizin için de işe yarar.

SİZİ HAREKETE GEÇİRECEK ON FİKİR

Ufak defterler dağıttığım ve insanlardan fikirlerini yazmalarını istediğim birçok seminer verdim ve konuşma yaptım. Bazen insanlar biraz huzursuz oluyorlar. Bu durumda onlara birkaç öneride bulunuyorum.

1. **Yazabildiğiniz kadar çok fikir yazın.** İnsanlardan tek bir fikir yazmasını isteyemezsiniz. O zaman o tek fikir, EN İYİ fikir olması gerektiği için bayağı geriliyorlar.

2. **Paylaşımda bulunun ve fikirleri birleştirin.** Ben buna "fikir sevişmesi" diyorum. Herkes fikrini yazdıktan sonra, bir eş seçiyor ve onunla fikirlerini birleştiriyorlar.

Sonuçların bazıları son derece şaşırtıcı oluyor. Bir seminerde, insanlardan kitap başlıkları üretmelerini, daha sonra kitap başlıklarını eşlerininkilerle birleştirmelerini ve bu birleştirdikleri listedeki kitap başlıklarından ilki için içindekiler listesi hazırlamalarını istedim. Bu işlem neticesinde ortaya çıkan listeden henüz okumak istemediğim bir kitap çıkmadı.

Ama gerçek şu ki çoğu fikir kötü. Benim birçok fikrim kötüdür. Sizin de binlerce kötü fikir üretirken rahat olmanızı istiyorum. "Bir

Kendini Seç

Fikir Makinesi Haline Nasıl Gelinir?" bölümünü yazdıktan sonra, bir liste fikir üretmeye karar verdim, en az bir milyon insana yardım edebilecek bir liste bu. Bu gibi fikirlerin kilit noktası, bir sonraki adımdan emin olmanızdır; örneğin, çıkıp sadece, "Bir zaman makinesi," diyemezsiniz, eğer gerçekten bir zaman makinesi ortaya çıkarmadıysanız ki ben kişisel olarak bunu yapmaktan acizim. Yani bu tarz fikirler bu listede yok.

"Bir milyon insana yardım etmek" bir fikir listesi hazırlamak için zorunlu bir ihtiyaç değil. Bu sadece bugün yaratacağım fikir listesi. Bu kritere sahip olmak, "Bir sonraki Star Wars filminde Prenses Leia'nın kızını Lindsay Lohan oynayacak," gibi dâhice fikirleri engeller. Kabul edilmeli ki (bunu not al, J. J. Abrams), bu şimdiye kadar duyulmuş en iyi fikirlerden biridir. Ama bu bir milyon insana yardım etmez. (Hım, bir saniye, bunun hakkında düşünmem lazım... Hayır, hayır, bu bir milyon insana yardım etmez.)

Bu fikirlerin herhangi birini çalma konusunda kendinizi özgür hissedin. Bana bir pay vermek isterseniz, o da olur.

A) Buraya bir fikir yazmıştım ama sildim. Utanç verici derecede kötüydü. Fikirler kötü olduğunda kabul etmekten çekinmiyorum. Daha fazlası, daha sonra.

B) Para birimi olarak Klout[20] kullanılması. Bir düşünün. Gayet mantıklı. Benim donut dükkânına verdiğim 5 dolar, Barack Obama'nın vereceği 5 dolardan daha az anlam ifade eder. Eğer Barack Obama, o dükkândan 5 dolara bir donut almışsa, artık o dükkân "Başkanlık Donut Dükkânı"dır. Obama'nın 5 doları, benim 5 dolarımdan daha değerlidir. Artık 5 dolar sadece bir kâğıt parçasıdır. Kimin tuttuğunun önemi yoktur. Klout para birimi günümüz dünyasına eşittir. Böylece, daha yüksek Klout puanı olan insanlar daha fazla şey alabilmelidir

---

20 Klout, sizin sosyal medyadaki bireysel etkinliğinizi ölçmek için kullanılan ve buna göre size 0-100 arasında bir puan veren sistemdir. Sosyal medyada ne kadar çok ağ üzerinde hesabınız varsa ve siz buralarda ne kadar çok etkinseniz, Klout skorunuz da o kadar yüksek olur. (ç. n.)

çünkü onların para birimi benimkinden daha değerlidir, bu şekilde tamamen bir anlam ifade ediyor. İnsanlar Klout'la satıcılardan bir şeyler aldıkça, satıcılar da daha fazla şey alabilirler ya da hizmetlerini daha pahalı fiyatlara satabilirler. Bu durum, ürünler ve hizmetler üzerinde doğal toplumsal fiyatlandırma mekanizması oluşturacaktır.

Dünya bu yönde ilerliyor zaten. Oprah'ya bakın. Oprah'nın sonsuz bir Klout puanı var. Eğer benden bir kurşun kalem alırsa, benim Klout puanım aşağı yukarı yüzde seksen artacaktır. Orta sınıf kayboluyor. Geçici elemanlar ürünleri satın almak için geçici senetler kullanıyorlar ve zengin insanlar Twitter takipçisi satın alıyorlar. Klout–para birimi dünyasına doğru ilerliyoruz. Bunun gerçekten olmasını sağlamak, müşterilerine daha büyük değer yaratmaları için şirketleri cesaretlendirecektir, böylece kâr oranlarını artıracak ve böylece daha fazla kişiyi işe almalarını sağlayacak vs. – verimli bir döngü.

C) Mutsuz insanlar için kriyojeni.[21] Bazen "uzun vadeli" şeylerin işe yaradığını biliyorum. Ancak kısa vadelilerden korkuyorum. Hepimizin bildiği diğer bir şey ise, zamanın tüm yaraları iyileştirdiğidir. Ama ne kadar zaman demek istiyor? Bu her insana göre farklılık gösterir. Diyelim ki yaralandım. Mecazi olarak. Birileri beni vurdu ve kötü hissediyorum. Bunu aşmam için bir ya da iki güne ihtiyacım olabilir. Sorun yok, kriyojenik tankımın içine girerim ve onu beni bir gün sonra uyandıracak şekilde programlarım. Veya sevdiğim birini kaybedersem, bir ya da iki yıla ihtiyacım olabilir. Beni dondurun ve doğum günüme kadar uyandırmayın. Böylece etrafa bakabilir, nasıl hissettiğimi görebilir ve istersem tekrar tankın içine geri dönebilirim. Bu arada, donduğum süre boyunca yaşlanmıyorum, çünkü tüm genlerim ve kromozomlarım tamamen sıfırlanıyor. Bazen durum finansaldır. Beş yıl içerisinde para getirecek bir yatırımım vardır ancak şimdi çok

---

21 Kriyojeni, fizikte çok düşük sıcaklıklarda yapılan üretim ve işlemler için kullanılan bir terimdir. İnsanların öldürücü koşullardan kurtulması ve gelecekte tedavi edilebilip önlenebilecek şeyler için vücutlarının dondurulmasıyla ilgilidir. (ç. n.)

az param vardır. Problem değil. Beş yıl sonra beni uyandırın. Twitter halka açılınca beni uyandırın.

D) Küresel ısınmayı çözmek için küresel ısınmayı kullanın. Bunu şimdiye kadar neden kimse düşünmedi bilmiyorum. Sadece *küresel ısınma*nın kelimelerine bakın. Dünyanın yüzeyi ısınıyor. Bu daha çok enerji verdiği anlamına geliyor. Karbon temelli enerji ihtiyacımızı azaltmak üzere gezegenden yayılan enerjiden yararlanmak için güneş pili şeritlerini kullanın (bunu sevdiniz mi?). GÜM! Sorun çözüldü. Bunun güzelliği ise şu; küresel ısınma olmazsa bu teknik işe yaramaz. Sorun değil! O zaman gezegen tekrar ısınana kadar karbona geri dönün. Al Gore'un kampanyası için çalışan biriyle çıkıyordum. Hey, A*, eğer bunu okuyorsan ve hâlâ bana karşı hislerin varsa, lütfen bu fikrim için Al Gore'la iletişime geçer misin? Aşağı yukarı 10 milyar tutarında fonu var, rahat bir yaşam sürüyor ve bana gerçekten yardım edebilir.

E) Üç boyutlu insan baskısı. Üç boyutlu baskı, son teknoloji çılgınlığı gibi görünüyor. Aman her neyse. Bunun nasıl işlediğini bile bilmiyorum. Ama işte "Üç Boyutlu İnsan Baskısı" burada. Diyelim ki yarın sekiz bin mil uzaktaki Hindistan'daki toplantıyı yapamayacağım. Ama gerçekten gitmek istiyorum. Evimde takım elbisemi giyiyor ve takımı açıyorum. Bangalore'daki konferans salonunda, takım elbise görünüyor. Gözlerini açıyor. Video ekranında takım elbisemin içinde, onun gözleri ne görüyorsa onu görüyorum. Kollarımı hareket ettiriyorum ve takım elbise de kollarını hareket ettiriyor. Konuşuyorum ve takım elbisem benim sesimle konuşuyor. Video konferans, asla yüz yüze toplantıların yerini alamaz. Bu biraz ileri düzey video konferansa benzese bile, benim orada onlarla beraber olduğum düşündürülerek, odadaki diğer insanların zihinleri esasen psikolojik olarak kandırılacaktır. Bir robot alıp buna insan vücudu vermişsiniz gibi bir şey bu; sadece bir bilgisayar olmasına rağmen, aslında birçok insan bunun gerçek bir insan olduğunu düşünecektir. Bu benim şahsen icat edebileceğim bir fikir. Motivasyonum da var. Seyahat etmeyi sevmiyorum. Evde oturmayı ve hiçbir şey yapmamayı seviyorum. Bu icatla tüm dünyayı gezebilirim. Paskalya Adası'na bile gidebilirim. Bu Işınlanma 101 gibi.

F) Evlere reklam vermek. Bu kulağa başlangıçta kötü geliyor: Evinizin bir duvarında reklam olması mı? Belki bir resim gibi çerçeve içerisinde. Veya aynada. Olay şöyle: Eğer tüm evime reklam verilmesine izin verirsem, evimin ücreti düşürülecek. Banyomda oturuyormuşum da duş perdesinde "günlük anlaşmalar" projesini izliyormuşum gibi. Reklam ajansları evimin ücretinin bir kısmında bana destek olmayı kabul edecekler. Daha da iyisi, bunun bir parçası olarak benim tüm telefon görüşmelerimi dinleyen bir yazılımları olacak. "Sosyal Medya"yı unutun. GERÇEK sosyal hayatımda, insanlarla telefonda konuşurken filan nelerle ilgileniyormuşum onu görelim. Eğer telefonda, "Bu yıl kayağa gitmeyi gerçekten çok istiyorum ama param yok," dersem, duş perdemde kayak seyahatlerindeki kampanyalar hakkında teklifler görmeye başlayacağım. Yani kazan–kazan–kazan. Ben arkadaşlarımla telefonda konuşurken para kazanıyorum. Evim daha ucuz. Şirketler daha fazla satış yapıyor, ekonomi gelişiyor, daha fazla insan istihdam ediliyor ve hayat "kötü"den "iyi"ye gidiyor.

G) Mutluluk Noktaları. 10 yıldır, "Arkadaşlarınız yakınınızda olduğunda bizim ürünümüz size bildirecek," gibi iş teklifleri alıyorum. Aslında Galaxy Note gibi fabletlerin artışıyla bunun işe yarayabileceğini düşünüyorum. Ama bunu boş verin. Salak değilim, arkadaşlarımla buluşmak istediğimde, arkadaşlarımı arar, "Ne haber, bir kahve içelim mi?" derim. Bu yerini tespit etme işini gerçekten hayatı kolaylaştırıcı hale getirelim. Çalışmalar gösteriyor ki pozitif insanların yanında olmak, negatif insanların yanında olmaktan daha iyi. Pozitif insanlar sizi yükseltir, negatif insanlar ise aşağı çeker. O zaman bunu yapalım. Herkes düzenli olarak beyninizin faaliyetlerini tarayan bir kulaklık taksın. Bu beyin taramaları, "mutlu" veya "mutsuz" olarak etiketlenen on bin tane beyin taramasından oluşan bir veritabanıyla eşleşsin ve kullanıcının mutlu mu, mutsuz mu olduğunu belirlemek için standart ses tanıma sistemi kullanılsın.

Kendini Seç

ŞİMDİ, telefonumdaki Google Haritalar üzerinde gölgeler görebiliyorum. Açık renkli alanlar, mutlu olan insanların olduğu yerleri gösteriyor. Koyu renkli alanlar ise negatif insanların olduğu yerleri gösteriyor. Eğer bugün, "Hım, şehrin aşağı kısmı mı yoksa yukarı kısmı mı?" diye karar vereceksem, Mutluluk Haritası'na bakıp, mutlu insanlar neredeyse oraya gidebilirim. Arkadaşım olup olmadıkları kimin umurunda? Mutluluk noktalarında yeni arkadaşlar edinirim!

H) Yüzde kırk işsizlik. Gerçek şu ki birçok insan işte olmamalı. Neden mi? Bu kitapta önceki bahsettiğim nedenlerin dışında, birçok insan yaptıkları işte iyi olmadığı için, diyebiliriz. Bir insanın yaptığı işte gerçekten iyi olması nadir bir durumdur. İşlerini iyi yapan topu topu on insan tanıyorum. Bu bir eleştiri değil. Bu sadece gerçek. Aslında robotlar bizden daha iyiler. Bu nedenle, Apple üretimini tekrardan Birleşik Devletler'e taşıdı, bunun sebebi çok fazla Çinli insanın kendilerini fabrikaların içinde öldürmüş olmasıydı. Robotlar kendilerini öldürmezler ve işi daha hızlı tamamlarlar.

Toplumun gerçekten yüzde kırk veya elli işsizliğe ihtiyacı varsa ne olmuş yani? Bunu şu şekilde yapacaksınız. Çözümüm komünist olarak başlıyor ve liberal olarak sona eriyor. Esasen, şirketler insanların yerini robotların almasına teşvik edilir. İnsanları kovmaları sebebiyle elde ettikleri aşırı kazanç sadece yarı oranında vergilendirilir. Tüm bu "robot vergileri", bu kovulan insanlara destek olmak amacıyla devlette kurulacak bir fonda toplanır (tıpkı yardım ödeneği alan çiftçiler gibi). Gerçi bu ödenekler, üç yıl sonra kesilir. Böylece kovulduğunuz günden itibaren yeni bir iş kurmak için üç yılınız olmuş olur. Şans eseri, işler insanlar yerine robotları kullanıyor aksi takdirde üst mevkideki rakiplerinizle rekabet edemezdiniz. Eğer bir iş kuramazsanız, bir yerde geçici elemanlık yaparken bulursunuz kendinizi. Bu acımasızca, demeyin. Dünyanın işleyiş şekli böyle. Orta sınıfın kaybolmasının sebebi bu. Artık yeni orta sınıf, robotlar. Geri kalan herkes ya işveren olacak ya da geçici eleman. Elçiye zeval olmaz. Bu zaten oluyor. Sadece yüzde 40 işsizliği veya gelmekte olan (çoktan yüzde 20 oranında olan) eksik istihdamı gerçekten kabul edebileceğimiz bir yol bulmaya çalışıyorum.

I) Beyin buluşması. Bu daha önce "G" maddesinde bahsedilenden biraz farklı. Buluşma hizmeti verilmiyor. Boşanma oranı artıyor. Birçok insan mutlu değil ve işin sonu aldatmayla bitiyor. Bir arkadaşım yakın zamanda, tükürüğünüzü alan ve kendiniz hakkında bilmediğiniz veya ilk defa utanç duygusunu tattığınızda kaç yaşında olduğunuz gibi bildiğiniz ama unuttuğunuz her şeyi size söyleyen 23andme.com'dan sonuçlarını aldı. İki gün önce tükürüğümü gönderdim ve ertesi gün bana ücretin 299 dolardan 99 dolara düştüğünü bildiren bir mesaj gönderdiler. Hayat tarafından yine kazıklanmıştım ama bundan pişman mıyım? Tabii ki hayır. Ben böyleyim.

Sonuçlarını alan arkadaşıma öğrendiği en önemli şeyin ne olduğunu sordum. O da, "Babamın gerçek babam olduğu," dedi. "Çok fazla insan biyolojik babalarının gerçek babaları olmadığını öğreniyormuş," dedi. Neden? Çünkü insanlar hata yapıyorlar. Karmaşık bir ilişkiye başlıyorlar ve bundan çıkmak için kafa karıştırıcı bir çözüm kullanıyorlar. Daha da kötüsü, çocukları oluyor.

Bunu çözelim ve birçok sefalete son verelim. Evlendikten kırk yıl sonra mutlu olan bin tane çiftin beyin taramasını alalım. Bilirsiniz, "Sorunlarımız oldu fakat çözdük," diyen çiftleri. Bunları ayıklayalım. SORUN DEĞİL. Bunlar oradalar. Gezegendeki iki milyar çift içinden sadece bin tane çift. Şimdi birlikte beyin taramalarının ortalamasını alalım.

Beyin buluşması servisine üye olduğunuzda, beyin taramanızı yüklemeniz gerekiyor. Veritabanındaki tüm kadınların beyin taramalarıyla beyninizin taramasının ortalamasını alıyor. Sonra sonuçlar bin evli mutlu çiftin veritabanıyla eşleşiyor. Bin adet beyin taramasından, buluşmaya gidebileceğiniz en yakın kombinasyonla eşleşme sağlıyor. Değeri: 10.000 dolar. Teknoloji orada, millet. Neden siz girişimciler çoktan bununla ilgilenmiyorsunuz?

J) Kontak lenslerimde "Beğen" tuşu. Mesajların okunabildiği kontak lenslerin çoktan yapıldığını okumuştum. Bu güzel. Ben her zaman tanıdığım herkesle daima iletişim halinde olmayı severim. Ama haydi

Kendini Seç

bunu bir adım daha ileriye taşıyalım. Sizinle buluşuyorum, sizi beğeniyorum, GÜM, iki kez göz kırpıyorum ve kontak lensim beğeniyi kaydediyor. Şimdi gününüze devam ediyorsunuz ve sizinle buluşan diğer insanlar hemen, "James bugün 158 beğeni aldı," yazısını görüyor. Eğer kötü bir gün geçiriyorsanız, belki sadece beş "beğeni"niz olur. Sorun değil. O günlerde insanlar sizden uzak durur ve size biraz alan bırakır. Hayat çok stresli ve belki de bir molaya ihtiyacınız vardır. Yarın yenilenebilir ve tekrardan daha fazla beğeni alabilirsiniz. Sadece "sosyal medya" istemiyorum. Sosyal HAYAT istiyorum.

"K" maddesine geçmeden önce size "A"yı açıklamak istiyorum. Orijinal fikir "Proteinli Wi–Fi" idi. Göçebe kavimler on beş bin yıl önce yeni bir yer bulduklarında, yiyecek nerede, diye düşünürlermiş. Şimdi, göçebe gezginliklerimde (örneğin, New York Şehri Starbucks mekânları), Wi–Fi nerede, diye düşünüyorum. Belli ki Wi–Fi, zihnimizde yiyeceğin yerini aldı. Yani proteinli Wi–Fi bu sorunu çözebilir, değil mi? Fakat mesele şu. Ne yaptıysam, bunu nasıl yapacağınızı çözemedim. Yukarıda bahsettiğim her fikir için bir sonraki adımı düşünebiliyorum. Fikirler beş para etmez. Esas olan İCRAATTIR. Moleküler biyolojiyle ilgili Vikipedi'de bakabileceğim her şeye baktım ve nasıl proteinli wi–fi yapılacağını çözemedim. Ben de fikri sildim. İşe yaramaz. Bu arada, eğer Ridley Scott iseniz, bilim kurgu filminde kullanmak üzere bu fikirlerin herhangi birinin lisansı için lütfen beni arayın.

K) Bir "K" maddem yok. Beynim acıyor. Hayalperest olduğumu düşünebilirsiniz. Veya ona benzer bir şey. Ama eğer bana on fikir ortaya koymada yardımcı olmak için siz iyi bir "K" maddesi üretmişseniz, bundan gerçekten memnun olurum ve eğer bu fikirle bir şirket kurup milyarlarca dolar kazanırsam, size şirketimin küçük bir kısmı ile Klout puanımdan verebilirim. Lütfen beni Twitter üzerinden takip edin, böylece Klout puanım artacaktır. Sizi seviyorum.

FİKRİNİZ OLMASIN

Birinin fikrini gerçekten değiştirebileceğinizi mi düşünüyorsunuz? Tüm gün internetteki mesaj ve yorum bölümlerinde dolaşan, kızan ve düşüncelerinin herkesin sahip olması gereken FİKİR olduğunu ispatlamaya çalışanların kim olduğunu hep merak etmişimdir.

Yine de hâlâ hepimiz buna takılıyoruz. Dubai'den isimsiz bir genç, bizi yanlış yola sürükleyecek bir düşünce ortaya atabilir ve bir de bakmışız ki 48 saat sonra, bir uyuşturucu etkisi altında sersemlemiş bir şekilde, bir şişeye işeyerek tüm zamanımızı boşu boşuna bu internet trolüyle tartışarak harcamışız. Keşke şimdi, "Bunun üzerine gidip 87 trolle görüştüm ve işte gerçekte şöyle görünüyorlar," diyebilmeyi dilerdim. Ama yapmadım. Çünkü troller ortadan kaybolur. Gezegende 7 milyar insan var. Sizinle aynı fikirde olmayan o adam, bunlardan biri. Onu bulmada iyi şanslar.

Bir fikrin amacı nedir? Haklı olduğunuzu kanıtlamak mı? Haksızsınız.

Bazen bunlara takılıyorum. Bazen bir makale yazıyorum ve insanlar berbat şeyler söylemeye başlıyorlar. Kim olduklarına ya da problemlerinin ne olduğuna dair bir fikrim yok ve hâlâ kendimi cevap vermeye mecbur hissediyorum. Buna takılıyorum. Söyledikleri şeyler sebebiyle korkunç hissediyorum. En nihayetinde nefes aldığımda, üç gün geçmiş oluyor ve kendi kendime, "Az önce ne yaptım ben yahu," diye düşünüyorum.

Bir şeyleri elemeye çalışıyorum. Sadece artık ihtiyacım olmayan ya da esasen başından beri hiç ihtiyacım olmayan maddi eşyalar değil, aynı zamanda doğuştan öğrendiğimiz, "önemli" veya "yaşama şeklimiz" dediğimiz tüm bu şeyler aslında yük ve zaman kaybı; çünkü biz onlara tutunuyoruz, onları korurken boşa harcadığımız zamanımız ve enerjimizden çok daha önemlilermiş gibi koruyoruz.

Fikirler, geçmişe sarılmanın yollarından biri. Ailemizin bize aşıladığı bazı inanç sistemleri, bize "öğretilen" eğitim sistemleri, bize dayatılan şirket uzmanları, bize benimsetilmeye çalışılan akran kümesi veya beynimize yerleştirilen diğer beyin yıkama/programlamalar. Eğer bir fikrim varsa, memnuniyetle bunu benden alabilirsiniz. İşte sebepleri:

A) Kimse asla kendi fikrini değiştirmeyecek.
Örneğin, eğer "çocuklar üniversiteye gitmemeli" dersem herkes ya benimle aynı fikirdedir ya da değildir. Çok az insan ne kadar haklı olduğum yönünde fikir değiştirecektir (ve haklıyım). İşte benim diğer düşüncelerimden bazıları: Bir ev almak DAİMA kötü bir fikirdir. Oy vermek salaklıktır. Shakespeare Sıkıcıdır. Savaşların HİÇBİRİ haklı değildir. Wyoming, Kuzey Dakota ve Montana Musevilere bırakılmalı ve İsrail'den Birleşik Devletler'e yerleşmeliler. İşte! Bunlardan birini tartışalım.

B) Yüzyıl sonra, bu kitabı okuyan herkes ölmüş olacak.
Bunu *bilimsel* olarak değiştirmeye çalışan laboratuvar önlüklü bir ordu olduğunu biliyorum. İnanın bana, işe yaramayacak. Bilimin sınırları var. Yediğiniz o pis şeylerden sonra, bırakın yüz yılı, günümüz itibarıyla elli yıl daha yaşayacağınızı düşünmeyin.

Bir yıl veya daha önce, ölmek istemeyen bir adamla düşüncelerimiz üzerine biraz tartıştık. Şimdi, o öldü. Sanıyorum, ben kazandım. Öldükten sonra, insanların onun hakkında ne kadar uzun methiyeler yazdıklarını görseniz şaşırırsınız. Ölen kişi tarafından cinsel istismara uğradığını bana söyleyen bir adam, en coşkulu methiyelerden birini yazmıştı. Belki de sevişmeye son vermişlerdi ve bu harikaydı. Bilmiyorum. Bu konuda bir fikrim yok.

Bu da beni önemli bir noktaya getiriyor; ya tartışırsak ve ölürseniz? Ya benimle tartışırken kalp krizi geçirirseniz? Bu benim suçum mu olur? Vicdanımda bu tarz bir suçluluk duygusu istemem.

C) Onlara karşı Biz. İnternet "Onlara" karşı "Biz" diye bir lav sızıntısı yaratmış. Mesaj panoları olmadan önce ne yapılıyormuş? "Mesaj dizileri"nden önce? Veya "Bağlantılı metinler"den önce?

Biri nefret dolu bir şey söylediğinde, şunu düşünüyorum: Bu kişi ilk kez karısını öptüğünde nasıl bir şey hissetmiştir? Ilık bir çikolata fışkırarak kalbini doldurmuş mudur? Kendine, "Tam şu an, dünyanın en mutlu insanı benim," demiş midir? Erekte olmuş mudur? Karısı onu yumuşakça dudaklarından öptükten sonra, yanaklarından ve sonra boynundan öpmüş müdür? Sonra tam olarak erekte olmuşken, internet oturumunu "Misafir" olarak açıp, "James Altucher lanet olası bir şerefsizdir," mi yazmıştır?

D) Neden insanları eğitirsiniz? Pokerde, eğer biri el kaybettiğinde şikâyet ediyorsa, masadaki amatörü fark edersiniz. El kazanan adama bakıp, "Çok salaksın! O eli tamamen yanlış oynadın. Sadece şanslısın," der. Belki haklı olabilir. Ama bunun amatör (ve güvensiz) bir hareket olmasının nedeni, o insanın elini yanlış oynamasını İSTEMENİZDİR. Her seferinde elini yanlış oynamasını istersiniz, böylece eğer zıvanadan çıkmazsanız, şans sizin lehinize ilerleyecektir. Onları dışarı çağırır ve aptallıkları üzerine eğitirseniz ne kazanırsınız?

Siz istemedikçe, başkasının salaklığı yüzünden kısıtlanmayacak olan kendi mutluluğunuz için endişelenin sadece.

E) Bir kitap okuyor olabilirdim. Zaman da sınırlı bir kaynaktır. Facebook'ta yüz yıl boyunca kimsenin önemsemeyeceği bir yoruma cevap verebilirsiniz veya bir şeyler yapabilirsiniz. Şu anda. Nehir kenarında bir yürüyüşe çıkabilir veya birini öpebilirsiniz. Veya bir tramplenin üzerinde sıçrayabilirsiniz.

Kendini Seç

Birkaç hafta önce bir tramplen yerine gittim. Küçük çocuklar bu tramplenin üzerinde sıçrayarak çılgına dönüyorlardı. Ben de bunu yapmak istedim. Ama bunun için çok yaşlıydım. Çocuklar zıplamaktan, boyunlarını kırıp sonsuza kadar felç kalmaktan korkmuyorlardı. Ancak havalanır havalanmaz tek düşünebildiğim boynumun vücudumun geri kalanından kopacağıydı. Hâlâ yatağı ıslattığım ancak tramplen üzerinde takla atabildiğim yaşa dönmek için bir şey öder miydim? Hayır. Asla. Bu zaman kaybı olurdu. Hem zaten kendimi seviyorum.

F) Yalnızlık. Birçok insanın yalnız oldukları için kavga ettiklerini düşünüyorum. Bu maddeci dünyada yalnızlık için yapabileceğimiz hiçbir şey yok. Doğduğumuz günden beri bu bedenlere sıkıştık kaldık. Ancak deneyebiliriz. İnsanların bizimle aynı fikirde olmasını istiyoruz, böylece bir anlığına kendimizi iyi hissedebilir, bir iletişim kurabilir ve yavaş yavaş bunu sevgiye çevirebiliriz.

Sadece üçüncü kısım gerçekleşmiyor. Ama bunun olacağını düşünüyoruz. Yalnızlığımla savaşmamın, beni dünyanın bu fikre katılan geri kalan yüzde 49,9'uyla aynı kılacağı gibi bir fikre takılmaktan daha iyi yolları var.

G) Her zaman haksızım. Hiçbir zaman doğru bir düşüncem olmadı. Doğru bir düşüncenin nasıl olduğunu bile bilmiyorum. Önceki kitaplarımdan birinde ilk defa savaşların hiçbirinin haklı olmadığını yazdığımda, birileri "İsa'dan Önce" olan bazı Polinezya savaşlarından veya Peloponez savaşından bahsetti. Bilmiyorum. Bundan iki bin yıl önce olan savaşlar. Hatırlamıyorum; onun salakça düşüncelerini dinlemiyordum. Gördünüz mü? Fikirlerle ilgili olan şey bu. Bu konuda yanlış yapmış olsam bile.

Fikirler para gibidir. Ne kadar çok şey bildiğinizin önemi yok, her zaman birileri daha fazla bilir. Bununla hava atmaktan da çekinmezler. Hiçbir şey hakkında yeterlilik belgem yok. Eğitimim ne yazık ki miadını doldurdu. On yaşındaki çocuğum da sürekli olarak beni düzeltiyor. Geçen gün, Birleşik Devletler'in demokrasi değil, cumhuriyet olduğuna onu ikna etmeye çalıştım. Ama düşüncesi değişmedi ("A" şıkkına bakın), halbuki ona GERÇEĞİ anlatıyordum. Bir fikir verirken, o fikrin benim için işe yaradığını biliyorum, öyleyse doğru demektir. Ama hepsi bu. Her zaman zafer için savaşmak zorunda değilim.

H) Nefesinizi tutun. Otuz saniye için nefesinizi tutmaya çalışın. Tek gereken bu. Bu satırlara bakarken, **bunu şimdi deneyin**. Şimdi... Yirmi dokuzuncu saniyede, herhangi bir düşünce bir anlam ifade ediyor mu?

I) Daha az. Şu an hayatımda sadece birkaç şey bulundurmaya çalışıyorum. Bu sadece raf üzerinde parlayan daha az biblo anlamına gelmiyor. Aynı zamanda beni mutsuz eden daha az şey anlamına geliyor. Beni rahatsız eden daha az insan. Ölene veya gömülene kadar sürecek olan daha az pişmanlık. Var olabilecek veya olamayacak bir gelecek hakkında daha az kaygı. Öğrendim ki eğer derin bir kuyu kazar ve her gün içine bir şey atarsam, ertesi gün uyanınca biraz daha fazla huzurlu hissediyorum. Çok fazla fikre ihtiyacım yok. Mücadele benimle veya bensiz devam edecek.

J) Şaşkın. Şu egzersizi denemeyi seviyorum: Bir şey hakkında bir yargım olduğu zaman, yargılamanın sonundaki noktalama işaretini ünlem işaretinden soru işaretine değiştiriyorum. "Bunu yapması lazım!" yerini "Bunu yapması mı lazım?"a bırakıyor veya "Obama kokaini yasallaştırmalı!" yerini "Obama kokaini mi yasallaştırmalı?"ya bırakıyor. Şunu söylemeye de cesaret ediyorum, "Kimse artık ilkokula gitmemeli, çünkü abartılmış çocuk bakıcılığı hizmeti kılığında beyin yıkayan bir odaklanma kampı!" yerini "Gerçekten mi?"ye bırakıyor.

Bunu deneyin. Eğlenceli. Tüm gün etrafta şaşkın bir şekilde dolaşın. Çok daha huzur verici.

"Bu adam beni itip kakmamalı!" yerini "Bu adam beni itip kakmamalı mı?"ya bırakıyor. Garip bir dünyada yaşıyoruz. Her gün bir labirent keşfediliyor. İpuçları ortaya çıkıyor. Dişçi koltuğunda uyanmışsınız ve sokağa atılmışsınız gibi. Işıklar değişik, gözleriniz açılmış, (baygınken dişçinin zorla gözünüze damlattığı damlalar yüzünden), uyku sersemisiniz, etrafınızda yürüyen insanlar bir gün harika gele-

Kendini Seç

ceklerine ulaşabilmek için şu anda mutsuzluklarıyla ödeme yapmakla çok ama çok meşguller... Belki de.

Merak ediyorsunuz, sadece şurada otursam ne olur, diye. Yüzüme vuran gün ışığının tadını çıkarsam? Gözleri açık, donuk insanlara gülsem? Bana tekrar kızmadan, beni dövmeden ve elektrik kablosuyla boğmadan önce kollarınızda kendime ağlaya ağlaya uyusam?

Mesele şu; iç sağlığınız, ruhsal sağlığınız veya anlam ifade eden şeyler üzerine odaklanmak varken, maddeci dünyada kontrol edemeyeceğiniz veya muhtemelen değiştiremeyeceğiniz şeyler üzerine odaklanmayın.

TANRI HORMONU NASIL SERBEST BIRAKILIR?

Kendimden iğreniyorum. Altı yaşımdayken, bir çocukla benden daha ağır diye dalga geçerdim. Yedi yaşımdayken, Çinli diye bir çocukla dalga geçmiştim. Mahalledeki tek Çinli çocuk oydu. Yedi yaşında bir ırkçıydım. O kadar mutsuz olmuştu ki müdür benimle konuşmak zorunda kalmıştı. Ceza: Her gün otobüste beraber gitmek zorundaydık. Buna benden daha çok üzülmüştü.

Dokuz yaşımdayken, futbol kartları çalarken yakalandım; bu durum şekerden Charlie Brown kitaplarına, Mad[22] kitaplarından beyzbol kartlarına kadar her şeyi çalmayı içeren başarılı bir dizi suçla dolu bir yılın da sonu oldu. Ailem o kadar kızdı ki yaklaşan doğum günü partimi iptal etti. Bir daha parti yapmama da izin vermediler. Hâlâ doğum günü partileri vermiyorum. Çünkü futbol kartı çalmıştım.

Birçok şey yaptım. Çok daha sonraları. Ah. Bunun hakkında zor düşünüyorum. Yaptığım şeyler. Gerçekten yapmaya başladığımda, psikopat ya da sosyopat gibiyim. Hepsinden daha kötüsü, banyoya

---

22 Mad, 1952'de editör Harvey Kurtzman ve yayıncı William Gaines tarafından kurulup piyasaya ilk etapta çizgi roman olarak sürülen ancak daha sonra dergiye dönüşen bir Amerikan mizah dergisidir. (ç. n.)

gidiyorum. Banyoya giderkenki halimden daha iğrenç bir insan vücudu görmedim. Ah.

Google: Seninle bu konu hakkında konuşmalıyım! Sürücüsü olmadan giden bir araba yapıyorsun. Beynimi doğrudan internete bağlayan gözlükler yapıyorsun. Neden bunu yapamayasın ki? Böylece pislemek zorunda kalmam! Mesela, güneşten fotosentez yapan ve vücudumda besine dönüştüren gözlükler giyemez miyim? Ziyan olmayan besin. Neden yediğim her şey için fazlalık üretmek zorunda olayım ki? Bu neredeyse şeytanın varlığının kanıtı.

Daha da kötüsü, bazı fazlalıklar takılıyor. Eğer henüz benim yaşımda değilseniz (44), yakında ne demek istediğimi anlayacaksınız. Orada sonsuza kadar sıkışıp kalıyor. Son zamanlarda çeşitli diyetler değiştirdim. Karbonhidrat yok. İşlem görmüş şeker yok. Glütensiz ürünleri bile denedim ki hepsi sadece sahtekârlık. Şunu söylemeliyim ki benden gelen şeyin kalitesi daha iyi olmaya başladı ya da artık tıkanmış hissetmiyorum.

Tamam, bardağın yarısı dolu, değil mi?

Size, bu şekilde görünmüyor olmasına rağmen, gerçek kötü haberi söyleyeyim. Bizi yaratan uzaylı atalarımız, aynı zamanda basit araçları da yaratmışlar (onlara isterseniz "tetikleyiciler" diyin), böylece vücudumuzu mutlu olmak için yeniden programlayabiliriz. Mutluluk ne anlama geliyor? Çeşitli kimyasalların vücudunuzda hareket ettirilmesi anlamına geliyor. Kortizol seviyesi azalıyor. Kortizol savaş-ya-da-kaç hormonudur. Masanızda oturup, bilgisayar ekranına bakarken ve patronunuz size bağıracağı için endişelenirken, kortizol seviyenizin tavan yapması gibi.

Diğer bir deyişle, vücudunuz yirmi bin yıl önce ne yapıyorsa onu yapmak istiyor (evrim tarihindeki her bir mikro saniye) ve esasen olabildiğince hızlı bir şekilde kaçmak veya sizi korkutan şeyi fiziksel olarak yok etmek istiyor. Savaş veya kaç. "VEYA"ya dikkat edin. Ortada, "Karşılıksız öfke ve ezikle kaynarken kıpırdama ve sadece bilgisayar ekranına bak," diyen gerçek bir arada olma durumu yok. Bu evrim planının bir parçası değildi. Bu muhtemelen Neandertallerin[23] yaptığı bir şeydi – onlara ne olduğuna bir bakın. Öldüler. Hem de her biri.

Bu durumda modern dünyamızda ve çağımızda ne yapacaksınız? Orada oturacak, bilgisayar ekranına bakacak, belki bazı kelimeler yazacaksınız ancak beyninizin dikkati dağılmış olacak. Düşünemezsiniz. Kortizolünüz tavan yapar ve hiçbir şey işlemez. Bu gerçekten korkunç. Kortizolün kapalı çalışması gerekir. Aksi halde ******* yersiniz. Kanser, kalp hastası, felç, Alzheimer olabilirsiniz, hepsi olur.

Eğer benim gibiyseniz –yani birçok insan gibiyseniz– size her gün olacak seçenekler bunlardır. İşte şöyle olur: Vagus siniriniz beyninizden midenize kadar gerilir ve yol boyunca (neredeyse) her organınıza vurur. Kortizol seviyeniz çok uzun bir süre yüksekse, iltihaplanır. Vagus siniri aslında insanoğlunun bildiği her hastalığın sebebidir. Yüksek stres bunu azdırır, tıpkı kötü beslenmek, sigara içmek vs. gibi. Neyi kastettiğimi anladınız.

İltihaplanmayı Ne Önler?

Oksitosin, vücudun salgılamaktan ayrı bir mutlu olduğu bir diğer hormon. Oksitosin, insan ırkının devamı için iki çok önemli fonksiyona sahiptir. Bu her iki fonksiyon da çeşitli faydalı yan etkilere sahiptir.

1) Oksitosin orgazm olduğunuzda salgılanır. Erkekler için, ilginç olarak, sadece sevdiğiniz biriyle orgazm yaşarken salgılanıyor.

2) Oksitosin, bir kadın doğum sancısı çekerken salgılanıyor. Rahim boynunun esnemesine ve daha az acı çekilmesine yarıyor. Kadınlar için bu böyle. Erkekler içinse, bir kadının rahim boynu genişlemeye başladığında, bu dokuz yıllık bir ızdırap başlangıcı oluyor.

---

23 Neandertal insanı, günümüzden yaklaşık 200 bin ila 28 bin yıl önce yaşamış insan türüdür. Fosilleri muhafaza etmeye müsait kireç taşı mağaralarda yaşadıkları için haklarında en fazla bilgi sahibi olunan ve bunun bir sonucu olarak modern kültürde tipik "mağara adamı" kalıbını yaratan tarih öncesi insan türüdür. (ç. n.)

Kendini Seç

Esasen, oksitosin hayatın yaradılışındaki kritik anlarında ortaya çıkan bir hormon. "Hayat hormonu" yani. Aynı zamanda kortizol seviyesinin düşmesine (seviştikten sonra gelen o rahatlık hissini biliyorsunuz) ve vagus sinirindeki iltihaplanmanın azalmasına yardımcı oluyor. (*Vagus* kelimesini "müphem" ve "vajinal" kelimelerine benzetiyorum.)[24]

Tüm araştırmalara değinmeyeceğim. Gözlüklerinizle Google'da aratabilirsiniz. Ama temelde, vücudunuzun oksitosin salgılamasını sağlamanın çeşitli yolları mevcut. Faydaları basit: Daha iyi hissediyorsunuz, daha uzun süre yaşıyorsunuz, stresten arınıyorsunuz ve daha mutlu oluyorsunuz.

PARANIZI DAĞITIN. Anlaşılan o ki para vermek gibi içgüdüsel bir yolla yapılan merhamet göstergesinin yüksek seviyede oksitosinle bağlantısı var. Tahminimce hayır kurumlarına bağış yapmak bunun bir yolu değil. Süper kahraman olmak için kendi metodumu yeğlerim.

SARILMAK. Dokunmak ve sarılmak oksitosin salgılıyor – sarılmak dokunmaktan daha kuvvetli ve sevdiğiniz birine sarılmak hepsinden daha kuvvetli. Yani sarılmak el sıkışmaktan daha iyi. Ancak sarılmak kadar güzel olan bir diğer şey ise, size sevdiğiniz birinin sarıldığını ya da okşadığını hayal etmek. Hah! Beynin bunu yapabilmesi gerçekten komik.

FACEBOOK. Facebook ana sayfamı taramayı ve rastgele otuz yıllık bir arkadaşımın paylaştığı bir fotoğrafı "beğen"meyi seviyorum. O arkadaşımı hayatta arayıp da, "Paylaştığın bebeğinin resmi gerçekten çok tatlı," demem. Ama o fotoğrafı beğenmek, sadece ortaokulda dolaplarımızın yan yana olmasından kaynaklı olsa bile hayatımın bir döneminde yakın olduğum biriyle bağ kurma biçimim. Ne oldu

---

24 İngilizcede müphem (vague) ve vajinal (vaginal) kelimeleri, yazılışları bakımından "vagus" kelimesiyle benzerlik göstermektedir. (ç. n.)

bilin? Anlaşılan o ki sosyal medyayı bu şekilde kullanmak da oksitosin salgılanmasını sağlıyor. Bunu yaptığınız zaman iyi hissettiğinizi biliyorsunuz. Bunu daha fazla yapın. Özellikle, tüm blog paylaşımlarımda Facebook "beğen"meleri. [Komik olan şey ise, birileri bunun bilimsel araştırmasını yapmış ve gerçekten de ispat etmiş. Benim blog paylaşımlarımın beğenilmesi kısmı değil tabii, genel olarak Facebook üzerine. Gerçi blog paylaşımlarımın beğenilmesi de kesinlikle oksitosin salgılanmasını sağlayacaktır. İsterseniz hemen şimdi başlayabilirsiniz.]

KAHKAHA. Ön randevumun sırrını söyleyeyim size. Kısa dönemde, ayrılık ile yeniden evlilik arasında yalnız olduğum dönemde, her randevudan önce uyguladığım bir tekniğim vardı. Michael Cera'nın komedilerini veya Louis CK'nın stand–up gösterilerini izliyordum. Bu beni güldürüyordu, bana oksitosin hormonu salgılatıyordu ve doğrudan, tüm seks hormonlarım köpürmüş bir şekilde buluşmaya gidiyordum. Bu bir artı. İki saatin en azından yarısı kadar süre için geçici olarak daha komik oluyordum. Dört saatin sonunda biliyordum ki tekrardan sıkıcı olacağım ve buluşma bu yüzden sona erecek. (Bu tekniği konuşmalarımdan önce de kullanıyorum.)

YÜRÜYÜŞ. Dikkat edin koşmak demiyorum. Metabolizmayı hızlandırmak için koşmak iyidir ancak daha iyi yemek yemek de öyledir. Aksi halde, en azından benim için koşmak gerçekten zor. Ancak yürümeyi seviyorum. Güneşte yürümeyi seviyorum. Güneş bir besin kaynağı. Küresel ısınma insanlarının söylediğinin aksine, yarım saat sizi öldürmez. Dışarıda yürümek, tahmin edebileceğiniz üzere, istatistiksel olarak yüksek seviyede oksitosinle ilgilidir. Bugün yürüyemem, tüm gün toplantılarım var diyorsanız, yapabiliyorsanız yürüyüş toplantısı düzenleyin. Bu sizin buluşacağınız kişiyle daha fazla bağlanmanızı sağlayacaktır ve belki uzun yolda bir macera bile yaşayabilirsiniz (ne oldu bilin – bilimsel araştırmalara göre, biriyle bir macera yaşamak aynı zamanda oksitosin salgılanmasını sağlıyormuş. Tahminimce bunun sebebi biriyle beraber kurtları kovalıyorsanız, onunla birliktey-

Kendini Seç

ken daha güvenli hissettiğinizi bilmenizdir.) En son bir arkadaşımla yürüyüş toplantısı düzenlediğimde, adamın biri bana bir arabadan bağırmaya başladı ve kavga için (suratımda bir gülümsemeyle) ona meydan okudum. Adam arabayı park edip beni öldürmeye hazırlanırken, arkadaşım beni oradan sürükleyerek uzaklaştırmak zorunda kaldı. Bu eğlenceliydi. Bu bir maceraydı. Heyecanlanmıştım.

TELEFON GÖRÜŞMESİ. Bir arkadaşınızla konuşmak güzel. Çok fazla arkadaşım yok. Arama listemde yaklaşık üç tane insan var. Biraz esnetirsek dört. Belki beş. Bilemiyorum. Belki elli. Birçok insandan hoşlanıyorum ama onları aramaya çok utanıyorum. Belki de aramalıyım. Sadece beş dakika sohbet etmeliyim. Tıpkı hepimizin çocukken yaptığı gibi. "Ah, nasılsın? Ne var ne yok?" Bu iyi hissettirir. Sevdiğimiz birine ses yoluyla sarılmak gibi. Bugün insanlara sesinizle sarılın.

GÜVENİLMEK. Bu zor. İnsanları size güvenmeleri için zorlayamazsınız. Birine güvenmek oksitosin salgılatmaz. Ama güvenilmek salgılatır. Hayatınızı bu şekilde daha ve daha fazla insanın size güveneceği şekilde sürdürün. Tahmin edin ne olur: İnsanlar size güvenirse, insanların size güvenmediği halinizden daha karizmatik görünürsünüz. Bunu neden denemeyesiniz ki? Nasıl daha güvenilir olabilirsiniz? Aman Tanrım! Bugün niye bu kadar çok soru sordum? Ellerim çoktan yoruldu. Çoktan 1.497 kelime yazmışım.

MÜZİK DİNLEMEK. Sadece uzanıp müzik dinlemek oksitosin salgılatıyor. Bu sebeple doğum sancısı çeken kadınlara huzur verici müzik dinlemeleri tavsiye edilir. Bu nedenle insanlar sevişirken huzur verici müzik dinlerler. Huzur verici müzik ne demek onu bile bilmiyorum. Hâlâ 90'ların R&B grubu PM Dawn'ı düşünüyorum. Ama eminim daha iyi örnekler de vardır. (Spandau Ballet?)

YEMEK. İşte benim zengin oksitosin öğünüm; muz ve biberle çırpılmış yumurtalar. Her bir malzemenin yüksek seviyede oksitosin salgıladığı biliniyor. O zaman neden hepsini birden yemiyorsunuz; tatlı bir şey, hoş kokulu bir şey, baharatlı bir şey, bir meyve ve biraz protein; bunların hepsi iyidir. Bundan büyük bir tabak yiyin, başka bir şeye gerek yok. GÜM! Oksitosin patlaması yaşayarak güne başlarsınız.

Son olarak:

NEFES ALMAK. Derin nefes almak vücudunuzu hipnotize ederek her şeyin sakin olduğunu düşünmeye sevk eder. Üstelik sanki şu an vahşi zürafalar tarafından avlanıyormuşsunuz gibi bir şey değil. Her şey nispeten sakin. Vücudunuz sakin olduğunda, zihniniz de sakin olur ve oksitosin salgılanır. Ah, derin nefes aldığınızda vücudunuz, her şey güvende, diyor. Yani şimdi mutlu olmak için zamanım var.

Bu, hem iyi hem de kötü haber.

İyi haber şu, salgılandığında iki hafta iyi hissetmenizi sağlayan bir kimyasal var beyninizde. Eğer bu hormon çok salgılanırsa, iki hafta boyunca orgazm yaşıyormuşsunuz veya bilemiyorum, iki haftadır rahim boynunuz genişliyormuş gibi hissediyormuşsunuz. Sonuncusu hakkında bir fikrim yok.

Kötü haber ise tamamen aynısı. BİR KİMYASAL iki hafta boyunca mutlu hissetmenizi sağlayacak. Diğer bir deyişle, bizim basit, insan vücutlarımızın Pavlov'un köpeklerinden farkı yok – doğru uyarıcı bizim iki yüz bin yıl yaşındaki evrim geçirmiş beynimize uygulandığında salyalarımızın akması tetikleniyor. Köpeklerden farkımız yok. Okyanusun dibinden sürünerek çıkan, sonra da dokunaçlar, kollar ve beyinler oluşturan denizanalarından daha iyi değiliz.

Tüm kişisel gelişim kitaplarını unuttun. Hepsi çöp. Hepsi bu salak kimyasalla ilgili. Son haber şu; hepsi Higgs–Boson, "tanrı parçacığı" ile ilgili. Pekâlâ, oksitosin "tanrı hormonu" yani.

Bununla beraber, yukarıdakilerin hepsini yapacağım. Vücut fonksiyonlarıma ihtiyacım var. Lüzumsuz zihinsel, fiziksel ve duygusal atıklardan kurtulmam lazım. Neden olmasın?

Kendini Seç

Ama günün sonunda, peşinde olduğum şey ruhsal atık. Bunu nasıl yapacaksınız? Hiç arzusu olmasın diye çabalayan o hususi arzuya nasıl erişeceksiniz? Çünkü hiçbir şey beklemediğinizde, istediğiniz her şeyi elde etmenin sonsuz tatminine sahip oluyorsunuz.

Bu noktaya nasıl ulaşacaksınız?

Cevap oksitosin değil. Buna inanarak kandırılmayacağım. Ancak eğer beni duygusal ve akli atıklarımdan uzaklaştıracaksa, ben varım. Mutlu olmak güzel bir başlangıç. Ama oksitosin sadece bir çiçek. Işık olmadan da çiçeği göremezsiniz. Amaç; ışık olmak.

HAYLİ MÜESSİR SIRADAN İNSANLARIN YEDİ ALIŞKANLIĞI

Ben son derece sıradanım. Bunu itiraf etmekten utanıyorum. İğneleyici veya fazla alçak gönüllü bile olmaya çalışmıyorum. Orada durup, "Vay! Adam uzaya çıktı!" denecek bir iş yapmadım. Veya... "Bu adamın çok satan bir romanı var!" Veya... "Bunu ancak Google düşünürdü zaten!" Biraz başarı ve biraz da (yazılı olarak kanıtlanmış) başarısızlık elde ettim ancak başlangıçta planladığım hiçbir hedefe ulaşmadım. Her zaman yoldan saptım; büyülü yoldan vahşi doğaya doğru.

Birçok şirket kurdum. Bazılarını sattım. Çoğunda başarısız oldum. Bir sürü genç, yenilikçi şirkete yatırım yaptım. Bazılarını sattım. Bazılarında başarısız oldum ve hâlâ bazıları jürinin haczinde. Birkaç kitap yazdım, birçoğu artık hoşuma gitmiyor. Genel olarak, yaptığım her şeyin sıradan ve vizyonsuz olduğunu, başarılarımın çabamla olduğu kadar şans eseri olduğunu söyleyebilirim.

Bununla birlikte, herkes çok şanslı olmalı. Hepimiz büyük vizyonerler olamayız. Hepimiz Picasso olamayız. Hepimiz işimizi geliştirmek, kendi sanatımızı yapmak, bunu satmak, biraz para kazanmak, bir aile kurmak ve mutlu olmak istiyoruz. Tecrübelerime dayalı olarak hissettiğim şu; en yükseği hedeflemek başarısızlığa giden en hızlı

Kendini Seç

yoldur. Her Mark Zuckerberg için binlerce Jack Zuckermans var. Jack Zuckermans kim mi? Hiçbir fikrim yok. Demek istediğim de bu. Eğer Jack Zuckermans iseniz ve bunu okuyorsanız, özür dilerim. Yıldızları hedeflediniz ve ıskaladınız. Kırık bir ısı kalkanıyla tekrardan atmosfere giriş yaptınız, yanıp gevreğe döndünüz ve bu arada okyanusa çarptınız. Şu an kim olduğunuza dair hiçbirimizin bir fikri yok.

Eğer zengin olmak istiyorsanız, şirketinizi satın, hobilerinize zaman ayırın, iyi bir aile kurun (sıradan çocuklar vs.) ve ara sıra karınızla gün batımının tadını çıkarın, benim çok etkili tavsiyelerimden bazıları işte bunlar.

ERTELEMEK. Yazdığım son cümle ile bu cümle arasında satranç oynadım (ve kaybettim). Şahım ve vezirim rakibimin atı tarafından çatala alındı. Aman neyse, olur böyle şeyler.

Ağırdan almak, vücudunuzun size biraz geri çekilmeniz ve ne yaptığınız hakkında daha fazla düşünmeniz gerektiğini söylemesidir. Bir girişimci olarak ertelediğiniz zaman, müşterilerinize ne verdiğiniz hakkında biraz daha düşünmeye ihtiyacınız var anlamına gelebilir. Aynı zamanda uzmanlık alanınıza uygun olmayan bir iş yapıyorsunuz, en iyisi bunu devredin anlamına da gelebilir. Birçok girişimcinin, görev devretmek daha ucuz ve zamandan tasarruflu olacakken, buna bağlı olarak ileride çıkacak mali ödemeler olsa bile, her şeyi yapmaya çalıştığını gözlemledim. İlk işimde, ilk defa bir programlama işini birine devrettiğimde, kafamda bir ampul yanıyormuş gibiydi. Neden sonunda işi devretmeye karar vermiştim? Çünkü ateşli bir randevum vardı. Kesinlikle saçma sapan bir programlama virüsü için tüm gece terlememden daha iyiydi (Bu sorunu çözdüğün için teşekkür ederim, Chet).

Neden ertelediğinizi anlamaya çalışın. Belki bir fikir geliştirmek için beyin fırtınası yapmanız gerekir. Belki bu fikir düşündüğünüz kadar iyi değildir. Belki işi devretmeniz gerekir. Belki daha fazla öğrenmeniz gerekir. Belki de yaptığınız şeyden keyif almıyorsunuzdur. Üzerinde çalışmakta olduğunuz müşterilerinizi belki sevmiyorsunuzdur. Belki sadece bir mola vermeniz gerekmektedir. Mola verip yaratıcı kaslarınızı canlandırmaya ihtiyaç duymadan önce, bir şeyi düşünerek art arda geçebileceğiniz belli oranda saniye vardır. Bu herkes için geçerli değildir. Büyük insanlar fırtına gibi esip kavurabilirler. Steve Jobs hiç mola vermeye ihtiyaç duymadı. Ama ben duyuyorum.

Ertelemek aynı zamanda mükemmeliyetçi olduğunuzun kuvvetli bir işaretidir. Utanma sorunlarınız olabilir. Bu bir şirket kurmanızı ve satmanızı engeller. Erteleme durumunuzu her açıdan inceleyin. Vücudunuz size bir şeyler anlatmaya çalışıyor. Onu dinleyin.

SIFIR-GÖREVLENDİRME. Büyük insanların çok yönlü olduklarına dair yaygın bir efsane vardır. Bu doğru olabilir ama ben yapamıyorum. İstatistiksel bir kanıtım var. Ciddi bir bağımlılığım var. Eğer benimle telefonda konuşursanız, yüzde yüz ihtimalle aynı anda online olarak satranç oynuyor olurum. Telefon çalıyor ve bir el telefona uzanıyor, diğeri ise bir dakikalık oyunu başlatmak için bilgisayara uzanıyor. Satranç sıralamaları istatistiksel olarak oluşturulmuş bir oranlama sistemine dayanıyor. Kolayca, telefondayken mi yoksa telefonda değilken mi daha iyi oynadığımı kıyaslayabilirim. Burada üç noktalı standart sapma ayrımı var. Telefonda konuşurken araba kullandığımı hayal edin. Veya e-postalarıma cevap verdiğimi. Varsayıyorum ki bu durum bununla aynı şey: Telefon aramaları, zihinde üç noktalı bir standart sapma azalmasına sebep oluyor. Bu da esasen hepimizin bir şekilde çok yönlü hareket ettiğimizi gösteriyor.

Bu yüzden büyük insanlar çok yönlüdür. Harika. Ama doğamız gereği, birçoğumuz büyük değiliz (yüzde doksan dokuzumuz, en üst yüzde bir içerisinde değil), tek yönlü olmak en iyisi. Tek seferde sadece tek bir şey yapın. Ellerinizi yıkarken dişlerinizi fırçalamaya çalışmayın. Suyun sesini duyun, suyu ellerinizin üzerinde hissedin, her bölümünü ovun. Temiz olun. Yaptığınız şeye odaklanın.

Genelde başarılı, sıradan bir girişimci SIFIR yönlülükte mükemmeliyet için çabalamalıdır. Hiçbir şey yapmaz. Her zaman "bir şeyler yapmak zorunda" hissederiz veya utanç hissederiz (ya da "ben" hissederim demeliyim). Bazen sadece sessiz olmak, hiçbir şey hakkında düşünmemek en iyisidir. Çok başarılı, kendi kendini yetiştirmiş bir iş adamı bana, "Asla uzun süreli sessizliğin gücünü küçümseme," demişti.

En büyük yaratıcılıklar, sessizlikten doğar.

Biz acele ederken ve paniklerken değil.

BAŞARISIZLIK. Bildiğim kadarıyla, Larry Page hiç başarısız olmadı. Yüksek okuldan çıkıp doğrudan milyonlara yol aldı. Mark Zuckerberg, Bill Gates ve diğerlerinin aynısı. Ama tekrarlıyorum, doğamız gereği, birçoğumuz son derece sıradanız. Mükemmeliyet için çabalayabiliriz ancak bunu asla yakalayamayacağız. Bu demektir ki sık sık başarısız olacağız. HER ZAMAN değil. Ama sıklıkla.

Son on yedi iş girişimimden on altısı başarısız oldu. En nihayetinde hayat bir başarısızlık cümlesidir, noktalama işaretleri sadece kısacık başarı aralarında konur. Bu sebeple, sıradan girişimci başarısızlıktan iki şey öğrenir: Birincisi, doğrudan başarısızlığın üstesinden nasıl gelineceğidir. Aynı hatayı bir daha yapmamak için yüksek motivasyona sahip olur. İkinci olarak, psikolojik başarısızlıkla nasıl baş edileceğini öğrenir. Sıradan girişimci ÇOK KEZ başarısız olur. Böylece başarısızlıkla baş etmede gerçekten inanılmaz bir yeteneğe sahip olur. Bu da mali kazanç demektir.

Sıradan girişimci, ısrar etmenin kişisel gelişim klişesi, "Bitiş çizgisine ulaşana kadar yola devam et!" olmadığını anlar. Israr etmek, "Kazara başarılı olana dek başarısız olmaya devam et,"tir.

ORİJİNAL DEĞİL. Hayatımda hiç orijinal bir fikir üretmedim. İlk başarılı işim web yazılımları, stratejiler ve Fortune 500 şirketleri için internet sitesi yapmaktı. Orijinal bir fikir değil ancak o zaman, 90'larda, bu tarz işler için fahiş miktarlar ödüyorlardı. Başarılı yatırımlarımın hepsinin durumu, CEO'ların ve diğer yatırımcıların benden daha zeki olduğuna emin olduğumda gelişti. Bir melek yatırımcı olarak başarısızlıklarımın tamamı kendimi zeki zannettiğim zamandı. Değildim. Sıradandım.

En iyi fikirler, birbiriyle hiçbir şey yapamayan iki eski fikri alıp, onları seviştirip, sonra bu çirkin piç kurusunun etrafında yeni bir iş kurduğunuzda sonuç verir. Çocuk o kadar çirkindir ki kimse dokunmak istemez. Facebook'a bakın: İnternet ve gözetlemenin birleşimi. İnanılmaz!

Bu arada, beşe yakın sosyal ağ girişiminden ibaret. Twitter: İnternet ve antika SMS protokollerinin birleşimi. Çirkin! Ama işe yarıyor. eBay, e–ticaret ve açık artırmanın birleşimi. "I'll Be There" şarkısı Mariah Carey ve Michael Jackson'ın birleşimi. Eğer Justin Bieber, John Lennon'ın "Imagine" şarkısını söylerse, bu büyük bir hit olur. Ben bile dinleyebilirim.

ZAYIF İLETİŞİM AĞI. Ben o adamım; biliyorsunuz, partide kimseyle konuşmayan ve köşede ayakta duran kişi. Hiç teknik toplantılara gitmedim. Genellikle, son derece kibar bir şekilde tüm iletişim ağı yemeği davetlerine hayır derim. Evde kalıp kitap okumayı seviyorum. İş peşinde koştuğum zamanlar, genelde işçilerimle konuşurken çok utangaç oluyordum. Alt kattan sekreterimi arıyor ve holün boş olup olmadığını soruyordum, sonra ondan kapımın kilidini açmasını istiyordum ve hızla merdivenlerden yukarı çıkıyor, kapıyı arkamdan kilitliyordum. Bu bahsettiğim şirket feci halde başarısız oldu.

Birçok insan çok fazla ağa sahip. Girişimcilik yeteri kadar zor. Günde yirmi saat boyunca müşterileri, toplantıları, geliştirilen ürünleri ve çalışanları idare ediyorlar. Bir nevi tüm sorumluluk onlarda. Peki daha sonra ne yapacaksınız? Tüm gece iletişim ağı mı? Bunu büyük girişimcilere saklayın. Veya başarısız olmak üzere olan kişilere. Sıradan girişimciler 20 saat çalışıyorlar, sonra yapabiliyorlarsa rahatlıyorlar. Para kazanmak zor. Parti yapmak gibi değil.

"EVET" DENİLMESİ İÇİN HER ŞEYİ YAPIN. Yaptığım bir pazarlık şöyleydi. Stockpickr.com'a başlıyordum ve thestreet.com'un CEO'suyla görüşüyordum. Şirketinin stockpickr.com'un yüzdesine sahip olmasını ve bunun karşılığında bizim reklam kataloğumuzu yapmayı öneriyordu. Anlaşmak için çok heyecanlıydım. "Tamam, şirketin yüzde onunu alabileceğinizi düşünüyordum," dedim. Gülerek, "Hayır. Yüzde ellisi," dedi. "Biz yüzde ellisini istiyorduk," bile demedi. Sadece, "Yüzde

Kendini Seç

elli," dedi. Sonra tüm pazarlık taktiklerimi kullandım ve cevapladım. "Tamam. Anlaştık."

Ben bir satıcıyım. İnsanların bana evet demesini seviyorum. Bana hayır dediklerinde ya da daha kötüsü beni sevmediklerini söylediklerinde kendimi güvensiz hissediyorum. İnternet sitesi yapan şirket işine başladığımda miramax.com'u yapmak için sunum yapıyorduk. 50.000 dolar teklif etmiştim. "Bin dolardan fazlasını vermeyiz ve bu son rakam," dediler. Her zamanki tekniğimi kullanıp, "Anlaştık!" dedim.

Fakat sonuç şöyle oldu: Bir durumda, thestreet.com önemli bir finansal çıkar sağladı ve bu da onlara psikolojik çıkar sağladı. İlk işim Miramax içinse, artık müşterilerim arasında onlar vardı. Bu sebeple Con Edison'ın daha fazla ödeme yapması gerekti. Genellikle kötü pazarlıkçıların avantajı şudur: Biz daha fazla anlaşma yaparız. Bazen zararına satışlar yapıyorum ve eğer yeteri kadar insana evet dedirtirsem en nihayetinde aniden büyük balık oltaya takılıyor. Bu, yoldan geçen her kıza sizinle sevişmek ister mi diye sormak gibi. Yüzde bir tanesi evet diyecektir. Benim durumumda milyonda bir olabilir ama siz meseleyi anladınız.

İNSANLARI KÖTÜ YARGILAMA. Malcolm Gladwell'e göre sıradan girişimci, "Göz Kırp"maz. Gladwell, kitabında genellikle iki veya üç saniyede bileşenleri oluşturabilen, doğru yargılama yapabilen insanlardan bahseder. İnsanlarla karşılaştığım ya da ilk kez gördüğümde oluşturduğum ilk yargı şu olur: Senden nefret ediyorum.

Sonrasında bunu aşırı güvenmeye dönüştürürüm. Sonuç olarak kendimi toparlayıp zorladıktan sonra, çok fazla yargılama ve hata vasıtasıyla, ortada bir yerde duruveririm. Ayrıca güvenemediğim insanları hızlıca bırakmaya meyilliyimdir. Bence büyük girişimciler hızlıca yargılama yapabilir ve bununla çok başarılı olabilir. Ama bu birçok insan için geçerli değildir.

Bu noktada, biriyle karşılaştığım zaman, özellikle ilk içgüdülerime göre davranmadığımdan emin oluyorum. İnsanları daha fazla tanıyorum. Onların motivasyonlarını anlıyorum. Pozisyonları ne olursa olsun onlara sempati duymaya çalışıyorum. Onları dinliyorum. Bir şeyler öğrenmeden evvel onlarla tartışmamaya veya dedikodu yapmamaya çalışıyorum. Yakınlaşmak istediğim insanlarla daha fazla vakit geçirerek onları tanımaya çalışıyorum. Bunu yapmak zorundayım çünkü ben sıradanım ve etrafıma yanlış insanları toplama konusunda daha fazla risk altındayım.

Bu sebeple, bu arada birine yakın olmaya karar verdiğim zaman –bir müşteri, çalışan, alıcı, satıcı, eş vs.– onlar hakkında çoktan yeteri kadar düşünmüş oluyorum. Bu şu anlama geliyor; Jüpiter'e nasıl uzay mekiği gönderilecek gibi şeyleri düşünmekle zaman kaybedemem. Ancak tamamen işe yaradı.

Sıradan olmanın kötü olması gerektiğini sanıyordum, diye düşünebilir birileri. En iyisi için çabalamamız gerekmez mi? Cevap şu: "Tabii ki çabalamalıyız! Ama şunu unutmayalım, motorcuların onda dokuzu kendilerini, 'ortalamanın üzerinde sürücüler' olarak görüyor." İnsanlar kendilerini olduklarından fazla görüyorlar. Kendinizi büyük görmenin, muhteşem derecede zengin olma yolunda ya da en azından özgürlüğünüzü elde edecek kadar başarılı olmada, ailenizi beslemede ve hayattaki diğer şeylerden tat almada önünüze çıkmasına izin vermeyin.

Sıradan olmak, dünyayı değiştiremeyeceğiniz anlamına gelmez. Kendinize ve çevrenizdeki insanlara karşı dürüst olmanız anlamına gelir. Eğer çok büyük bir başarı istiyorsanız, her seviyede dürüst olmak, hepsinden daha etkili bir alışkanlıktır.

NASIL DAHA AZ SALAK OLUNUR?

İnsanlar sıradanlığı, bizi bunun altına itmek isteyen insan zihnine rağmen, dengelemek zorunda. Eğer izin verirseniz, insan zihni bizi düzenli olarak düşüncelerle doldurur. Düşüncelerin bizi zeki yaptığını düşünebilirsiniz ama aslında tam tersidir.

Ben gerçekten çok salağım. Size baştan söyleyeyim. Kalpten düşünüyorum, eğer bunun üzerinde çalışırsam daha akıllı olabilirim. Ama şu anda, ben büyük bir salağım. Doğru bilgiye sahip olduğumu ama yoluma başka bir sürü şey çıkardığımı hissediyorum. Kafam düşüncelerle çok çabuk doluyor.

"Bir sürü şey" işte, bilirsiniz; endişeler, suçluluk, paranoya, kin ve alınganlık. Örneğin, bana alınan insanlara alınıyorum. Bana sebepsiz yere alındıklarını düşünüyorum. Ben de bu yüzden onlara alınıyorum. Ne saçma bir döngü!

Beynime bir şeyler eklediğimde daha zeki olduğumu düşünürdüm. Ama bu doğru değil. Örnek vermek gerekirse, eğer Şarlman'ın doğduğu zamanı araştırırsam, kafama sadece yarın unutacağım ancak bilinçaltımı dağıtacak bir şeyi eklemiş olurum. Bu beni daha zeki yapmaz.

Çıkarmak ve eklememek, beyne açılan pencereyi daha temiz yapar, lekeleri siler ve perdeleri açar.

Kendini Seç

90'larda, önemli bir iş toplantım vardı. Tupac'ın menajerini, internet sitesini ve gelişmiş CD'sini yapma işini bana vermesine ikna etmeye çalışıyordum (bu, ölümünden hemen sonraydı). Toplantı sadece kötü değildi, aynı zamanda utanç vericiydi.

Menajer, demo CD'mi bilgisayara takmamı ve ona ne yaptığımı göstermemi istedi. Tek problem şuydu: Bilgisayarı Windows'la çalışıyordu. O esnada, hayatım boyunca hiçbir zaman Windows kullanmamıştım, sadece Mac ve Unix kullanmıştım. Yani CD'yi nasıl koyup çalıştıracağıma dair hiçbir fikrim yoktu. Bana odadan çıkana dek güldü.

Sonrasında satranç dersim vardı. Hiç oynayamadım. Kuralları bile bilmiyormuş gibiydim. Bir satranç ustası olan öğretmenim, "Bugün senin neyin var?" diye sordu. Utanmıştım. Kendime kızgındım. Zekâm çok düşmüştü – yüzde seksen kadar.

Gereksiz, faydasız çok fazla düşünce yüklemiştim kafama. Hayatınızdaki en iyi anılarınızı tekrardan düşünürseniz, bunlar kafanızda tonlarca düşüncenin olduğu zamanlar mı olur? Yoksa kafanızda çok az düşünce olan, sakin ve dalgın olduğunuz zamanlar mı?

Mutlu ve üretken olmak istediğimde, acı dolu o anları düşünüyorum ve o esnada kafamda, beni bunu çözemeyecek kadar sefil yapanın ne olduğunu anlamaya çalışıyorum.

Paranoya kesinlikle bunlardan biri. Gecenin bir yarısı uyanmak ve merak etmek: Kız arkadaşım beni aldatıyor mu? Birileri benden bir şey çalıyor mu? Benim hakkımda ne konuşuyorlar? Beni dava edecekler mi? Gibi. Zekânızın yüzde otuz ila ellisini kaybediyorsunuz. Bu büyük bir miktar. Benim için öyle, çünkü başka bir şey düşünemez oluyorum. Işıklar açılana kadar kız arkadaşımın evinin etrafında döner ve öyle kapısını çalardım. Veya birilerinin ofisine gider, o ortaya çıkana kadar oradan ayrılmazdım. Paranoya sizi yok eder.

Bazen, gün ortasında, aşırı bir alınganlık nöbeti geçiriyorum. Ne için? Benim hakkımda bir yıl önce bir şeyler yazmış olan bir kişi için mi? Veya sadece kendisinin bildiği bir sebeple önümdeki bir fırsatı engelleyen bir kişi için mi? İnsanların böyle şeyleri neden yaptığını kim bilir? Onlar da herkes kadar bilinçsiz. Amacımız bilinçli olmak. Çevremizdeki etki ve tepkilerin farkında olan biri olmak. Kendini Seçen olacaksak, böyle yapmak zorundayız. Aksi halde, kimsenin geçmediği, geçenlerin ise yavaş sürdüğü aynı yolda takılır kalırız.

Alıngan olduğumda, zekâmın yüzde yirmisini kaybettiğimi anladım. Eğer intikam duygusunu da buna eklersem yüzde otuz bile olabilir. İntikam alma fantezimde hangi sopayı kullanacağımı düşünmek bana gerçekten yardım eder mi?

Bir diğeri ise, en kötü anlarımla mücadele etmeme neden olan pişmanlıktır. Bunun hakkında milyarlarca kez yazdım. 2000–2001'de çok fazla para kaybettim. Bundan pişmanım. Veya şöyle demeliyim, bundan pişmandım. Artık değilim. Nasıl mı olur? Çünkü o pişmanlık zekâmın yüzde altmışını götürüyor. Yüzde altmış çabalayamıyordum. Yüzde altmış değil, yüzde iki çabalayabiliyordum. Pişmanlık gidene kadar, yeni bir iş için fikir üretemedim.

Brene Brown *Mükemmel Olmamanın Hediyeleri* adında harika bir kitap yazdı ama ben size bunu burada özetleyeceğim: Mükemmellik bazen en tehlikeli düşüncelerin başınıza yerleşmesine sebep olabilir. Bir fon yürüttüğüm zamanlar, asla kötü bir ay geçirmek istemezdim. Yatırımcılarımla konuşmaktan korkardım. Hâlâ iyi arkadaşım olan biri (hatta onunla daha bugün konuştum), "Dinle, eğer bir fon yöneticisi olacaksan, kötü bir ay geçirdiğin zaman insanlarla konuşabilmelisin," dedi.

Ama utanıyordum. Evimi kaybettiğimde, 70 mil uzağa taşındım. Kimseyle karşılaşmak istemiyordum. Utanıyordum. Blog yazıları yazmaya başladığımda zayıf düşünüyordum, çok fazla insan görmeden yazımı kaldırabilirdim. Bundan utanıyordum. Blog yazma alanında Nobel Ödülü kazanmak istiyorum. Veya en azından on bin Facebook "beğeni"si almak. Ama bunu kontrol edemiyorum, mükemmel değilim. Mükemmel olmamaktan dolayı duyulan utanç zekâmın en az yüzde yirmisini götürüyor. Çünkü insanlar hisseder ve mükemmel olmamaya ilişkin dürüstlüğü takdir eder, ister inanın ister inanmayın, bu durum birçok müthiş fırsat yaratır. Kendi hayatımda bunun olduğunu gördüm.

Mükemmeliyetçiliğe bağlı olarak hissedilen şey, kesinlikle çevrenizdeki tüm hareketleri kontrol etme isteğidir. Çevremdeki her şeyi kontrol etmek istiyorum. Ama bazen bir şeyler kötü gider ve bunun için yapabileceğiniz hiçbir şey olmaz. Bazen teslim olup, "Bu şimdi kötü bir şey ama daha sonra iyi şeyler olacak," demelisiniz. Daha sonra büyük bir ağırlık omuzlarınızdan kalkacaktır.

Neden hep büyük bir yükün omuzlarınızdan kalktığını söylerler biliyor musunuz? Çünkü burası beyninizin olduğu yerdir. Beyniniz ağırdır. Omuzlarınızın üzerinde yatar. Bir şeyler ağırlaşıp, onu aşağı çektikçe zekânızın yaklaşık yüzde on ila yirmisini kaybedersiniz. Kontrolü bırakın ve akıllanın. Basit bir örnek: Bir toplantıya geç kaldınız ve trafik var. Lanet olası trafik, diye düşünebilirsiniz. Neden daima trafikteyim? Veya daha akıllıca bir şeyler düşünebilirsiniz: İyi bir pastırmanın tadı nasıl olmalıdır, gibi. Daha iyi bir pastırma yapabilir miyim? Ya da beni şehrin bir ucundan diğer ucuna götürecek helikopter havayolunu nasıl başlatabilirim? Bunlar aptalca düşünceler gibi görünebilir. Ama, "Lanet olası trafik!" düşüncesinden daha iyidir.

Geleceği kontrol etmeye çalışmaktan daha kötüsü, geçmişte çoktan olmuş bitmiş şeyler üzerinde kontrol eksikliği hissetmektir. Bu pişmanlıktır. İyi bir arkadaşım yakın zamanda bana yazdı. Daha doğrusu altı hafta önce yazdı. Her gün uyanıp, kendime şunu söylüyorum: Bir şeyler okuyup yazmadan önce e–postalarına geri dönme. Ama bazen yapacak başka işlerim de oluyor. Toplantılar, saçma sapan işler veya yemek. "Tamam. Şu e–postaya daha sonra geri dönüş yapacağım," diyorum. Sonra e–postasına daha erken dönüş yapmadığım için kendimi kötü hissettiğim zaman geliyor. Sonra da gecenin üçünde yatakta dönüyorum ve Claudia'ya, "O e–postaya geri dönüş yapmadım," diyorum. O da, "Urgh...ushghsh...emmmm," diyor, bu da aradığım cevap değil. Sonrasında uyuyamıyorum. Suçlu hissediyorum. Bu durum zekâmın yaklaşık yüzde onunu götürüyor.

Önce geçmiş var, sonra da uzak gelecek var. Aniden geleceği tahmin etmenin hiçbir yolu olmuyor. Ancak zihinlerimiz tek bir şeyi durmak bilmeden yapar, o da bize daha az zekâ bırakmasıdır: Düzenli olarak bizi, en kötü senaryomuzu içeren, fantastik bir dünyaya koyar. Diyelim ki bir gün borsada 1.000 dolar kaybettim. Bazen kendi kendime düşünüyorum: "Kahretsin, eğer her gün bu kadar miktarı kaybedersem, gelecekte..." Sonra daha da kötüleşiyor. Benim en kötü senaryolarımda, Bangalore'un acımasız sokaklarında çocuklarımın yemek için dilenmesi var. Üst üste koysanız hayatımın en az bir yılını en kötü senaryoyu düşünerek harcamışımdır. En kötü senaryo ise ASLA GERÇEKLEŞMEDİ. Ya da eğer gerçekleşirse bile, asla düşündüğüm kadar kötü olmayacak. Bir kıtlık kompleksim vardı. Eğer bu olmasaydı o zaman "bolluk kompleksim" olurdu. Bolluğun, bolluk kompleksini takip edeceğine kesin olarak inanıyorum. Bu yüzden, kıtlık kompleksinden vazgeçtiğim zaman akıllı ve varlıklı olurum.

Eğer gerçekten öğrenmek istiyorsak, asla konuşurken öğrenemeyiz. Sadece dinlerken öğreniriz. Claudia bana önemli bir şey söylemek istiyordu. Ama bunun yerine ben konuşuyordum. Tek bir kelime bile söyleyemeden, büyük bilgeliğimi onun üzerinde uyguluyordum. En sonunda ne söyleyeceğini unuttu. Muhtemelen benim kelimelerim, İncil'dekiler gibi çok bilgeceydi. Ya da *Robert's Rules of Order* veya *Strunk & White* gibi. İşte ben bu kadar bilgeyim. STRUNK & WHITE! Fazladan konuşmak muhtemelen zekâmın en az yüzde 15'ini alıyor. Çünkü konuşmak yerine, dinleyebilir ve öğrenebilirdim. Veya dil bilgisi kitabı okuyabilirdim. Veya telefonda konuşurken bir kazaya karışmayabilirdim. Bazen sadece Çenemizi Kapatmalıyız!

Geçen gün bir arkadaşımla konuşuyordum. Bana neden başaramadığına ilişkin tüm nedenlerini anlatıyordu. Yaşı. Görünüşü. Özel hayatı ("Asla istediğim şeyleri yazamam"), zamanının olmaması vb. Herkesin bahaneleri vardır. Herkes, "Ben yapamam," der. Eğer tıp fakültesine gitmezsem, tıp doktoru olamam. Bir film yapmak için 10 milyon dolar bulamazsam, yönetmen olamam. Bir süper modelle evlenemem çünkü çirkinim. Yapamam. Yapamam. Yapamam. Her "yapamam" için, bana

10 dolar göndermelisiniz. Hele de 10 dolarınızı alırsam, ben tüm bu bahsettiğiniz şeyleri yapabilirim.

Bu düşünceler beyninizdeyken, kendinizi başınızdan vurmayın. Bu düşünceler geldiğinde sadece dikkat edin. Bu paranoyanızı iyileştireceğiniz anlamına gelmiyor. Ancak bu ortaya çıktığında suyun taşları aşındıracağına dikkat edin. Dikkat ettiğiniz her sefer, cam biraz daha temiz olacaktır. Lekeler gidecektir. Dışarıdaki ışık bir an için ortaya çıkacaktır.

Biraz daha akıllanırsınız. Belki daha sonra, neden bu şekilde hissettiğinize dair daha derin, duygusal nedenlere bakmanız gerekir. Daha birçok nedeni var. Belki de ortaokuldaki herkes sivilcelerinizle dalga geçmiştir ve şimdi herkes tarafından sevilmek istiyorsunuzdur (Eh, belki bu bana olmuştur). Ancak tam şimdi, şu an, karşıdan karşıya geçerken bir araba size çarpmasın.

"Ah, bekle bir saniye! Tüm bunlar toplayınca yüzde yüzden daha fazla ediyor!" diyebilirsiniz. Ne diyebilirim? Benden daha akıllısınız.

DÜRÜSTLÜK SİZE DAHA ÇOK PARA KAZANDIRIR

İtiraf edin: Bernie Madoff'u[25] kıskanıyorsunuz. Kısacık bir an için. Aralık 2008'deki o gece, piyasadan çekilen her banka için devam eden panik, yitip giden her iş türü, her ATM makinesinde nakdin tükenmesi, manavdaki organik meyvelerin roket hızında yükselmesiyle bir elmanın 200 dolar olması haberleri arasında o malum haberi ilk kez duydunuz. Kısa bir an için, o haberi duyup, "65 milyar dolar çaldı. Dostum, bu kadar param olsa yüzüme estetik ameliyat yaptırırdım ve Brezilya'ya taşınırdım," diye düşündünüz.

Sonra gerçek ortaya çıktı. Aslında orada öyle bir para bulunmadığı haberleri çıktı. İntiharlar. Mets'in sahibi parasını tam zamanında geri alabildi.

Minnesota'dan bir kadın beni aradı, ağlıyordu ve şöyle diyordu: "Neden hep parasını kaybeden zavallı Yahudileri anlatıyorlar? Ben Hristiyanım ve son param olan 800.000 dolarımı kaybettim." Her gün,

---

25 Bernard Lawrence ya da "Bernie" Madoff, dolandırıcı, eski bir borsacı, yatırım danışmanı ve finansör olan mahkûm bir Amerikalıdır. 10 Aralık 2008 tarihinde, Madoff'un oğulları, babalarının firmasının varlık yönetim biriminin büyük bir saadet zinciri oyunu olduğunu itiraf ettiler ve "büyük bir yalan" olduğunu yetkililere anlattılar. Madoff, ertesi gün, FBI ajanları tarafından tutuklandı ve menkul dolandırıcılık suçuyla 150 yıl hapse mahkûm edildi. (ç. n.)

daha fazla haber çıktıkça tüm bu korku hikâyesi daha gerçek görünmeye başladı. Madoff hapisteydi. Karısı sadece bir veya iki milyon dolar alıp kaçtı ve sonunda da oğulları intihar etti.

Ama bir an için, şu soru vardı: 65 milyar dolarla ne yapardım?

Sonra, herkesin kafasından geçen yanlış gerçek şu: Bu dünyada çok para kazanmanın tek yolu, yalan söylemek ve çalmak.

Twitter'ımın soru ve cevap bölümünde bu soruyla çok fazla karşılaşıyorum: Bu dünyada başarılı olmak için neden yalancı olmalıyız? Bunun doğru olmadığını söylediğimde insanlar bana inanmıyor. Aslında tam tersi doğru. Sadece dürüstlük başarı getirir. Cevap olarak, "Benim tecrübelerim bu yönde değil," diyorlar.

Kimse şunu sormuyor: Başarılı olmak için yalancı olmak zorunda mısın? İnsanlar çoktan cevabı biliyorlarmış gibi görünüyorlar ve bilmek istiyorlar; bu yapısal olarak neden gerçek?

Kapitalizm hâlâ 2008'de vuran ölümcül rüzgâr yüzünden acı çekiyor. Herkes bir sahtekârdı. Madoff sadece buz dağının görünen yüzüydü. Mubarek'in ailesi, Mubarek Mısır'da devrildiğinde, 200 milyar dolarla birlikte kaçtı. Her gün, gelen kutuma yeni bir saadet zinciri dalaveresi geliyor. Dünkü dalavere, Florida'daki bir bataklık ilçesindeki 4,9 milyon dolarlık koruma fonuydu.

Neden? İnsanlar bunu bilmek istiyor. İnsanlar birkaç gerekçe istiyorlar. Belki de gerçekten şöyle soruyorlar: Tamam, bundan bu zamana kadar uzak duruyordum ama şimdi ileri atılmalı ve para kazanmak için yalan söylemeye mi başlamalıyım? Belki de sıradaki soru şu: Nasıl yalancı olunup para kazanılacağına ilişkin "ilk on" listesi verebilir misin?

Sorun şu: Herkes tamamen yanılıyor. Yalancılık asla işe yaramaz. **Günümüz dünyasında dürüstlük para kazanmanın tek yolu.**

Kimse bu konuda bana inanmıyor. İnsanlar bana gülüyor. "Hiçbir şey bilmiyor musun? Tabii ki yalancı insanlar dürüst insanların üzerine basıyorlar ve daha başarılılar." İnsanlar, neden Google'ı kurmadıklarını, 65 milyar dolar çalmadıklarını ve üçüncü koridordaki hain şıllığın kim bilir ne yapıp o son terfiyi aldığını anlatarak sözde iyi davranışlarını kullanıp kendi başarısızlıklarını meşrulaştırmak istiyorlar.

Ama gerçek şu:

Yalancılık, işe yaramayana kadar işe yarar. Herkes bir noktada batırır. Yalancıysanız, size verilen tek bir şansı heba edersiniz. Oyunun dışına atılırsınız – en azından davranışlarınızı düzeltene ve kuyruğunuzu bacaklarınızın arasına kıstırıp yeniden başlayana kadar.

DÜRÜSTLÜK BİRLEŞTİRİR. Katlanarak birleştirir. Banka hesabınızda neler olduğunun önemi yoktur; kariyerinizde, terfilerinizde ya da başlangıçlarınızda. Dürüstlük katlanarak birleştirir, belki etkisini günler veya haftalar içerisinde göstermez ancak yıllar, hatta onlarca yıl içerisinde görürsünüz. Birçok insan sözünüze güvenir ve ihtiyaç duyulduğunda, sizin aranıp bulunacak, fırsat verilecek, yardım edilecek ya da para verilecek kişi olduğunuza dair haberler yayılır. Sizin imparatorluğunuzu oluşturacak şey budur.

Birçok sayısız başarısızlık sayesinde öğrendim bunu. Birçok kez başarısız oldum ancak bununla barışığım, birçok kez hiç para kazanamadım ama tüm bunlar birilerine bedavaya fikir verdi, birçok kez "benim olsun" diye uğraştım ancak her seferinde, yalancı olmanın sorun olmadığını düşünenler tarafından bıçaklandım, daha fazla tohum ekip çimlendirdim ve uzun bir süreçte daha fazla para kazanacağım.

Bir kere yalan söylediğinizde, tüm bu tohumlar ölümcül boyutlarda gök gürültülü fırtınalar tarafından sürüklenip götürülecektir. Bir çaresizlik fırtınası, sonsuza kadar tüm fırsatlarınızı silip süpürür.

Bir çölde terk edilir ve tekrardan başlamak zorunda kalırsınız.

Yaşamınızda Nasıl Daha Dürüst Olabilirsiniz:

ÖVÜN. Tüm fikirler sizin bile olsa. Beş kuruş kazanmamış olsanız bile. Göz göre göre çalınmış olsalar bile. Övün ve yolunuza devam edin. Parlayacağınız zamanı bekleyerek fikirlerinizi istiflemeniz, yalnızca sizi loş bir odada, karşınızda duran bir aynayla baş başa bırakır.

Kendini Seç

KAYNAK OLUN. "Ya fikirlerimi bedavaya verirsem ve onlar da bununla milyarlarca dolar kazanırlarsa? Ortaklarım tarafından daima aşağılanırım." Eğer fikirlerin kaynağı sizseniz, o zaman DAİMA kaynak sizsinizdir. Sizden çalan ezikleri unutun. Devam edin. SİZ fikirlerin çeşmesi haline geleceksiniz. İnsanlar çeşmeye gelecek, dilek dileyip içine para atacaklar. Kirli su sızdırmayın. O çeşme olun ve insanların bu çeşmenin tüm övgü ve ödülleri verdiğini bilmesini sağlayın.

"Kaynağın" en iyi örneklerinden biri Google. Google'ın kesinlikle bir içeriği yok. Küçük bir kutudan başka bir şey yok. Siz bu sihirli kutuya gidiyor ve hakkında bir şeyler öğrenmek istediğiniz terimi giriyorsunuz. Haydi, "motosikletler" diyelim.

Google tamamen dürüst. Size hemen geri dönüş yapıyor ve diyor ki; "Biz motosikletler hakkında KESİNLİKLE HİÇBİR ŞEY bilmiyoruz AMA eğer şu on küsur internet sitesine girersen, biz bunların motosikletler hakkında en iyi siteler olduğunu düşünüyoruz ve oralarda motosikletlerle ilgili olarak aradıklarını bulabilirsin."

"Ah, bu arada," diye devam ediyor Google, "burada motosikletlerle ilgi üç tane daha site var ama bu noktada biraz daha dürüst olacağız, bu üç site bize para ödüyor. Sadece bil istedim."

Sonra Google'dan çıkıyorsunuz. Sıradan bir kişi BİR AYDA sadece birkaç dakikasını Google'da harcıyor. Aslında, Google'da ne kadar uzun süre kalırsanız, Google o kadar az kâr elde ediyor. Onlar aslında bir an önce sitelerinden çıkmanızı istiyorlar. Siteyi her terk edişinizde ya algoritmaları gelişiyor (bunu neye tıkladığınızdan öğreniyorlar) ya da para kazanıyorlar (onlara ödeme yapan bir siteye tıklamış oluyorsunuz).

Sonra diyelim ki doğum kontrol yollarından biriyle ilgili bir şey bulmak istediğinizde, nereye gidiyorsunuz? Google'a gidiyorsunuz. Kaynağa gidiyorsunuz.

İnternet işine ilk başladığım zaman, büyük şirketlere bir web protokolünün nasıl yaratılacağına dair tavsiyeler veriyordum. Kimsenin yapmak istemediği tek şey, diğer internet sitelerine bağlantı vermekti. Bu kesinlikle Kendini Seç dönemiyle ortaya çıkan durumun tam tersiydi.

Kendini Seç dönemi, dürüst davranacak özgüveniniz olduğu anlamına geliyor. Sizi seçmeyi reddeden büyük şirketlerin karşısında özgüvenle durmanız. Sizin sahip olduğunuzdan daha fazla kaynağa sahip olabilecek olan insanlarla özgüvenle doğrudan iletişime geçmeniz.

Kendinizi seçmek için öncelikle korkusuz olmalısınız. Refahın, sadece topluma yeteneklerinizi göstermek için saklandığınız maskenin arkasında değil, her yerde olduğunu bilmelisiniz.

İKİ İNSAN TANIŞTIRIN. Her gün, eğer birbiriyle tanışırlarsa birbirlerine yardımcı olabilecek en az iki insanı tanıştırmayı düşünebilirsiniz. Ortalarında olmanıza gerek yok. "Beni cc listesinden çıkart," demelisiniz. Bırakın onlar birbirlerine yardım etsin. Bırakın onlar yararlansın. Ortalarında olmanıza ve bu sefer bundan faydalanmanıza gerek yok. Bir sonraki sefer yararlanırsınız. Veya ondan sonraki sefer. Eğer bir başkasının bu iş için daha iyi olacağını düşünüyorsanız, kendiniz için fırsatlardan vazgeçmek anlamına gelse bile yapın bunu.

Şu şekilde düşünün; "doğrusal bir etki" var ve bu "iletişim ağı etkisi". Eğer doğrusal bir hayat yaşıyorsanız, değeriniz ve kaynaklarınız, yeni birileriyle buluştuğunuz her zaman yukarıya doğru ilerler ve *sizin* tanıdığınız insanların listesi büyür. Bu artık yeteri kadar iyi değil. Kendi imparatorluğunuzu yaratmalısınız. Bunu da tek seferde başaramazsınız. Bu sadece bir liste, imparatorluk değil.

Diğer yandan iletişim ağı etkisi, önceden beri internet sayesinde gayet iyi bilinen bir durumdur. Temel dayanak şudur; sitenin değeri, kullanan insan sayısı oranında katlanarak artar. Birbirini tanımayan ya da site hakkında birbirlerinden bir şey öğrenmemiş olan daha fazla insanın siteyi kullanması, iletişim ağı etkisini güçlendirir. Bu İmparatorluk Yapıcıdır.

Bu size nasıl uygulanır? Ne kadar insan sizi "kullanıyor"? Bağlantılarınız ve kaynaklarınıza bir liste olarak değil de bir grafik üzerindeki devre ağı olarak baktığınızda, iletişim ağınızın değeri katlanarak artar. O grafik üzerindeki iki farklı devreyi birbirine bağlayabilecek bağlantı

Kendini Seç

sayınızı düşünün. Bir listede sıralanmış ve doğrudan size bağlanan bir sürü öğeye nazaran bu, katsaldır.

İletişim ağı etkisini yaratmanızın yolu, iletişim ağınızda olan insanları birbirleriyle bağlantıya geçmeye ve birilerine yardım etmeye cesaretlendirmektir.

Bazen komik hissettiriyor. İnsanlar bazen bana, "Senin bloğun sayesinde falan filanla tanıştım," diyor. Kendi kendime düşünüyorum: "O BENİM FALAN FİLANIM YAHU!" Böyle hissetmeye son vermem lazım. Bu sadece kısıtlar. Evrenin sınırsız kaynakları var. Sizinse sınırlı kaynaklarınız ve sınırlı zamanınız var. Refahı yaratmanızın tek yolu evrene daha çok benzemenizdir.

Hayat için koşulları hazırlayın. Sonra arkanıza yaslanın ve ortaya çıkan eşleşmeleri izleyin. Çok geçmeden hayatı yaratmış, bağlantılarınızın birlikte yaratacağı harika şeyler yaratmış olacaksınız. Bir kez daha kaynak haline geleceksiniz.

SUÇU ÜSTLENİN. Ekim 2008'de çuvalladım. Bölünme ve ekonomik kriz sürecinden geçiyordum ve aklımı kaçırmaktan korkuyordum. Koruma fonundan bana ayrılan çok az miktarda parayı idare ediyordum. O ay düşüşteydim. Lanet olası ekonomik krizin infilak noktasıydı. Yağmur yağana ve etrafımı fırtına sarana kadar hamağımda uyuyacaktım, sonra bir de bakacaktım ki ben sırılsıklam ıslanmış, hasta ve kızgınken, üçgen yelkenli gemi yedi yüz puan daha düşmüş. Koruma fonunun müdürü beni ay sonunda çağırıp, "Bak, seni on defa aradım ve telefonlarıma geri dönmedin. Sadece bir aramaya dönsen her şey tamam olacaktı. Şimdi paranı geri almak zorundayım," dedi. Haklıydı. Ona bunu söyledim. Er ya da geç. Şimdi iyi arkadaşız ve o zamandan beri beraber çalışıyoruz ancak güvenini yeniden kazanmam birkaç yılı buldu.

> "Derinden inanarak söylenmiş bir 'hayır', lütfederek söylenmiş, daha da kötüsü başına bela almamak için söylenmiş bir 'evet'ten çok daha iyidir."
> –Gandi.

ÇİFTE HAYAT SÜRDÜRMEYİN. Yaptığınız her şey beyninizde bir alan kaplar. Eğer çifte hayat yaşarsanız (ve eğer sizinle konuşuyorsam ne demek istediğimi biliyorsunuz) sonra bu ikinci hayat nöronlarınızın ve sinir uçlarınızın fazla mesai yapmasına sebep olur. Beyniniz bunu kaldıramaz. Büyümek yerine küçülmeye başlar. Çifte hayat yaşamak size anlık bir mutluluk verse bile, beyniniz doğrudan su yoluna ilerler. Beyin sağlığınızın yansıması olan mali durumunuz da onunla beraber lağımın içerisine düşecektir.

ÖFKELENMEYİN. Öfke yalancılığın başka bir formudur. Kimse mükemmel değildir. Çevrenizdeki insanların mükemmel olmasını beklemek bir yalan. Bazen çocuklarıma kızıyorum. Ama onlar sadece çocuk. Bazen muhatap olduğum insanlara kızıyorum. Ancak onların kendi motivasyonları, korkuları, endişeleri ve kaygıları var. Onlardan beklediğim her şeyi yapmak zorunda değiller. Yani öfkem, aslında onlardan beklediğim şeyleri yapmaları gerektiğine olan inancım. Diğer insanlar üzerindeki beklentilerinize dair kendinize yalan söylediğinizde, yalancılığın başka bir formu olarak karşınıza çıkıyor. Tabii ki öfkenizi kontrol edemezsiniz. Bazen öylece oluverir. Ama bunun ne olduğuna dikkat edin, inceleyin ve altüst etmeye çalışın, birazcık olsa bile – birini suçlamaktansa kendiniz hakkında daha fazla şey öğrenmek için yapın bunu. Dürüstlük tam o noktada ortaya çıkar.

BAHANE YOK. Ekim 2008'de para kaybettiğimde, manipüle edilmiş piyasayı ve bunun olmasına sebebiyet veren tüm suçluları suçlamak kolaydı. 2000'de tamamen iflas etmek üzere milyon dolarlar ve evimi kaybettiğimde, "internet patlamasını" ve "yozlaşmış CEO'ları" suçlamak, finans dünyasındaki kendi tecrübesizliğimi suçlamaktan kolaydı. Bahaneler, başarısızlıklarımızı örtbas etmek için kendimize söylediğimiz kolay yalanlardır. Böyle bir bahaneyi sadece yalancı insanlar kullanır. Bu da bir yalan.

DİĞERLERİNİN GÜZEL GÖRÜNMESİNİ SAĞLAYIN. Bu övmekten biraz daha fazlasıdır. Yaygın olarak alıntılanan bir yönetim kuralı vardır: "Pareto İlkesi",[26] işin yüzde sekseninin insanların yüzde yirmisi tarafından yapıldığını söyler. Bu, kısmen, yirmi yıl boyunca çocukların sınavları geçmeleri ve hayali bir başarı merdivenine tırmanarak bir sonraki "seviye"ye ilerlemeleri için ihtiyaç duyulanın en azını yapmaya cesaretlendirildiği alt standart eğitim sisteminin bir ürünüdür. Ama herkes küçük başarılarının kabullenilmesini ister. Mikroskobunuzu ortaya çıkartın. Çevrenizdeki insanların en ufak başarılarını bile kabul edin. Yüzde yirmi içerisinden daha fazla insanı hayatınıza alın. Herkes içten içe özel hissetmek ister. Bunun *nedeni* herkesin özel olmasıdır ancak genellikle bu şekilde görülmemeleridir. Farklı olun. Çevrenizdeki en küçük hareketlere dikkat edin ve onları tasdik edin. Kimse bunu unutmayacaktır.

DEDİKODU YAPMAYIN. Bir keresinde yatırım yaptığım bir girişimci hakkında, başka bir yatırımcıyla konuşurken atıp tutmuştum. Günün ilerleyen saatlerinde ilk girişimciyle akşam yemeği yemem gerekiyordu. Bu arada, sadece dört saat sonra, onun hakkında konuştuğumu öğrenmişti. Bana bir daha asla güvenmedi. İnsanlar her zaman ne olup bittiğini duyarlar. Eğer duymasalar bile hissederler çünkü laf dolaşır. Bunu tahmin edemezsiniz. Bu çifte hayat sürdürmenin başka bir çeşididir.

SÖZÜNÜZÜN ERİ OLUN. Öyle biri olun.

BAŞKALARININ HAYATINI GELİŞTİRİN. 1991 yılında, ilk şirketimdeki bazı çalışanlarım işten ayrıldı ve rakip bir firmada işe başladılar. Ortaklarımın bazıları çıldırdı. O çalışanları ben cesaretlendirdim. Nasıl mı olur? Çünkü kimse hayatının sonuna kadar benim çalışanım olmak istemez. Daima insanların potansiyellerini geliştirmelerine yardım edin. Bu insanlara söylediğim tek şey şuydu: "Eğer bir gün beni bir çukurda, kolumda iğneyle görürseniz, lütfen bana yardım edin." Güldüler ve

---

26 Pareto İlkesi'ni (80-20 kuralı, önemli azın yasası ve etken seyrekliliği ilkesi olarak da bilinir) öneren iş yönetimi düşünürü Joseph Juran, İtalya'nın %80 arazisinin sahibinin nüfusun %20'si olduğunu gözleyen İtalyan ekonomist Vilfredo Pareto'nun adıyla isimlendirmiştir. (ç. n.)

şöyle dediler: "Bu asla olmayacak." İnanın bana. Her şey olabilir. O bataktan çıkmak için birden fazla kez yardım aldım.

On yıl önce, bir yan ürün şirketinin CEO'su olan eski bir çalışanıma rast geldim. O da peşimden koşup, bana seslendi. Bu olay New York'taki Times Meydanı'nda yaşandı. Neredeyse on yıldır hiç konuşmamıştık. Şirketi epey büyümüştü. Büyük yatırımcılar bulmuşlardı ve şimdi çok çalışanı olan kârlı bir şirket haline gelmişti. Volta atarken, daima kafasında rol modeli olarak iki kişiyi canlandırdığını söyledi bana: İsrail ordusundaki komutanını. Bir de beni. Gerçekten çok gurur duydum. İşimi kurarken, bana çok yardım etti. Şimdi ona yardım etmek de benim için bir onurdu. O işten bir çıkarım olmasına gerek yoktu. Ancak şimdi, işi birçok insana yardım ediyor ve kendi yolunda ilerliyor, bu benim için refah yaratmaya yetiyor. İnsanlara yardım ettiğinizde refah durdurulamaz.

Her zaman dürüst olmamışımdır. Deniyorum. Daha iyi olacağımı umuyorum. Size az önce verdiğim tavsiyeye uymayı ve gelişmeyi her gün deniyorum. Aksi takdirde, size tavsiye etmezdim. Ancak iş hayatında on, yirmi, kırk yıldır olan insanlarda bunu gördüm. Dürüstlük azar azar birikiyor. Bu birikim milyonlara veya milyarlara dönüşüyor. Yalancı insanlar ise kayboluyor. Ölüyor. Hapse giriyor. Potansiyellerini artırmıyorlar. Kaçıyorlar. Korkuyorlar.

Kaçmanız gereken kimse olmayacak. Bazı insanlar sizden nefret edecek. Bazı insanlar samimiyetinizden şüphe edecek. Ancak arayacak birilerine, paylaşacak birilerine veya yatırım yapacak birilerine ihtiyaç duyan insanlar, kimi arayacaklarını bilecekler. Sizi arayacaklar.

ASLA KENDİNİZİ SEÇMEK İÇİN ÇOK GENÇ DEĞİLSİNİZ: ALEX DAY'DEN DOKUZ DERS

23 yaşındayken, daha akıllı olmuş olmayı dilerdim. Her şeyi yanlış yaptım: Üniversite diplomasına ihtiyacım varmış gibi hissettim. Mezuniyet derecesine ihtiyacım varmış gibi hissettim (aniden yüksek okuldan atıldım). Yazar olmak için bir yayınevinin "beni seçmesi" gerekiyormuş gibi hissettim. Akıllı olduğumun tasdik edilmesi için büyük bir şirketin beni işe almasına ihtiyacım varmış, başarılı olmam için bu yeterliymiş gibi hissettim.

Bunların hiçbirine ihtiyacım yoktu.

Sizin de bunların hiçbirine ihtiyacınız yok.

Dünya değişti, farklı hale geldi. Aracılar yaşam desteğindeler, giriş bariyerleri indi ve Kendini Seç dönemi geldi çattı.

Alex Day mükemmel bir örnek. Eğer Alex Day'i hiç duymadıysanız, sorun değil. Birçok insan henüz duymadı. Ama yeteri kadar insan duydu. Ve onu SEVİYORLAR. Alex yirmi üç yaşındaki İngiltereli bir müzisyen. 2009'dan, yani on dokuz yaşından bu yana üç stüdyo albümü çıkardı, Birleşik Krallık Top 40 listelerine üç kez girdi, YouTube kanalında yüz milyondan fazla kez izlendi. *Bunların hepsini,* hiçbir plak

Kendini Seç

şirketi olmadan ve çoğunu sadece YouTube hayranlarının desteğiyle yaptı. İngiltere'de, üçüncü ve en yeni albümü, Justin Timberlake'in uzun zamandır beklenen ve çok tartışılan *20/20 Experience* albümüyle (aynı zamanda onun da üçüncü albümü) aynı gün piyasaya çıktı.

İşte sonuç:

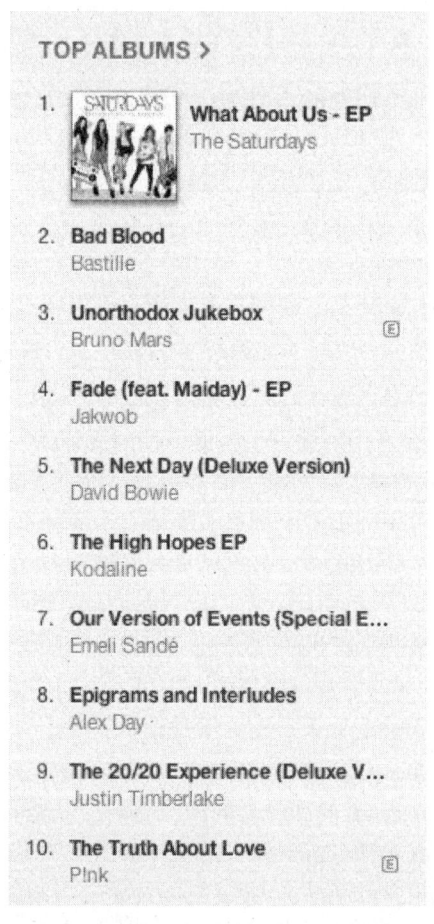

TOP ALBUMS >

1. **What About Us - EP**
   The Saturdays
2. **Bad Blood**
   Bastille
3. **Unorthodox Jukebox**
   Bruno Mars
4. **Fade (feat. Maiday) - EP**
   Jakwob
5. **The Next Day (Deluxe Version)**
   David Bowie
6. **The High Hopes EP**
   Kodaline
7. **Our Version of Events (Special E...**
   Emeli Sandé
8. **Epigrams and Interludes**
   Alex Day
9. **The 20/20 Experience (Deluxe V...**
   Justin Timberlake
10. **The Truth About Love**
    P!nk

İki albümün de piyasaya çıkışının ertesi günü alınan itunes listesi ekran görüntüsü

Justin Timberlake, müzik endüstrisinin veliaht prensi gibi. Plak şirketleri onu sever. Radyolar onu sever. Her yere turne yapar. Arkasında büyük bir pazarlama makinesi vardır. Jessica Biel'le evli. Tüm bunlar oldukça iyi.

Ancak yeterli değil. Alex onu yendi. Bu nasıl mı oldu? Hiçbir fikrim yoktu. Ben de Alex'i arayıp ona sordum.

Kendinizi Seçmek Hakkında Bir Numaralı Ders: İstediğim herhangi birini aramak için kendimi seçebilirim. Eğer benimle konuşmak isterlerse, harika!

İşte Alex'le olan röportajımın tamamı (alıntılayamayacağım kadar güzel çok şey içeriyor):

Ben: YouTube'da 2006'da paylaşmaya başladığın video yazılarını okudum. "İşte bu. Bu büyük bir şey olacak," demen ne kadar zamanını aldı?

Alex: İlk otuz üyemden hemen sonra, dinleyicilerle konuşmaya başladım, doğrudan onlar için video yapıyordum ve yorumlarını cevaplıyordum ancak bunu asla bir "hayran kitlesi" olarak görmüyordum – hepimizin sıkılmış çocuklar olduğunu düşünüyordum. Bir çeşit ünlü gibi muamele gördüğüm ilk deneyimim 4 yıl sonra, o dönem dâhil olduğum (YouTubeculardan oluşan) bir grupla birlikte birkaç konser verdiğim 2010 yılında oldu; Birleşik Krallık'ın Norwich gibi gerçekten küçük bir kısmına gitmiştik ve orada bizim için çıldıran, çığlık atan iki yüz insan vardı.

Ben: En nihayetinde bir sanatçı olmak için paraya ihtiyaç duydun. Sonsuza kadar açlıktan kıvranan bir sanatçı olamazdın. Büyük bir plak şirketine gitmiyorsanız üç seçeneğiniz olur: YouTube reklamları, iTunes'daki indirmeler ve konserler. Bu alanlardan hangisi senin için işe yaradı?

Alex: Konser vermek benim için para kazanma yolu değildi – tek seferlik etkinliklerde (örneğin albümümü çıkartmak için) verdiğim konserler veya (daha önce bahsettiğim gibi) arkadaşlarımla beraber verdiklerim dışında konser vermedim. Turnelerin aksine kimseyi dışta

Kendini Seç

bırakmadan, tüm dünyadaki dinleyicilerime tek seferde internet üzerinden ulaşabildiğim için, konser verme ihtiyacı hissetmiyorum.

İki Numaralı Ders: Para kazanmak için sunulan tüm geleneksel yöntemler pencereden dışarı atıldı çünkü yüksek değer yaratmanın önündeki bariyerlerin hepsi kalktı.

Alex: Diğer ikisine gelince – 2007'de ilk müzikal icraatımı ortaya çıkardım (YouTube Tour adında, YouTube şarkılarının yeni yorumlarından oluşan bir derleme) ve birkaç yüz dolar kazandım. Sonra 2008'de, YouTube ortaklık programını sundular ve ben de ilk ortaklardan biriydim. O zamanlar belki de ayda 300 dolar kazanıyordum. Sonra giderek artmaya başladı ve aynı zamanda ilk albümüm Ekim 2009'da piyasaya sürüldü, böylece bu para ve YouTube'un katkısıyla birlikte, Mart 2010'da en yakın arkadaşımla eve çıktık, kişi başı 600 pound kira ödüyorduk, o kadar da kötü değildi. YouTube'dan ve müzikten kazandığımın neredeyse tamamına denk geliyordu ama "Forever Yours"un 2011'de 4. sırada olmasından bu yana, müzik satışlarım YouTube'umdan daha fazla olmaya başladı. Genel anlamda, YouTube'dan ayda 3.500 pound civarı kazanıyorum (Bir iletişim ağına dâhilim böylece reklam alanlarını daha pahalıya satabiliyorlar) ve ayda en az 10.000 pound müzik ve mağaza satışlarından kazanıyordum. Başka projeler de yaptım – Kuzenimle ortak olarak bir kart oyunu yaptık, online olarak satıyorduk. Bu sene başladığım –kumbaraya biraz daha para ekleyen– Lifescouts adında bir işim var.

Ben: Bu biraz Ani DiFranco'nun yaptığı gibi değil mi? O da hiçbir zaman büyük bir plak şirketiyle anlaşmadı. Sadece kendi işini yaptı.

Alex: Bence temel fark şu; o düzenli olarak turneye çıkıyordu, bense hiç çıkmadım. Ayrıca, kendi plak şirketini kurarak bağımsızlığını kazandı. Benim bir plak şirketim yok.

Ben: Plak şirketleri sana hiç ulaştı mı?

Alex: Plak şirketleri, benimle ne halt edeceklerini bilemediler. Hep açık fikirlilikle ilerliyorum – bağımsız/bir yerle anlaşmamış olmaktan gurur duyma fikrinden hoşlanmıyorum, bu şu anlama geliyor; ben beyazım, onlarsa siyah ve ölümüne düello veya her neyse onu yapmak zorundayız. Kendi başıma yaptığım birçok şey var çünkü yapmak zorundayım, bu nedenle bunları iyi yapıyorum ancak dışarıdan bir yardımla kesinlikle daha kolay olurdu! Yani onların ne önereceğini ve birlikte nasıl çalışabileceğimizi duymak istiyordum, hâlâ da istiyorum ancak plak şirketlerinin bu mütevazılığa hazır olduklarını düşünmüyorum. Her şeyi kontrol etmek istiyorlar. Kendi şarkılarıma karar verebilmeyi ve kendi müzik videomu çekebilmeyi seviyorum. Birleşik Krallık'taki Island Records'la birkaç toplantı yaptım; adamın albüm yapmaya henüz hazır olmadığımı düşündüğünü söylemesi ve neden olarak da, "Biz sadece önümüzdeki üç ay içerisinde en az bir milyon kopya satabilecek sanatçılarla anlaşma yaparız," demesi sebebiyle son toplantı da sona erdi – ancak benim o noktaya o olmadan gelmemi bekliyor, o zaman neden bir plak şirketine ihtiyaç duyayım ki? Warner, Sony, EMI'yle de toplantı yaptım – hepsi aynı kafada. Hiçbirinin gerekçe sunma derdi yok ve en iyi ihtimalle sadece "sırrımı anlamaya" çalışıyorlar, en kötü ihtimalle ise hepsi tamamen bilgisiz ve tembeller (konuyla ilgili videomu izleyin, burada yaptığımdan daha iyi bir şekilde özetlemiştim).

Ben: Peki, plak şirketlerini şimdi ne için kullanırdın?

Alex: Sanırım, yardım etmeleri iyi olurdu. Size bir örnek vereyim. Müziğimi yazıyorum, müziğimi çalıyorum, videomu yapıyorum, albümümü tasarlıyorum ve böyle devam ediyor, bu fiziksel olarak müzik marketlerde daha fazla değer sağlıyor.

Şöyle ki yaptığım şeyleri seven on yaşındaki bir çocuk, babasına benimle çalışması gerektiğini söyledi. Babası Universal'ın dağıtımında çalışıyordu. Böylece Universal'la tek bir distribütörlük anlaşması yaptım. Her şeyi ben yaptım ancak onlar da beni her HMV marketine soktular. Bu harikaydı. Kimse somut bir CD satabileceğimi düşünmüyordu ama Birleşik Krallık'ta on bin sattım.

Kendini Seç

Üç Numaralı Ders: Herkes YAPAMAYACAĞINIZI söyleyecek. Özellikle de gençken; ancak kökleşmiş sistemle nasıl çalışacağınızı seçerseniz, YAPABİLİRSİNİZ.

Dört Numaralı Ders: Oluşturduğunuz topluluğun gücü tahmin edemeyeceğiniz şekilde kendini hissettirecektir (on yaşındaki hayran örneğindeki gibi).

Ben: Belli ki sanatçıların ne yaptığı ve endüstrinin nereye gittiği hakkında uzun vadeli bir görüşün var. On yıl sonra müzik endüstrisinin nerede olacağını düşünüyorsun?

Alex: On yıl sonra müzik endüstrisini nerede gördüğümün bir önemi olduğunu düşünmüyorum. Şu an müzik endüstrisinin nerede olduğuna bakıyorum ve bunun bana bir faydası yok; yani o olmadan var olmayı öğrendim! On yıl sonra müzik endüstrisinin beni daha çok desteklemesinden hoşlanırdım tabii ancak bunu ummak için on yıl uzun bir süre. Uzun vadeli görüşle ilgili mesele şu; aslında olağanüstü bir çabalar dizisi bu. Bu daha çok toplumun genelinin bir binanın ikinci katında olmasına ve yayınladığım her bir şarkı/müzik videosunun da dışarıdaki tramplende zıplayabilmemi sağlamasına benziyor. Yani bir saniye için, camın önüne gelip, "Hey millet bana bakın," diyorum ve o an beni görmezlerse, tekrardan düşüyor, yeni bir şarkı yapıyor ve yine deniyorum. Eğer parçalarımdan biri alev alırsa, diğerlerine de hemen sıçrayacaktır ama eğer tutuşmazsa bir daha denemek zorundasınızdır.

Beş Numaralı Ders: Israrınız, endüstrinin tasdikinden daha önemlidir çünkü sattığınız şeyi alan endüstri değil.

Altı Numaralı Ders: Bundan on yıl sonraki şeyleri hedeflemeye çalışmak yerine **şu an sanatınız/işiniz için ne yapabileceğinize odaklanın.**

Ben: Moral bozucu şeyler olduğunda, sanatçılar/mucitler yola devam edebilmek için ne yapmalılar? Birçok insan vazgeçiyor. İşin doğrusu, birçok insan işinde o kadar iyi değil. Sen işler karamsar görünse bile nasıl 2006'dan günümüze kadar gelmeye devam ettin?

Alex: Neyde iyi olup neyde olmadığınızı bilmenize yardım etmesi için **bir akıl hocasına ihtiyacınız var.** (Yedi Numaralı Ders) Ya endüstriyi bilen, ya ticaretin ne olduğunu bilen, ya başarılı ya da müziğinizle başarmaya çalıştığınız her ne ise o konuda deneyimleri olan, size o standartta olup olmadığınızı dürüstçe söyleyebilen birilerine ihtiyacınız var. Şimdi çok yakın arkadaşım olan, bu endüstride epeyce çalışmış, "Who Let The Dogs Out" ve "I Get Knocked Down But I Get Up Again" gibi şarkıları çıkarmış birine sahibim – ortak bir arkadaş aracılığıyla tanıştık. Ona sadece şarkılarımı yollardım ve o da bana, "Bir hit değil, bir hit değil, bir hit değil," derdi ta ki sonunda ona "Forever Yours"u yollayana kadar ve bana, "Başardın! Şimdi kır şu şeytanın bacağını," dedi.

Bana yardım etmedi, sadece tavsiye verdi ama işte böyle güvenebileceğiniz birine ihtiyacınız var. Pes etmekle ilgili diğer bir noktaysa bunu yapamayacak olmamdı. Bazen ruh halimin kötü olduğu zamanlar oluyor ve bir ila iki ayımı müzik üzerinde çalışmadan geçiriyorum ancak sonra, birileri bana yeni, harika bir şarkı çalıyor veya eski videolarımdan birini izliyorum ya da Grammy'yi izleyip, "Bunu yapmaya devam etmek zorundayım," diye düşünüyorum. Bırakamam çünkü bunu çok istiyorum ve her ne kadar zor olursa olsun, sevdiğim şeyin peşinden gitmezsem daha kötü olur.

Beş Numaralı Ders (yeniden): Tekrardan ısrar.

Ben: Tüm bunlara nasıl bulaştın? Sözde on bin saati bir uzman olmak için nasıl geçirdin?

Alex: Evdeyken, bizi okula götürürken vs. sürekli radyo dinleyen annemle büyüdüm. Müzik her zaman hayatımın büyük bir parçası olmuştur. Yazı yazmaya nazaran iyi bir şarkı yazabilmek için öğrenilecek çok daha fazla şey var; aynı şekilde yazarlar size, eğer iyi bir yazar olmak istiyorsanız çok okumanız gerektiğini söyleyecektir.

Kendini Seç

Bir sanatçı olarak, gelişmede en sevdiğim kısım, zamanımı müzik dinleyerek geçirmek; Michael Jackson'ın her bir şarkısını dinlerken benzerliklere ve modellere bakmayı, yapım müziğine, stil çeşitliliğine bakmayı; melodiyi oluşturan koronun grafiklerini çizmeyi öğrendim, böylece görsel olarak şarkının hareketlerini ve parçadan parçaya çeşitliliğini görebiliyorum. On üç yaşındayken şarkı yazmaya başladım. On yedi yaşına geldiğimde kötü olmayan şarkılar yazmaya başladım. "Forever Yours"u yazdığımda yirmi iki ve geçen yıl geri kalan şarkı koleksiyonumu yazdığımda yirmi üç yaşındaydım. Bunu on yıldır yapıyorum ve biliyorum ki hâlâ öğrenecek çok şeyim var. En heyecan verici olan şey ise –bu yıl yaptığım ve geçen yıl yaptığım şarkılardaki farklılıkları duymak, sonra da "GELECEK yıl ne yapacağım acaba?" diye düşünmek– her zaman büyümek için yer vardır ve bu heyecan vericidir.

Ben: Müziğin dışında hayranlarınla nasıl ilişki kuruyorsun? Seth Godin'in konuşmasında bahsettiği üzere, nasıl "kabile kuruyorsun"?

Alex: Sadece YouTube'la. Twitter ve Facebook hesaplarım var çünkü biraz da bunların olması gerekiyormuş gibi hissediyorum, çünkü buradaki insanlara ulaşmaya ihtiyacım var. Bu oralarda otomatik pilotta olduğum anlamına gelmiyor ama zaten onları kullanmamayı tercih ederdim aslında. Bir sebebi de şu an için gerekli olması, şöyle ki kendi adıma yaptığım şeyi destekleyecek insanlara "gerçek hayat"ta yeteri kadar ulaşamıyorum; ancak Twitter ve Facebook hesaplarım son derece etkili çalışıyorlar, yaptıklarımı güncel olarak insanlara aktarıyorlar. Kişisel iletişim olarak ise, tamamen YouTube. YouTube'u seviyorum. O kadar yaratıcı bir market ki yedi yıldır videolar yapıyorum ve bundan hiç sıkılmadım, her zaman düzenli olarak haftada bir veya iki video koyuyorum.

YouTube'un, Twitter, Facebook ve Tumblr (Tumblr'ım da var ama diğerleri gibi nasıl kullanacağımı bilmiyorum) seviyesinde önemli bir sosyal etken sayılmaması beni gerçekten üzüyor – YouTube'u anlıyorum ve benim tüm hayatımı değiştirdi. Esas mesele şu; daima müzik hakkında konuşmuyorum; aslında müzik videoları ile müzik olmayan videoların oranını 1/3 olarak tutmaya çalışıyorum. Diğer YouTube sanatçıları tüm zamanlarını şarkıları yorumlayarak veya turlardan videolarla harcıyorlar ancak bu, bu kanaldan alacağınız zevkin o kişinin müziğini beğenmenize ya da beğenmemenize indirgenmesi demek. Daha yeni bir müzik videosu yayınladım ve yorumların çoğunda, "Hiç sesini dinlememiştim/müziğini daha önceden beğenmemiştim fakat bu şarkıyı gerçekten sevdim," yazmışlar ve bunlar uzun süredir sayfama kayıtlı olan insanlar. Sayfamda kalıyorlar çünkü onlara başka şeyler de sunabiliyorum ancak bu aynı zamanda her yeni şarkıyı dinledikleri ama bazen beğendikleri anlamına geliyor.

Sekiz Numaralı Ders: Sosyal medya marketinizi seçin ve onda uzmanlaşın. Sadece sanat dalınızda uzmanlaşmanız yeterli değil. Bazı sosyal araçlar, hayran ilişkileri vs. yoluyla nasıl yayılacağınız konusunda da şahsen uzmanlaşmalısınız.

İtiraf ediyorum, Alex'i kıskanıyorum. Büyük bir hayranıyım.

Benim için zor olan, Dokuz Numaralı Ders: Büyük hayranlarınızla konuşun.

Alex'i, 2006'dan, yani on yedi yaşından beri kendisini seçmeye devam ettiği ve para dâhil olmak üzere ayrıntıları ve bunu nasıl başardığını açıklamakta utangaç olmadığı için tebrik ediyoruz. Alex bir istisna, şu an için genel düsturun da istisnası. Ancak bu çok uzun sürmeyecek. Süremez. Çünkü nihayetinde her insan, yaşadığımız ekonomi içerisinde benzer bir yolu izlemek zorunda kalacak. Alex, bu yolda ilk adımı atmak için asla çok genç olmadığınızı kanıtlıyor.

SEKSİ GÖRÜNTÜNÜN TUHAF HİKÂYESİ

Bir keresinde, bir blog yazımın Facebook'ta linkini paylaşırken, yukarıda bulunan plajdaki kadın görüntüsünü kullanmıştım. Biri beni yazılarımı desteklemek için daima yarı çıplak kadınları kullanmakla suçladı.

Haklıydı. Ancak aynı zamanda, resimdeki insanın fiziksel başarısına dikkat çekiyordum. Asla benim veya "yarı–çıplaklık" eleştirmenlerinin olamayacağı bir şekilde. Bu arada, teknik olarak kadının sadece *yüzde doksanı* çıplak. İşte o kadar.

BU paylaşımla ilgili yorumlarda komik olan, birinin kalkıp, "Neden hep yarı–çıplak kadınların resimlerini paylaşıyorsun?" diye sormasıydı.

İlk olarak, ne zamandan beri yarı–çıplak kadın resmi paylaşmak olağan dışı oldu? Birçok erkek VE kadın dergisi bunu yapıyor. Belli ki insanoğlunun bakmayı sevdiği bir görüntü.

İkinci olarak, yorum yaptığın yazıyı okudun mu?

Son olarak, beni eleştirenlere cevap vermek üzere, resimdeki kadının kendisi bizzat bana yazdı.

İsmi Dashama. Yoga kursları sunduğu www.dashama.com adresinden ona ulaşabilirsiniz. O resimdeki pozisyonu –buna Kapotasana veya "Kral Güvercin Duruşu" deniyor– yapabileceğini düşünen herkesi ondan ders alması ve daha iyisini denemesi için cesaretlendiriyorum.

İlk etapta, sanırım izni olmaksızın resmini kullandığım için beni dava etmemesinden dolayı rahatladım. Ancak mesajını okuyunca, Dashama'nın bu kitapta bahsedilen birçok insan gibi olduğunu görmek ilgimi çekti; toplumun aşıladığı dış bariyerlerden bu noktaya gelmemişti; kurduğu iç sağlık temeli, sadece fiziksel rahatsızlıklarını iyileştirmemiş, aynı zamanda bir iş ve çoğumuzun sadece hayal edebileceği bir hayat yaratmıştı.

Dashama şunları yazdı:

Sevgili James,

Bir arkadaşım, yoga fotoğrafım olan makalenin yer aldığı bağlantıyı bana gönderdi. Tüm makaleyi ve ayrıca çeşitli konularda yazdığın diğer yaklaşık sekiz makaleyi daha okudum. Yazma şeklini, kıvamında mizah anlayışı ve okuyucuyu sonuna kadar tutan gerçekliğiyle, hem okunması kolay, hem de etkileşimli buldum. Kısacası, iyi bir yazarsın:)

James Altucher

Çıplaklık çevresinde dönen tartışma her zaman ilgi çekici bir konudur ve fotoğrafıma yazdığın cevabı da bir süre düşündüm.

Son 10 yıldır, "insanlar yargıda bulunduğunda beni etkilemiyor" kaslarımı güçlendiriyordum, zira bir sevginin özgün alanıyla dünyada olumlu bir farklılık yarattığımı biliyorum. Koruyucu bir ailenin yanında sağlıksız bir şekilde geçirdim çocukluğumu, yani şu an hayatta olmam bile her gün bir mucize. On yıl önce omurgamda eğrilmeye sebep olan korkunç bir trafik kazası geçirmiş olduğumu düşünürsek, bacaklarımı başımın arkasına koyabilmem ve ellerimin üzerinde dengeleyebilmem tahmin edebildiğinden daha mucizevî bir şey. Konuştuğum her doktor bunu düzeltmek için yapabileceğim hiçbir şey olmadığını söylediğinde, tüm alternatif seçenekleri araştırdım. Şimdi, neredeyse on yıl boyunca kendimi iyileştirdikten sonra, yorumlarında bahsettiğin gibi birçok insanın yalnızca hayal edebileceği bazı mucizevî şeyleri vücudumla yapabiliyorum.

Kişisel iyileşme tecrübemin fiziksel mucizesinin yanında, hayallerimi yaşayabiliyor ve kariyer olarak sevdiğim işi yapıyor olmam benim için çok daha ilham verici. Bir ofis işinde kabinde oturarak çalıştığım bir süreç vardı, hayatımdan nefret ediyordum. Kendimi ve çevremdeki herkesi yargılıyordum ve olumsuzluklara odaklanmıştım. Yapmayı sevdiğim şeye karar vermek ve onunla kariyer yapmaya başlamak kocaman bir inanç sıçramasıydı. Beni gücümden ve kendimi özgün bir şekilde ifade edişimden uzak tutan kısıtlayıcı inanç sistemlerini aşabileceğim noktaya gelmemi sağlayana dek iç çalışmamın kişisel gelişimi de beş yılımı daha aldı. Geri kalanı, erkek egemen bir dünyada bekâr bir kadının bir işi nasıl idare edeceğine ilişkin derin bir öğrenimdi; bu sularda yol bulmak kolay bir iş olmadı.

Tüm bu zorluklara rağmen, hayatımdaki en iyi kararımdı. Bu yatırımın bana getirisi keyif payları olarak ödendi, para olarak değil

Kendini Seç

ancak bunu bankaya koyacağım ve sadece faturalarımı ödemek için ruhumu öldürdüğüm günleri nakde çevireceğim.

Bu bana daha da çok ilham verdi. Tüm kalbim ve ruhumla biliyorum ki HER ŞEY MÜMKÜN.

Durup başka birilerinin bizim için düşündüğü veya söylediği her şeyi kontrol ettiğimizde, kendi keyfimizden ve mutluluğumuzdan çalıyoruz.

Bu, durdurulması gereken trajik bir döngü.

Yıllar önce Gabrielle Reese'in, bir profesyonel atlet, bikini modeli, anne ve Sörf Tanrısı Laird Hamilton'ın eşi olmanın baskılarıyla nasıl başa çıktığını anlatan bir röportajını okumuştum. "Daima hayatınızdaki insanların yüzde otuzu sizi sevenler, yüzde otuzu sizden nefret edenler ve yüzde otuzu sizi umursamayanlardan oluşacak," demişti. Bunu duyduğumda, tüm dünya görüşüm değişti.

Aniden, biri beni sevmediğinde veya yaptığım bir şeyi olumsuz olarak etkilediğinde, tamam, bu ne yaparsam yapayım, ne söylersem söyleyeyim beni sevmeyecek yüzde otuzluk kısımdan, demeye başladım. Güzel! Şimdi, beni seven hayranlarım ve arkadaşlarımdan gelen sevgi ve refah desteğinin bolluğu üzerine odaklanabilir ve herkesi eşit olarak sevebilirim. Dava kapanmıştır. Devam ediyorum. Çok teşekkür ederim.

Kısaca mesajım şu: Sınırlayıcı inanış katmanlarının arkasında sakladığın parlayan bir elmas tarafından şaşırtılmış olabilirsin. Sen güzelsin. Sen zaten ham bir mükemmelliksin; belki de şimdi kendini parlatma zamanıdır, seni çılgın elmas! Umarım cennette bir gün karşılaşabiliriz.

Sevgiler, Şükranlar ve Namaste,[27]

Dashama

---

27 Hintçede hem selamlama hem de vedalaşma için kullanılabilen bir ifadedir ve genel itibarıyla, "İçindeki kutsal varlığa selam olsun," anlamında kullanılır. (ç. n.)

Dashama kesinlikle haklı. Bunu hayatta devamlı gördüm: Kim olduğunuzun önemi yok, ne yaptığınızın önemi yok, dinleyicilerinizin kim olduğunun önemi yok: Yüzde otuz bunu sevecek, yüzde otuz nefret edecek ve yüzde otuz umursamayacak. Sizi seven insanlara yapışın ve diğerleriyle bir saniye bile vakit harcamayın. Hayat bu şekilde daha iyi olacaktır.

Bu da beni şu noktaya getiriyor...

SÜPERMEN'DEN ÖĞRENDİKLERİM

Yataktan sıçradım, havada uçtum ve ayağımın üzerine ters iniş yapıp kırdım. Altı yaşındaydım ve ben bebekken güneşi patlayan Kripton gezegeninden olduğumu ve beni tam olarak anlamayan insanlarla dolu bir gezegene yetim bıraktıklarını gösteren her emare vardı.

Üzerimde pelerinim (Süpermen battaniyem) vardı. Yeryüzünün zayıf çekim kuvveti beni durduramazdı. Beni hiçbir şey durduramazdı. Annem banliyö evimizin öbür ucundan kemiğin çıtırdadığını duyduğunu iddia ediyor. *Çatırt!* Yere indim. Bu olmuş olabilirdi. Duymuş olabilirdi.

Alçıyla gezmek zorundaydım. Birinci sınıfın ilk günü, yeni okulumda "o çocuktum". Topallayan çocuk. Alçısı olan çocuk. Bilirsiniz işte, muhtemelen birlikte takılacağınız çocuk, çünkü birinci sınıfta resmen okulun en havalı çocuğu olmaya yönelmiştim. Günün sonunda, alçımın içinde bir kaşıntı hissettim. Acı veriyordu. Hava yağmurluydu. Öğretmenim Bayan Klecor, gün bitene kadar ismimizi hecelemezsek gitmemize ve otobüse yetişmemize izin vermeyecekti. Bu ödev için kötü bir ismim vardı: Altucher. Otobüsü kaçıracağıma emindim. Sona kalmıştım. Ağlamaya başladım. Çünkü okuldan sonra alçımı çıkartacaktım. Ancak eğer ismimi heceleyemez ve otobüsü kaçırırsam bu olmayacaktı.

Neredeyse otuz yıl sonra, hâlâ Süpermen'im.

Daha ziyade, Clark Kent gibi sakarım. Gözlüklerim var. Siyah saçlarım var. Topluluk içerisinde genelde utangacım. İnsanlar genelde bana gülerler. Birçok insan gibi sakladığım gizli bir kimliğim var. Lois Lane'i bana yaklaştırıp adım adım ortaya çıkan bir kimlik. Yine de her şeyi açıklarsam, kendimi hapishanede, hastanede ya da bir enstitüde bulabilirim, insanlar benden normalde nefret ettiklerinden daha fazla nefret edebilir, Claudia beni terk edebilir ya da var olan gerçeklikten faydalanan diğer insanlar bunlardan gerçekten kötü incinebilirler. İşte benim gizli kimliğim bu.

Dört yaşından kırk dört yaşına kadar, Süpermen'i okudum. Eğer bu kitabı yazıyor olmasaydım, bugün oturur ve DC Comics'e sunmak üzere elli tane senaryo taslağı yazardım.

Süpermen'in hikâyesi neden bu kadar çekici? Tabii ki de hepimizin Süpermen olduğu fikrinden dolayı. Hepimiz utangaç ve tuhafız, AH İNSANLAR BİR BİLSEYDİ gerçekte kim olduğumuzu. Kostümün ve gözlüklerin altındaki kişiyi – ovayı yaran, parlak renkleri ortaya çıkartmak için beyaz gömleğini yırtan kişiyi, süper güçlerini, inanılmaz zekâsını, kibarlığını, ahlaki ve fiziksel gücünü.

Bu sona ermek zorunda değil. Çocukluktan yetişkinliğe geçerken bize gençliğimizden kalan hikâyeleri geride bırakmamız öğretildi. Bu tavsiyeyi dinlemeyin. Gençliğinizin hikâyeleri, eğer hepimiz içimizdeki cevhere tutunursak, bize bir süper kahraman gibi dünyaya yön vermede yardım edebilir. Yeni süper kahramanlar Kendini Seçenlerdir. Asla Kripton mirasını kaybetmeyenler.

Hâlâ gizli bir kimliğiniz olduğunu anlayarak başlayın. Bunu kabul edin. Her gün uyanın ve kendinize, "Ben bir süper kahramanım – bugün dünyayı kurtarmak için ne yapabilirim?" diyin. Cevaplar belirecektir. Fırsatları görmeye başlayacaksınız. Bir sonraki adımı bulacaksınız. Arabayı nasıl kaldırırsınız, X ışınlı gözlerinizi kimsenin mümkün olduğunu düşünmediği çözümler için nasıl kullanırsınız.

Eğer bir düşünürseniz, Süpermen'in aslında çok da faydalı güçleri yok. Hepimiz aynı güce sahibiz ancak bunu kabul etmeye çekiniyoruz. İnsanlar daima Batman'in hiç güçleri yok ama Süpermen'in var diyor. Ancak gerçekte durum bunun tam tersi. Bir düşünün: Süper kuvvetli olmaya ne zaman ihtiyaç duydunuz? Yakın bir zamanda gerçekten bir arabayı kaldırdınız mı? Tabii ki de hayır. Işın gözler? Ne için? Benim bir mikrodalga fırınım var. X ışınlı görüş? Dünyadaki en güzel kadını istediğim herhangi bir zaman çıplak görebiliyorum. Komşularımın tamamı, kıyafetleriyle bile gudubet. Hepimizin bildiği üzere kadınlar, mini kıyafetlerle çıplak hallerinden daha seksiler. Süper duyuş gücü? Herkesin hakkımda ne düşündüğünü zaten biliyorum. Bence düşündüklerini bildiğim şeyi söylediklerini duymak korkunç olurdu.

Başka ne olabilir? Ah evet, uçmak. Nereye uçardınız? İnsanlar da sizi izlerdi. Kuşların arasına kaçardınız ve sinekleri yerdiniz. Iyy. Boş verin. Ben uçmuyorum. Hatta sürücü ehliyetim bile yok. Ben yürüyeceğim. Veya trene binip, iPad'imden film izleyeceğim. Ah, kurşunlar da Süpermen'e etki etmiyor. Dürüst olmak gerekirse, şimdiye kadar kimse beni vurmadı, yani bu benim için çok faydalı bir süper güç değilmiş gibi görünüyor.

Ancak gizli güçlere sahip olan Süpermen olduğumu bilmek beni mutlu ediyor. BEN Süpermen'im. Dünyalıların endişelerinin ötesindeyim. Şuna inanıyorum ki benim içimde olan her şey benim süper gücümdür. Benim sırrım bu. Bu sırrın gücü var.

İhtiyacınız olan tek süper güç, uyandığınız andan uyuduğunuz ana kadar sizi, "Bugün hangi hayatı kurtarabilirim?" diye sormaya zorlayan düzenli olarak yaptığınız davranıştır. Bu bir alıştırmadır. Daima bunu unutuyoruz. Buna direniyoruz. Hayatları kurtarmak yerine kendimizi kurtarmak için çok fazla endişeleniyoruz. "Faturaları nasıl ödeyeceğim?" "Patronumun hakkımda söylediği kötü şeyler için ne yapacağım?" İşte bu şekilde devam ediyor.

Kendini Seç

Bunun yerine, size verilen süper güçle tüm gün en azından bir hayat kurtarmayı deneyin. Bunu bir deneyin. Yarın uyanıp, "Bugün en az bir hayat kurtaracağım," diyin. Yaşlı bir kadına karşıdan karşıya geçmesine yardım etmek olsa bile. Bir e–postaya cevap vermek ve birinin hayatını kurtaracak önemli bir karar almasına yardım etmek olsa bile. Uzakta olan bir arkadaşa ulaşıp, "Nasıl gidiyor?" diye sormak olsa bile, bu onların hayatını kurtarabilir. Bugün bir hayat kurtarabilirsiniz. Bunu yapmadan güneşin batmasına izin vermeyin. Siz Süpermen'siniz.

Süpermen üst düzey bir yogacı. Esneklik sebebiyle değil. Muhtemelen pek esnek değildir aslında, eklemleri ve kasları süper serttir. Ancak o, yoganın temel prensiplerini gayet iyi takip ediyor. Yapmak zorunda kalmadıkça kimseye zarar vermiyor. Yalan söylemiyor (gizli kimliği dışında, bunu da diğerlerine zarar gelmemesi için saklı tutuyor). Asla hiçbir şeyi sahiplenmiyor. (Neden bir şeyi sahiplensin ki –benim gibi– istediği herhangi bir zaman herhangi bir şeye sahip olabilir.) "Brahmacharya" –bir tür kendini kontrol etme şekli– alıştırması yapıyor, güzel Lois Lane'le ilişkisi dışında tabii. Napoleon Hill bile *Düşün ve Zengin Ol* adlı klasiğinde bu konuda tam bir bölüm yazmıştır. Süpermen aynı zamanda "santosha"/gönlünü ferah tutuyor gibi görünmektedir. Asla geçmişindeki kine takılmıyor gibi görünüyor. Onu geleceği hakkında endişelenirken hiç görmedim. Bu açıdan Süpermen olamadım her zaman. Ama bugün, ŞİMDİ tek önemsediğim şey bu.

Ayrıca Süpermen'in sahip olduğu biçimde arkadaşlıklara sahip olmaya çalışıyorum. O bir barda Lex Luthor'la takılmaz. Süpermen sadece Süper Arkadaşlarla arkadaşlık eder: Flash, Siyah Kanarya, Wonder Woman, Batman. Hepsinin gizli kimlikleri var. Dünyanın gerçekten dengeden çıktığını görüyorlar. Hepsi sahip oldukları güçleri iyiye ve dünyaya yeniden dengeyi getirmeye kullanıyor. Benim tüm arkadaşlarım da süper kahramanlar. Her bir arkadaşımın farklı bir süper gücü var. Bunlar harika güçler ve bu güçleri iş üstünde gördüğümde kutsanıyorum. Bazıları bir zamanlar kötü adamlara katıldılar, onlar artık benim arkadaşlarım değiller. Ben hayat kurtarmakla meşgulüm. Kötü arkadaşlara ihtiyacım yok.

Kırk dört yaşındayım şimdi. Uçabileceğimi kanıtlamak için yatağın üzerinden zıplamama artık gerek yok. Biliyorum ki bugün bir hayat kurtaracağım. Kimse gerçekte kim olduğumu anlamayacak. Ancak size şunu söyleyeceğim: Ben Kal–El'im ve yitip gitmiş Kripton gezegenindenim.

BÜTÜN BİR ÜLKENİN ÖZGÜRLÜĞÜ İÇİN GANDİ KENDİNİ SEÇTİ

İlk olarak, iki küçük hikâye:

#1: Bir kadın oğluyla birlikte epey mil yürür ve günler sonra Gandi'ye gelir. Oğlunun sağlığı için çok endişelenmektedir çünkü oğlu çok fazla şeker yemektedir. Gandi'ye gelir ve der ki: "Lütfen, efendim, oğluma şeker yemeyi bırakmasını söyleyebilir misiniz?"

Gandi ona bakıp biraz düşündükten sonra, "Tamam ama bugün değil. Onu iki hafta sonra yine getir," der.

Kendini Seç

Kadın hayal kırıklığına uğrar, oğlunu alıp eve döner. İki hafta sonra kadın tekrardan aynı yolculuğa çıkar ve oğluyla birlikte Gandi'ye gider.

Gandi çocuğa, "Şeker yemeyi bırakmalısın. Bu senin için çok zararlı," der.

Çocuk, Gandi'ye o kadar saygı duyuyordur ki şeker yemeyi bırakır ve sağlıklı bir hayat yaşar.

Kadın şaşırır ve şöyle sorar: "Gandi, lütfen bana söyleyin: Neden bana oğlumu tekrar getirmem için iki hafta beklememi söylediniz?"

"Çünkü oğluna şeker yemeyi bırakmasını söyleyebilmem için, önce benim şeker yemeyi bırakmam gerekiyordu," der Gandi.

#2: Gandi'nin finansal destekçilerinden biri bir gün, "Gandi'yi fakir tutmak çok pahalıya mal oluyor," demiştir. Sonuç olarak, finansal destekçileri Gandi üzerinde bir etkileri olduğunu hissettiler sanıyorum. Ancak ruhani lider için para bir anlam ifade etmemektedir.

Bir keresinde Gandi bir grup destekçisine, "Günde bir saatimi meditasyon yapmaya ayırmaya ihtiyacım var," demiştir.

Destekçilerinden biri ise, "Ah hayır, bunu yapamazsınız! Gandi, çok meşgulsünüz," demiştir.

Gandi de, "İyi o zaman, şimdi günde iki saatimi meditasyona ayırmalıyım," demiştir.

Bundan çıkarılacak beş ders:

A) Hiç kimse size ne yapacağınızı söyleyemez. Size ne ödediklerinin önemi yok. Onlara borçlu olduğunuzu hissettiğiniz yükümlülüklerin ne olduğunun önemi yok. Her saniye sizi tanımlıyor. Kim iseniz o olun, bir başkasının olduğu kişi değil veya diğerlerinin olmanızı istediği kişi değil. Örneğin, yatırımcılara, müşterilere, ortaklara, çalışanlara ve rakiplere sahip bir girişimci. Herkes onun kazancını duymak istiyor. Ancak sadece siz dünyayı fikirlerinizle değiştirebilirsiniz.

B) Eğer Gandi, gerçekten çok meşgul olsaydı, o zaman bu ruhsal hayatına yeteri kadar vakit ayıramadığı anlamına gelirdi. Bu noktada, destekçisi istemeden de olsa onu daha fazla zamanını sessizliğe ve düşüncelere dalmaya ayırmaya ikna etti. Ses, faaliyet ve hareket sessizliğin arasından taşıp patlamaktadır. Bu hiçlikten gelen Büyük Patlama ve tüm yaratılmışların ortaya çıkışıydı. Gerçekliğin gölgesinde saklananlar, yalnızca düşüncelere dalma yoluyla ortaya çıkar ve ancak bu şekilde doğru adım atılabilir. Gandi bunu biliyordu ve tek başına bir imparatorluğu çökertti. Bu sadece aktif olarak yaratan birinin durgunluğuyla olabilir.

C) İlk elden bilmediğim konular hakkında herhangi bir tavsiye vermem. Bazen kendimi politik bir tartışmanın içerisinde buluyorum ve neyi fark ediyorum biliyor musunuz? Aslında o konu hakkında hiçbir şey bilmiyorum. Haliyle vazgeçiyorum. Veya birileri bana Twitter'ın (Her perşembe saat 15.30 ve 16.30 arasında gerçekleşen) Soru ve Cevap kısmında soru sorduğu zaman, hiçbir şey söylemiyorum ta ki kişisel olarak tecrübe edene veya önerdiğim tavsiyeyi görene kadar.

D) Şeker kötüdür. Karbonhidrat birçok işlemden geçerek şekere dönüştüğünden beri, eğer sağlıklı yaşamak istiyorsanız bunların hepsi sizin için zararlıdır. Neredeyse dışarıdaki her bir hastalık iltihaplanmalardan ve fazla kilolardan gelmektedir. Fazla kilolar, vücudun çok hızlı parçaladığı ve sindirmeyi unuttuğu şekerden gelmektedir. Daha önceden bahsettiğim Ramit Sethi'nin konuşmasında, disiplini nasıl oluşturacağınız konusuna örnek olarak dişlerin diş ipiyle temizlenmesini vermesi tesadüf değildir. Bu sadece disiplinle ilgili değil, sağlıkla da ilgili. Dişleri diş ipiyle temizlemek, şekerin vücudunuza yaptıklarına karşı savunmanın ilk adımı.

E) Hiçbir şey kendinizi geliştirmenizden önemli değil. Birçok insan, "onların" dünyayı yerle bir eden bir çeşit kötü güç olduğunu, "onları" yenerse dünyayı kurtaracağını düşünür. Ancak dünyayı bir kez "bize" karşı "onlar" şeklinde kategorilere bölerseniz, siz de aniden "onlar" haline gelirsiniz ve gerçekte olduğunuz kişiyle bağlantınızı kaybedersiniz. Daha sonra beni internetteki lanet olası bir şerefsiz olarak adlandırırsınız.

Kendini Seç

Toplum bireylerden oluşur. Toplumu geliştirmenin tek yolu, ona biraz daha derinden, bireylerin memnuniyetinden yaklaşmaktır. Bunu yapmanın tek yolu, sadece sessiz olarak uzun zaman harcamaktır. Gerçek sizin kim olduğunu bulun. Kendinize sorun, düşündüğüm bu düşünceleri ne yaratıyor? Onlar sizin düşünceleriniz değil. Bu sadece biyolojik beyninizin sizin önünde dans etmesidir. "Siz" kimsiniz de onlar önünüzde dans ediyor? Bunun cevabını bulun ve *sonrasında* dünyayı kurtarabilirsiniz.

Dünya, mücadelelerle dolu olmak için vardır. Gandi, "Gandi" isimli vücuttan daha derin olan, dünyayı kurtarması gereken, gerçek "kendisini" tanımlarsa, ancak o zaman etkili olabileceğini biliyordu. Gandi ne yapmış olursa olsun Hindistan artık karışmış durumda fakat Gandi yaşarken bir işaret ışığı olduğunu kanıtladı.

Bu iki hikâye de tamamen farklı görünmelerine rağmen aynı şey hakkındadır. Gandi kendisini seçmiştir. Bir defasında şöyle demiştir: "Dünyada değişim görmek istiyorsanız, önce kendinizi değiştirmelisiniz."

Her gün bu sözle yaşamaya uğraşıyorum. Umarım siz de yapabilirsiniz.

WOODY ALLEN'DAN ÖĞRENDİĞİM DOKUZ ŞEY

▶ *Bu alıştırmayı deneyin:* Herkes bu gezegene size bir şeyler öğretmeye gelmiş gibi davranın. Ünlü insanlar, ölmüş insanlar, komşularınız, akrabalarınız, iş arkadaşlarınız. Bu size güçlü bir alçak gönüllülük hissi verecektir. Bilin bakalım ne olacak; insanlardan bir şeyler öğreneceksiniz, onları daha fazla takdir edeceksiniz ve onlar da sizi daha fazla takdir edecekler. Çünkü herkes size bir şeyler öğretmeyi sever.

Amerikan endüstrisinin bazı titanlarının size başarısızlık üzerine neler öğretebileceğini bir düşünün. İnsan ırkının başlangıcından beri başarılı olan herkes, başarısızlıkla mücadele etmeye başladı. Sıfırdan başlamak zorunda kaldı – hem de birden fazla kez. İlk araba şirketi iflas eden Henry Ford veya ilk seferinde Hilton otelleriyle iflas eden Conrad Hilton veya klasik bir örnek olarak, başarıya ulaşmadan önce ampulünün bin versiyonunu deneyen Thomas Edison bile.

Ancak ben daha sıradan bir örnekle başlayacağım. Hayatı boyunca ne isterse yapmış ve hayatını, sanatını ve kariyerini tam olarak istediğini yaparak oluşturmuş biriyle: Woody Allen.

Kendini Seç

Woody Allen'dan nefret ederim. Sebebi şu: Çünkü eğer Musevi ve biraz da sinir hastasıysanız –Woody Allen gibi– bunun kadınları etkileyeceğini düşünerek kendinizi "Woddy Allen–vari" olarak tanımlamanız klişe olmaya başlıyor. Randevu servislerinde her zaman bu olur. Fikir şudur; tüm nevrozunuza ve her zaman seks istemenize rağmen sizi sevecek "Mia Farrow–umsu" (veya Manhattan'dan 17 yaşındaki Mariel Hemingway gibi) sarışınları etkileyeceksinizdir.

Bu sadece Woody Allen filmlerinde olur. Ona güç verir. Eğer Mariel Hemingway onunla daima sevişmek istiyorsa, o zaman problem yok. Filmleri o yazıp yönetiyor. Onlarda her ne isterse yapabilir. İnanmak ya da inanmamak size kalmış.

İnsanlar buna inanıyor. Hem de birçoğu.

Allen yılda bir veya iki yeni film çıkartıyor. Hiçbiri, *Yıldız Savaşları* veya *Harry Potter*'ın devasa bütçeleriyle yarışamaz. Ama anlaşılan o ki bu durum stüdyosunu pek ilgilendirmiyor. Ona 10 milyon dolar veriyorlar, filmler 20 milyon kazandırıyor, herkes mutlu oluyor ve Allen yaptığı şeyi yapmaya devam ediyor.

Bir şeyler öğrenebileceğimiz oldukça fazla eseri var. Neden ondan öğrenelim? Çünkü diğerlerinin onunla ilgili sahip olduğu fikirleri bir kenara bırakırsak, onun bir dâhi olduğu aşikâr (üstelik onu sadece işinden dolayı tanıyorum. Kişisel hayatını hiç bilmiyorum.) Onun, bir sanatçı ve mucit olarak, nasıl geliştiğini görmek ilgi çekici. Onun kendine özgü mizahının nasıl değiştiğini, gerçeği daha fazla çarpıtarak hayal gücümüzü nasıl esnettiğini görmek. O her zaman ileri atılır ve diğer yeniliklerin başında yer alır. Aynı şeyi arayan insanlar için, Allen incelemeye değer.

Ondan öğrendiğim birkaç şey:

1. Başarısızlık. Hatırladığım eski anılarımdan biri, ailem sinemaya gittiğinde bebek bakıcılığı yapmamdır. Eve döndüklerinde onlara ne izlediklerini sordum ve onlar da adamın birinin uyuyup dev bir burnun dünyayı yönettiği bir gelecekte uyandığı filmi anlattılar. Woody Allen başlangıçtan beri oradaydı benim için. Daha geçen gün, (son derece Woody Allen-vari değilmiş gibi görünen, ancak sanal "Woody Allen" karakterini gayet iyi oynayan) Owen Wilson'ın oynadığı *Paris'te Gece Yarısı* filmini izledim. Film, sanat tarihini, hiçbir sanatın nasıl kendiliğinden var olmadığını, daima kendinden evvelki sanatçı nesillerinden etkilendiğini ve binlerce değilse de yüzlerce yıl önceye dayandığını inceliyor. Onun baş yapıtlarından biri.

Ancak filmlerinden bazıları ise korkunç. O da bunu kabul ediyor. 1976 yılında, *Rolling Stone* dergisinde yayınlanan bir röportajında şöyle demişti: "Halk için biraz başarısız olabilirim... Yapmak istediğim şey, kendime çok güvenmediğim ve çok da iyi olmadığım bazı alanlara girmek."

Daha da ayrıntıya giriyor. Marx Brothers gibi olabileceğini ve her yıl aynı komedi filmini yapabileceğini kabul ediyor. Ancak bunu yapmak istemiyor. Onun için gelişmek önemli. Başarısızlık riskini almak. Herkesin gözü önünde başarısızlık riskini almak. İlk slapstick komedisi[28] *200 Yıl Sonra*'dan, daha esrarengiz filmler olan *Suçlar ve Kabahatler* ve *Maç Sayısı* filmlerine kadar, tüm filmlerinde bunu yapmıştır.

Woody Allen, hayal edebileceğimiz her şekilde –kişisel, mesleki vs.– nefes kesici bir şekilde başarısız oldu. Yine de her zaman ilerlemeye, bizi tekrar tekrar şaşırtmaya ve vazgeçmek yerine daha başarılı olmaya devam etti.

2. Kâhinlik. 1977'de *Washington Post*'a verdiği röportajında şöyle dedi: "Biz muhtemelen bir çağın sonunda yaşıyoruz. Bence evde film izlemenin arzulandığı kadar kolay ve ekonomik olması an meselesi."

---

28 Slapstick komedi, Charlie Chaplin serisinde olduğu gibi sanatçıların abartılı, genellikle dikkatsizce veya mantıksızca hareketler yaptığı bir tür komedidir. Slapstick komedi unsurları özellikle iki dünya savaşı arasında yaygınlaşan Amerikan komedi filmlerinde sıklıkla görülür. (ç. n.)

Kendini Seç

Geçtiğimiz üç gün boyunca, iPad'imden üç tane Woody Allen filmi izledim. Filmlerini yaparken kullandığı teknoloji değişti mi bilmiyorum. Ama sıradan seyircinin gönlüne hitap etmese bile, tek bir forma veya tarza bağlı kalmamış. Yaratıcı olmak ve günümüz dünyasında ayakta durmak için mutlaka, ortaya koyduğunuz sanatsal tecrübelerinizi çeşitlendirmelisiniz.

3. Esneklik. Hatalarını hemen anlayan ve işini buna göre düzelten (şu sıralar herkesin dilindeki slogan şu; bu girişimciler nasıl "çark edeceğini" biliyor) Kendini Seçenleri takdir ediyoruz. Allen, genellikle kapsamlı bir taslak, bir çeşit senaryoyla başlar ancak bu film boyunca değişir. 1978'de Ira Halberstadt'la yaptığı bir röportajında şöyle der; "Bana göre bir film biyolojik bir varlık gibi büyüyüp gelişir. Ben senaryoyu yazarım ve sonra kendiliğinden değişir. İnsanların geldiğini görürüm ve sonra karar veririm... O noktada değişir. Eğer Keaton o satırları yapmak istemezse ve ben de bunları yapmak istemezsem değişir – yer değiştiririz. Milyonlarca sebepten ötürü değişir."

Bir girişimci, girişimci-işveren. Genel olarak, tüm ilişkiler genelde yer değiştirir ve dönüşüme uğrar. Hayatta belli şeyleri –üniversite diploması, beyaz çitli ev, terfi, aile– isteyerek yola çıkarsınız ama işler değişir. Buna uyum sağlamak ve esnek olmak zorundasınız.

4. Üretkenlik. Aşağı yukarı her yıl bir film, aynı zamanda oyunlar, dergi hikâyeleri ve kitaplar çıkartmak, Woody Allen'ın gece gündüz çalıştığını düşündürüyor. 1980'deki bir röportajında, "Eğer günde sadece 3 ila 5 saat çalışırsanız, çok üretken olursunuz. Önemli olan istikrardır. Üretkenlik her gün daktilonun karşısına geçmektir," demiştir.

Röportajın devamında, gençken fevri patlamalarla bir şeyleri elde etmekten hoşlandığını ancak bunun "kötü bir alışkanlık" olduğunu öğrendiğinden ve erkenden kalkmayı, işini yapmayı ve sonra bir sonraki gün için bir kenara ayırmayı sevdiğinden bahseder.

Muhtemelen, en üretici program erken kalkmak – insanlar kapınızın önünde, telefonda, gelen kutunuzda vs. belirmeden işinizi yapmak ve tam da en çok devam etmek istediğiniz noktada bırakmaktır. Böylece ertesi gün başlamak sizin için daha kolay olacaktır.

Allen'ın bir komedi yazmasının bir ayını ve dram yazmasının üç ayını aldığını anlatan yeni bir röportaj okudum. Günde üç ila beş saat olmak üzere, bana *her gün* yazdığını gösteriyor bu; istikrarlı biri ve dikkat dağıtan şeylerle (partilere giderek, geç saatlere kadar dışarıda kalarak) zamanını boşa harcamıyor.

5. Dış uyarıcılardan uzak durmak. Bugünlerde her gün büyük bir hata yapıyorum. Şu döngüyle başlıyorum; e–posta, Twitter, Facebook, Amazon'daki sıralamam, bloğumun durumu, blog yorumlarım. Claudia, "Döngün hâlâ bitmedi mi?" diye bana soruyor. Bence bu sadece birkaç saniyemi almalı ancak aslında yirmi dakika kadar sürüyor. Muhtemelen bunu günde on defa yapıyorum. Bu 200 dakika eder. 3 saat 20 dakika. Pes!

Allen'ın *Annie Hall* için Oscar kazandığı zaman nerede olduğunu biliyor musunuz? Manhattan'daki Michael's Pub'da haftalık caz klarnet konserinde çalıyordu. Neden bir uçağa binip (sekiz saat) rahatsız olacağı bir partiye gitmiyor, (faturalarını ödeyen Hollywood şehrindeki itibarını artırmasına rağmen) bir ödül kazanmayı pek de önemsemiyor mu?

1982 yılında *Washington Post*'a verdiği bir röportajda, "Muhtemelen ben izlemezdim zaten," dedi, herkesin kamburlaşarak izleyiciler arasında, sadece kimin kazandığını görmek için saatlerce beklediğini biliyordu. Ayrıca Michael's Pub'da "çok güzel vakit" geçirmişti. Allen için, stresle izleyip beklemekten ziyade kendi zevki önce geliyordu.

Sonrasında eve gitti. Ön kapıdaki fotoğrafçıları atlatmak için Michael's Pub'ın arka kapısından çıktı ve "sütü ve kurabiyeleri" için gece yarısına doğru evindeydi. Sonra uyudu. TELEFONUN FİŞİNİ ÇEKTİ. Bunu bugünlerde kim yapar ki? Hem de yatakta iPad ve telefonla uyuduğumuz böyle bir çağda (veya "uyuduğum" demeliyim). Oscar gecesinde telefonunun fişini çekti ve uyudu. Sabah, kahvesini ve tostunu yaptı, *New York Times*'ı aldı ve sonunda eğlence kısmını açtı, orada Oscar kazandığını gördü. İnanılmaz. Kimse bakmazken bile umursamadı. Üretkenliğini (dış toplumsal uyarıcıların daimi akışı yüzünden üretkenlik eksikliği çeken birçoğumuzla kıyaslandığında) çok yüksek bir noktada sürdürme şekli işte böyleydi.

6. Kusurluluk. Allen, filmlerinin hiçbirinin tam olarak istediği gibi olmadığını birçok kez söylemiştir. Hep kusurlu olduklarını. O neredeyse kusurluluk mükemmeliyetçisi gibi. Bir şeylerin sadece doğru düzgün olmasını istiyor ve bu şekilde olmaları için çok uğraş veriyor. Ancak bunun asla olmayacağını biliyor.

Bununla beraber asla pes etmiyor. 1986'da, "Dışarı çıkıyoruz ve çekim yapıyoruz... Tekrar... Tekrar... Gerekirse tekrar. Bu şartlar altında bile tüm filmler kusurlu çıkıyor. Bu titiz şartlar altında tekrar tekrar çekim yapılsa da defolu çıkıyorlar. Hiçbiri mükemmele yaklaşmıyor," dedi. En nihayetinde de tüm filmlerinin "büyük hayal kırıklıkları" olduğunun kanıtı olduğunu söylüyor.

Yine de her zaman aynı şeyi tecrübe edeceğini bilerek dışarı çıkıyor, rahat rahat başarısız olduğu sınırları genişletiyor ve bunu tekrar yapıyor. Tekrar. Yapacağı hiçbir şeyin başlangıçta tasarladığı başyapıtı olmayacağını bilerek yapıyor.

Hiçbir şey tam olarak istediğimiz şekilde gerçekleşmez. Ancak buna katlanmayı ve sıradaki işe devam etmeyi öğrenmeliyiz.

7. Güven. Geçen gün, *Kocalar ve Karıları*'nı izledim. Komik bir film değildi. Güzel bir film değildi. Claudia'yla birlikte izledik ve sonuna doğru ikimiz de ah umarım bu on yıl sonra bize olmaz, diye düşünüyorduk. Filmin kendisi rahatsız ediciydi. Geleneksel çekim yerine, bir el kamerasıyla çekilmişti. Kurgulanırken çok fazla atlama yapılmıştı; siz bir karaktere bakarken, aniden o karakter biraz yana kayıyordu çünkü filmin küçük bir karesi kesilmişti. Kurgulamanın kendisi bile hikâyedeki sarsıcı ve rahatsız edici özelliğin bir parçası olmuştu. Sanki hikâye sadece yazıldığı ve oynandığı şekliyle değil de, çekildiği ve kurgulandığı şekliyle de anlatılmış gibiydi.

Bana kendi çabası sonucu deneysel bir yazar olarak görülen Kurt Vonnegut'u hatırlattı; bir keresinde, "Deneysel olmak için, öncelikle gramerin tüm kurallarını nasıl uygulayacağınızı bilmelisiniz. Öncelikle gelenekte uzman olmalısınız," demişti. Bu bana aynı zamanda deneyselliğe ve popüler sanat fenomenliğine başlamadan önce yüksek ödemeler yapılan, çok hafif bir dil kullanan, ticari sanatçı Andy Warhol'u anımsattı.

1994 yılında verdiği bir röportajda Allen, *Kocalar ve Karıları* (Dikkat edin: *Kocalar ve Karıları* filmi onun yirminci filmidir) hakkında şunu söyledi: "Önceki filmlerde yapmadığınız birçok şey yapmanıza imkân sağlayan şey, tecrübeden gelen güvendir. Daha cesur olmaya meyilli oluyorsunuz... İçgüdülerinizin daha özgür idare etmesine izin veriyorsunuz ve ayrıntılar hakkında endişelenmiyorsunuz."

Diğer bir deyişle: Kullandığınız formda uzmanlaşın, tecrübe kazanın, kusurlu olmaya razı olun ve sonra da kendi tarzınızı geliştirmek için, bu formla oynayabilecek özgüveninizi geliştirin. Bunu Kurt Vonnegut'ta da görürsünüz; 50'lerin başlarındaki daha geleneksel bir formdaki *Otomatik Piyano*'dan, 1969'da zaman yolculuğu yapabilen uzaylıları içeren İkinci Dünya Savaşı'nı anlatan romanı *Mezbaha 5*'e evrilir.

8. Boy göstermek. Allen'ın meşhur lafında dediği gibi başarının yüzde sekseni "boy göstermek"tir. "Bir girişimci için başarısının yüzde doksan dokuzu boy göstermektir," şeklinde değiştirilebilir olması dışında buraya daha fazla bir şey eklemeye gerek yok. Ne için boy göstermek zorundasınız? Yatırımcıları bulmak zorundasınız, gelişimi idare etmek zorundasınız, ilk müşterileri bulmanız lazım. Alıcıları *sizin* bulmanız lazım. Kapınızda boy gösterecek değiller. Siz onların kapısında *boy gösterirsiniz*. Aksi takdirde, işiniz başarılı olamaz. Birçoklarının arasından örnek olarak Microsoft'u ele alalım. Bill Gates,

Kendini Seç

BASIC'i oluşturmak için New Mexico'daki adamın izini buldu. IBM bir işletim sistemine lisans vermek istediğinde, Bill Gates ileri atıldı. Herkes kayak yaparken o boy göstermeye devam etti.

9. Araç mesaj haline geliyor. Yukarıda bu konuya değindim ancak daha ayrıntılı incelenmeyi hak ediyor. Atlama kareleri, el kamerası, *Kocalar ve Karıları*'nın her açısı hikâyeyle beraber dokunmuş. Allen, "Bunun daha ahenksiz olmasını istedim, çünkü karakterlerin iç duygusu ve akli durumu çok alakasızdı. İzleyicinin bir rahatsızlık ve gerginlik hissi olduğunu hissetmesini istedim," diyor. Burada sadece, bir film yapımcısı olarak kendi evrimini değil, kendinden önceki sanatçılardan –sadece, kendi deneylerini yapan Godard ve Bergman değil, aynı zamanda sadece çalınan notaların aksine, ahenksizliğin de müziğin bir parçası olacak kadar müziğe bağlı olduğu Profokiev gibi müzisyenlerden de– ne ödünç aldığını gösteriyor. Allen'ın son filmi, *Paris'te Gece Yarısı*'ndaki ana karakter Owen Wilson, zamanda çok daha geriye giderek kendi sanatının kökenine nokta atışı yaptığında, bu hususun altı kalınca çiziliyor.

Benim çıkarımım ne? Uzmanı olmak istediğiniz formun tarihini araştırın. Her ince ayrıntıyı araştırın. Eğer yazmak istiyorsanız, sadece çağdaşlarınızı okumayın, aynı zamanda o çağdaşları etkileyenleri ve onların etkilendiklerini okuyun. İlaveten, diğer sanat türlerinden esinlenin. Müzikten, resimden esinlenin ve sonra tekrar ilhamınızı etkileyenlere ve onların etkilendiklerine dönün, böyle devam edin. Zamanla parlayan elmaslar, yüzlerce yıllık olsalar bile, sizin işinizde de parlayacaktır. Bu evrenin bir kuralı gibidir.

Günümüzde, onlarca yıllık işi, yıllar hatta aylar içinde bitirmek istiyoruz. Allen skandallara, kötü filmlere ya da kötü makalelere rağmen kariyerini elli yıldan uzun süre boyunca oluşturdu, yoluna istikrarla devam etti; oysaki tüm gidişatına kasvet de saçabilirdi. Ama görmezden geldi.

Yani Woody Allen'dan ne öğrenebiliriz?

- Erken kalkın.
- Dikkat dağıtıcı şeylerden kaçının.
- Günde üç ila beş saat çalışın ve günün geri kalanının tadını çıkartın.
- Kusurluluğun hâlâ var olacağını bilerek, olabildiğiniz kadar mükemmeliyetçi olun.
- Büyülü işler yaratacak ve kullandığınız aracın sınırlarını genişletecek özgüveniniz olsun.
- Aracınızın aletleri ile iletmek istediğiniz mesajı birleştirin.
- Aynı rutine takılmayın – ilerleyin, tecrübe edinin ancak tecrübelerinizi güvenle oluşturun.
- Kuralları değiştirin ancak önce onları öğrenin.

Aynısı, her başarılı Kendini Seçen için söylenebilir. Veya hayatının herhangi bir yönünde başarılı olan insanlara. Woody Allen mutlu bir adam mı? Kim bilir? Ancak yapmak için yola çıktığı şeyi tamamladı. Filmler yaptı. Hikâyeler anlattı. Bir kâbusla çevrelenmiş olmasına rağmen hayalini yaşadı. Ancak bu kadar şanslı olabiliriz.

BECERİ VE THE BEATLES'IN SON KONSERİ

30 Ocak 1969'da, The Beatles üyeleri birbirinden nefret ediyordu ve daracık stüdyolarının içinde *Let It Be* albümü için çalışmaktan bıkmışlardı. Bir hevesle tüm ekipmanlarını alıp beş kat yukarıdaki çatıya kışın ortasında taşıdılar. Sonra yaklaşık yarım saat kadar çaldılar. En son iki yıldan uzun süre önce canlı performans yapmışlardı. Bu onların son "konseri"ydi. Kısa bir süre sonra ayrıldılar ve bir daha asla birlikte konser vermediler.

Bunun bir "konser" olduğunu söylüyorum çünkü etraftaki apartmanlarda bulunan insanlar çabucak ne olduğunu anladılar. İnanamadılar. Ofislerde çalışanların daha iyi görebilmek için pencerelere ve merdivenlere tırmandığını görüyordunuz. Kadınlar daha iyi görebilmek için sokaklarda bir aşağı bir yukarı koşuşuyordu. Yaşlı bir adam piposuyla yangın çıkışına tırmanıp çatı katında durmuş, izliyordu. On dakika sonra sokaklar, binanın çatı katına, müziğin geldiği yere bakan insanlarla dolmuştu. Aşağıdaki insanlar grubu göremiyorlardı ancak çalanın onlar olduğunu biliyorlardı. Beatles'ın canlı performansı Londra'yı yarım saatliğine kapatmıştı.

Yarıladıktan sonra, sözde gerçeklik yoldan geçen bazılarına dank etmeye başladı. Bir adam, "Bu alandaki tüm işleri aksatıyor kesin-

Kendini Seç

likle, biraz istenmeyen bir durum bu," dedi. Bu adamın adını hiçbir zaman bilemeyeceğiz. Ocak 1969'da, bu kadar önemli ne işi olduğunu asla bilemeyeceğiz. Veya o kış akşamüzeri, oradaki hangi "iş" alanına mensup olduğunu. Ancak 43 yıl sonra, biz hâlâ o videoyu izliyoruz. Hâlâ o şarkıları dinliyoruz.

Bu videoda ilgimi çeken birkaç şey oldu:

A) Grup üyeleri birbirinden nefret ediyorlardı. Bu noktada The Beatles teknik olarak sona ermişti. Albüm başlangıçta, içindeki parçalardan biri olan *Get Back* (Geri Dön) şeklinde isimlendirilmişti. Ancak onlar tekrar bir araya "geri dönemediler" ve aniden albümün adı *Let It Be* (Varsın Olsun) oldu. Bu onların piyasaya sürdükleri son albümdü. Bunun için, Yoko'yu, Linda'yı, yaratıcı farklılıkları, Phil Spector'ı, Brain Epstein'ın ölümünü vb. suçlayabilirsiniz. Gerçek "sebep(ler)" ne olursa olsun, birlikte yarattıkları büyük başarıya rağmen birbirlerinden nefret ediyorlardı.

B) Çatıya çıkarlarken, bunu onların yüzlerinde görebilirsiniz: Bir daha asla birlikte çalmayacaklardı. Ringo üzgün görünüyor. Bilhassa George Harrison mutsuz görünüyor. Aslında birkaç hafta önce o ve John Lennon yumruk yumruğa kavga etmişlerdi ve Harrison çekip giderken, "Ayrılıyorum," demişti. Çıkarken, "Sizinle kulüplerde görüşürüz," demişti. Grup, onun yerini Eric Clapton'la doldurmayı tartışmıştı ancak Harrison geri gelmişti. McCartney, Beatles'ın dört üyesi olmadan Beatles olmayacağını söylemişti.

C) Harrison, Lennon'ın daha fazla büyümesinden, gruptan iyiden iyiye ayrılıp kendi işini yapmasından nefret ediyordu. Lennon, Harrison'ın ve McCartney'nin yazdığı müzikten nefret ediyordu. (Albüm çıktıktan sonra Lennon, "The Long and Winding Road"dan ve yapımcı Phil Spector'ın buna yaklaşımından şöyle bahsetti: "Ona şimdiye kadarki en berbat hisle söylenip kötü kaydedilmiş en boktan iş verilmişti ve bundan adam bir şey çıkarttı.") Diğer bir deyişle, birbirlerinden nefret ediyorlardı. Kendilerini tutup sözlerini de sakınmadılar. Yıllarca süren yaratıcı ve mali başarıya rağmen, artık birlikte çalışmak istemiyorlardı işte. George Harrison, The Beatles'a on dört yaşındayken katılmıştı. Birlikte büyümüşlerdi.

D) Videoda söyledikleri ikinci şarkı, dokunaklı "Don't Let Me Down" (Beni Yüzüstü Bırakma). Bu şarkıyı aslında John Lennon, Yoko için yazmıştı. Başarısına rağmen Lennon, Yoko'nun onu yüzüstü bırakmasından korkuyordu. Çocukluğumuzdan gelen en kötü korkularımızdan ne kadar yükseğe tırmanıp kaçmaya çalışsak da başarı sadece bu korkuları büyütür. Mavi gökyüzünün özgürlüğüne ulaşmak için ağaca tırmanmaya çalışan kuşlar gibiyiz. Yalnızca nasıl uçacağımızı öğrendiğimizde gerçekten özgür oluruz. Lennon için yüzüstü bırakılmamak, bir çocuk veya genç yetişkin olarak sadece tek bir kadından değil, aynı zamanda milyonlarca dinleyiciden de talebiydi.

Sanki şarkıyı sadece Yoko'ya söylemiyor gibi hissettiriyor. Kendisini yüzüstü bırakılmış hissettiren The Beatles'a söylüyor. Bunu orada havaya, pencerelerden kendisine bakan bloklardaki insanlara söylüyor. Londra'ya söylüyor. Tek başına yaratıcı olacağı geleceğinden bunu talep ediyor –"Beni Yüzüstü Bırakma". Bu bir kehanetmiş gibi, dünya onu 8 Aralık 1980'de en kötü şekilde yüzüstü bıraktı. Çıkan albümünde şarkı asla finalini yapamadı. Videonun Lennon ve McCartney'nin birlikte söylediği, Ringo'nun arka planda ortada durduğu orijinal halini seviyorum. Üçü, o noktada birbirleriyle nadiren konuşuyorlardı. Hepsi birbirlerini yüzüstü bırakmıştı. Yine de bu onları güzel müzik yaratmaktan alıkoyamadı.

E) Beceri. Tüm sorunlara rağmen. Birbirlerinin müzikal yetilerini küçümsemelerine rağmen. Hızlıca grubun dağılmasına sebep olan yasal parçalanmalara ve duygusal düşüşlere rağmen, sahneye çıktılar ve ÇALDILAR. O videoyu yüz kere dinledim. Paul ağzını açıyor, şarkı başlıyor ve yirmi dakika boyunca durmuyor. Çok güzel. Becerikli kişiler ilerler ve onların yaptığını yapar. Umarım hayatımda, en azından herhangi bir şeyde onların dördünün de o gün yaptığı gibi iyi olabilirim ama bunun olacağından şüpheliyim.

Kendini Seç

Son olarak da "acemi aklı".

Video'nun sonunda, polis harekete geçiyor ve gürültüden şikâyet edilmesi sebebiyle bunu kesmelerini söylüyor, onlar da yeniden "Get Back" şarkısını çalarak bitiriyorlar. Paul McCartney şarkının ortasındaki nakaratta, "Tekrar çatılarda çalıyorsun ve biliyorsun ki annen bunu sevmiyor, seni tutuklattıracak!" dedi.

Nihayetinde hepsi enstrümanlarını indirirken, John Lennon yarı iğneleyici bir şekilde, "Grup ve kendi adımıza, umarım sınavı geçmişizdir," dedi. (The Beatles'ın seyirciye söylediği son söz oldu.)

Bir yaratıcı asla dinlenmez. Ne yaparsanız yapın, yarattığınız şey ne olursa olsun. Her an bir sınavdır. Yarattığınız her an, çatıya çıkıp daha önce hiç yapılmamış bir şekilde, potansiyel olarak yıkıcı, şakacı, eşsiz ve hassas bir şekilde yeni bir şeyler yapmanız için bir fırsattır. İnsanlar sizden nefret edecek, insanlar sizi sevecek, polis sizi tutuklamadan önce sizi görmek için insanlar çatılara tırmanacak. The Beatles sınavı son bir kez daha geçti. Şimdi sizin sıranız.

REDDEDİLDİĞİNİZDE NE YAPMALISINIZ?

Masanın etrafındaki herkes yüzlerce kez zalimce reddedilmişti. Amazon aracılığıyla kendi kitaplarını yayınlama yolunu seçen bir grup yazarla birlikte bir akşam yemeğindeydim. Her biri kendilerini seçmişti. Her biri, ben hariç, çeşitli kitapları yüz binden fazla kopya satan kurgu yazarlarıydı. Çaprazımda oturan adam son bilim kurgu serisinin film haklarını satmıştı. Diğer bir kadın "genç yetişkin paranormal" serisinin devamı üzerinde çalışıyordu. Diğer adam, çeşitli korku romanlarından beş yüz binden fazla kopya satmıştı. Yanımda oturan adam "çocuk kitapları" serisi *Sweet Farts*'la çok başarılı olmuştu.

Hepsinin tek bir ortak özelliği vardı. Hayallerindeki kariyere başlarken hepsi reddedilmişlerdi. Bazıları yüzlerce kez. Her biri ya yaşamak için tam zamanlı yazmanın sınırındaydılar ya da çoktan sıçrayışlarını yapmışlardı. Her biri gülüyordu.

Eğer 39. reddedilişlerinden sonra vazgeçselerdi ve 40. için devam etmeselerdi, hangileri gülebilirdi? Veya yaratıcı sürecin kontrolünü ele alacağım ve kapıdaki bekçilerin bana dur dediği yerde durmayacağım diye karar verdiklerinde, o an bunun peşinden gitmeselerdi?

Kendini Seç

BİRÇOK KEZ KAPIDAKİ BEKÇİLER TARAFINDAN DURDURULDUM.
Bir işte, örneğin, patronum, "Bunun üzerinde çalışmayı bırak ve esas işine odaklan," dediğinde. Veya bir televizyon şovu satmaya çalıştığımda ve sadece bir veya iki karar verici politik nedenlerle yolumu engellediğinde. Veya bir şirket satmak istediğimde ve tüm hayatım olduğunu düşündüğüm şeyi yapacak veya bozacak sadece birkaç karar verici olduğunda. Onlarla ne zaman konuşsam, benim üzerimde bu muazzam güce sahip olduklarını bilerek ve saçma bir şekilde onlara önerecek hiçbir şeyim olmadığını düşünerek şiddetli bir korku hissediyordum.

Her gün, hayatımızın her alanında, reddediliriz. Reddedilmek, muhtemelen hayatlarımızdaki en kuvvetli güçtür. Reddedildiğiniz zamanları ve buna verdiğiniz cevabın hayatınızı nasıl tamamen değiştirdiğini düşünün. Gördüğüm kadarıyla reddedilmeye karşı verilen (sadece geçtiğimiz birkaç gün içerisinde bu örneklerin tamamını gördüm) üç temel cevap vardır.

"Batırdım. Bunu yapamayacağım. Vazgeçiyorum."

"Onlar salak. Bunu zorlamaya devam edeceğim."

"Hım, daha farklı ne yapabilirim? Bu reddedilmeden ne ders çıkarabilirim?"

Kesinlikle ilk ikisini görmezden geleceğim. Vazgeçmeniz gereken bir durum olabilir. Veya geliştirmeye ihtiyacınız olmayan ve sadece zorlamanız gereken bir durum olabilir ancak bu asla içimden gelen cevap olmaz. (Gerçi tekrardan söylemek gerekirse, geçtiğimiz birkaç gün/ay/yıl/kendimde/vs. birkaç kez çeşitli insanlarda bunun içten gelen bir cevap olduğunu görmüştüm.)

O zaman reddedilmeyi alıp bunu nasıl ilerlemeye zorlamak için kullanırsınız?

GELİŞTİRİN. O TEK işi, o TEK bursu, o televizyon şovunu, o kitabı, şirketinizi satmayı, ürününüzü satmayı, her ne ise onu siz istediniz. Onlar da size, hayır, dedi. Ürüne sert bir bakış atın. Teklifinizi geliştirebilir misiniz? Bir adım geriye çekilip yaptığınız şeyi geliştirebilir misiniz? Belki yapabilirsiniz, belki yapamazsınız. Ama önce beyin fırtınası yapın. Yaptığınız şeyi geliştirmek için yapabileceğiniz on şey nedir?

Bir keresinde, kurduğum bir şirketi satmaya çalışmıştım. Şirketin yeterli sayıda müşterisi veya yeteri kadar geliri yoktu. Bizi biricik yapan, sunduğumuz hizmetlerde biraz tutarsızdım. Yaklaşık on tane farklı alan vardı geliştirmem gereken ve yavaş yavaş hepsini geliştirdim, bir yıl sonra da şirketi sattım.

KARAR VERİCİLER EVRENİNİ GENİŞLETİN. Geçtiğimiz 2 veya 3 yıla kadar, eğer bir roman satmak istiyorsanız, esasen sadece beş ila on karar verici vardı. Her yıl yaklaşık yirmi bin insan kitaplarını bu karar vericilere (büyük yayınevleri) sunardı ve çoğu reddedilirdi. Sizi kim reddederdi? Açıkça ne yazdığınıza bile bakmayan, üniversiteden karşılaştırmalı edebiyat bölümünden dereceyle yeni mezun olmuş stajyerler ve yardımcılar.

Şimdi, Amazon (veya bu kitabın yayıncısı Lioncrest aracılığıyla) kendiniz yayınlayabilirsiniz ve bu güzel bir süreç. Sadece kendinizi seçiyorsunuz ancak daha önemlisi, sizin karar vericileriniz okuyucular oluyor. Milyonlarca okuyucu, nasıl gelişeceğiniz, yaratıcı süreçte nasıl daha fazla güç kazanacağınız ve nihayetinde hayatınız boyunca gücü nasıl koruyacağınız hakkında sonraki kararlarınızı almanıza yardım ediyor.

BU, KENDİNİ SEÇ DÖNEMİ. Amazon'a olan ziyaretimde, gerçekleşmekte olan devrim karşısında şaşırıp kaldım. Bunun daha fazla aletle ilgisi yok. Gutenberg'den beri ilk kez, kitlelerle nasıl iletişim kurulacağına dair yapılan bir devrim bu. Her hâlükârda, başarılı olmak, gelişmek, iletişim kurmak, mesajınıza ihtiyaç duyan bireylere ulaşmak için şimdi kendinizi seçebilirsiniz. Bu fırsattan vazgeçmeyin. Aslında "reddedilmek", geçen hafta buluştuğum yirmi veya daha fazla yazara yaptığı gibi sizi buna zorlayan şey olabilir.

Sadece romanlarda değil. Her şeyde. Ürününüz için dinleyici kitlenizi genişletebilir misiniz? Sanal buluşma, ilişki hayatınızdaki

Kendini Seç

karar vericileri genişletti. YouTube, sizin kaderinizi belirleyecek trend öncülerinin evrenini genişletti. Bunu söylemekten nefret ediyorum ama Justin Bieber kendi YouTube videolarını yüklüyor (ve şimdi 2 milyar video izlemesine ulaşıyor) ve herkesin izlediği aynı yolu –geleneksel beş ila on plak şirketinin kaderinize karar vermesi– denemek yerine, başarılı olma şansını gerçekten daha çok artırıyor.

YAKLAŞIMINIZI GELİŞTİRİN. Parmaklıkların arkasında reddedilmeye devam mı ediyorsunuz? Tuhaflıkların size yüklenmediği farklı bir yer bulun. Kimse sizin "On dakikanızı ayırır mısınız lütfen?" e–postalarınıza cevap vermiyor mu? O zaman bir şeyler önerin. Bedava bir şeyler verin, böylece insanlar hemen davranışınızdaki değeri görecektir. Müşterilerinizi aramaya devam ediyorsunuz ve onlar telefonu mu kapatıyor? Rahatsız etmenin başka bir yolunu bulun.

DEĞİŞTİRİN, VAZGEÇMEYİN! Ben yazdığım romanı satmaya çalışırken 39. denemede "vazgeçen" adamdım. Bazen tuhaflıklar sadece sizin üstünüze yığılır. Belki kırkıncı sefer bu böyle olmayacaktır. Bilmiyorum. Ancak vazgeçtiğim için memnunum; onun yerine "değiştirdim". Sadece yaratma aracı gibi kurguya odaklanmaktansa, hem televizyon hem de internette yaratıcı medya olarak yeni bir marka bakınmaya başladım. Bu da HBO işini ortaya çıkarttı. Bu ise, ilk şirketimin eğlence şirketleri için hafif içerikli internet siteleri oluşturmaya odaklanmasını sağladı.

Yaratıcı olmaktan vazgeçmedim. Kendimi bir alanla sınırlamayarak ve kitap yazmaya geri dönüp nihayetinde kurgu yazacağıma yemin ederek, yaratıcılığımın gücünü genişlettim. Belki bunu yaparım, belki yapmam. Ancak "değişim" kesinlikle beni daha yaratıcı yaptı ve bunu hem finansal yaşantımı hem de yaratıcı hayatımı oluşturmakta kullanabiliyordum. Eğer çember tamamlanırsa bunu göreceğiz.

ÖZGÜNLÜĞÜNÜZÜ GELİŞTİRİN. Sosyal medya aynı zamanda "Grup Medya"nın zıttı, yani "Bireysel Medya" olarak adlandırılabilir. Emeğinizi yayınlayan geniş bir grup yerine, Facebook platformunuzu, Twitter varlığınızı, LinkedIn'inizi, Quora, Pinterest, blog, Amazon, SlideShare, Scribd vs. kurarak kendi varlığınızı tek başınıza oluşturabilirsiniz.

Tüm bu kanallar sunduğunuz şeye özgünlük katmalıdır. Dünya sizin özgünlüğünüzü yaymaya devam ederken, her bir takipçiyi, hayranı vs. kimin sizi "reddettiğine" aldırmaksızın, siz kişisel olarak kendi tarafınıza çekebilirsiniz. Bu sizin kendinizi seçme ve birkaç kişinin geçici hevesine güvenmek yerine kendi platformunuzu oluşturma şekliniz.

TAVSİYE İSTEYİN. Birileri sizi reddetti mi? Ah çok yazık! Şimdi, yas tutmanız bitince, nedenini sorun. Tüm hayatınız boyunca reddedileceksiniz. Her şekilde. Nedenini anlamak asla incitmez. Bazen size söyleyeceklerdir, bu durumları hatırlatacağınız garantidir.

BAŞARISIZLIKLA DANS EDİN. Az önce mi reddedildiniz? Bununla nasıl başa çıktınız? Ağladınız mı? Vazgeçtiniz mi? Kendi kendinize, neden HER ZAMAN başarısız oluyorum diye düşündünüz mü? Kendi kendinize, bu adamlar beni reddettikleri için SALAK diye düşündünüz mü? Başarısızlığa verdiğiniz tepkiyi anlayın. Bunu geliştirmek için ne yapabilirsiniz?

Geçen gün, evrenin yüzde 76'sının "karanlık enerji"den oluştuğunu okudum. Diğer bir deyişle, bunun ne olduğuna dair bir fikrimiz yok. Diğer yüzde yirmisi ise "karanlık madde", yani hakkında hiçbir fikrimiz olmayan madde. Evrenin sadece yüzde dördü, esasen anlayabildiğimiz maddelerden oluşuyor. Diğer bir deyişle, Newton, Einstein, Heisenberg ve iki bin yıllık kolektif evren araştırmasından sonra, hepimiz aslında başarısız olduk. Aslında, daha fazla bilgi elde ettikçe, ne kadar başarısız olduğumuzu daha fazla anladık. Bunu sular seller gibi bildiğimizi zannederdik. Ancak şimdi Büyük Patlama teorisi bile ciddi bir soru işareti. Çevremizdeki dünyayı anlama işinde fena çuvalladık.

Fizikçiler geceleri kendi kendilerine ağlıyorlar mı acaba çok fena başarısız oldukları için? Tabii ki de hayır. Bu başarısızlık onlara sadece daha fazla keşfetme imkânı veriyor. Potansiyel olarak anladığımız engin alanları açıyor, bu durum aslında evreni anlamamıza yardımcı oluyor ve bu anlama da kim olduğumuzu anlamaya yardım ediyor.

Kendini Seç

Her başarısızlık bir fırsat değildir. Ancak bunu anlamaya alışın. Başarısızlığınıza bakın. Geriye dönüp bakınca, ne kadarı fırsattı? İki yıl kadar önce, bana fon başlatmam için elli milyon dolar vermek isteyen bir milyarder vardı. Ortak bir arkadaşımız bunu benim bilmediğim bir takım nedenlerle engelledi. O zamanlar üzülmüştüm.

Şimdi minnettarım. O zamandan bu yana, beni mutlu eden birçok şey yaptım ve eğer bir fonu yürütmekle meşgul olsaydım, asla yapamazdım. Tanrı'ya şükürler olsun ki reddedildim! Örneğin, bu kitabı asla yazamazdım.

İŞLEYİŞİ BİLMEK. NORMAL olan reddedilmektir. Mesleğiniz, çocuklarınız, arkadaşlarınız, aile üyeleriniz, ilişkileriniz, işiniz, yayıncılar ve herkes tarafından reddedilmek. Dashama bunu bana e–posta olarak gönderdi (bkz. Seksi Görüntünün Tuhaf Hikâyesi): bir üçüncü sizi beğenecektir, bir üçüncü sizden nefret edecektir, bir üçüncü sizi umursamayacaktır... Hem de ne yaparsanız yapın.

Reddedilmemeye "yaklaşmak" aslında OLAĞAN DIŞI. "Kabul edilmek" veya "başarmak" daha da olağan dışı bir durumdur. Bir şeyler tarafından reddedildiğini hissetmenin son derece normal olduğunu kabullenin. Bunun gelecekte olmasından korkmak da son derece normal. Esasen, bunun aksi gerçekliği reddetmek olur.

Ancak aynı zamanda başarıları da kabullenin. Olağan dışı olarak ortaya çıkan şeyler. Geliştirmek için yaptığınız şeyler. Kendinizi seçme yolunda öğrendiğiniz şeyler.

Gerçeklikten ziyade masal olan ("Ben her zaman reddedilirim" adlı) hikâyeye kapılmayın.

BAĞLANTIDA KALIN. Köprüleri yakmamak benim için zor bir iş. Bunu yapmaya çok meyilliyim. Ancak sıklıkla karşı koyamadığım köprüleri yakma modeline düşmediğimde, büyük başarıyı buldum.

Örnek: Bir keresinde, büyük bir reklam ajansı olan Omnicom'a önceki şirketlerimden birini satmayı denedim. Omnicom için bu kararları veren kadınla buluştum. Henüz hazır olmadığımızı hissetti.

Her ay ona bir güncelleme gönderdim; yeni müşteriler, yeni satış rakamları, çalışanların sayısı. Ayrıca, Omnicom'un sahip olduğu herhangi bir ajansa yardımcı olmayı önerdim. Bir seferinde onu müşterilerimden biri adına aradım ve müşterime yardımcı olabilecek Omnicom ailesinden bir ajans önerebilir mi diye sordum. Diğer bir deyişle, ona gerçek bir değer teklif ettim.

Her ay bunu yapmamdan bir yıl kadar sonra, Omnicom içinden üç ajansı gelip şirketimi kontrol etmesi için yönlendirdi. Her üçü de teklif sundular. Herhangi birini kabul ettim mi? Hayır, ancak bu teklifleri beklenmedik bir biçimde ortaya çıkan birinden gelen daha iyi bir teklifle güçlendirebilecek durumdaydım.

Hayat çok kısa cümlesinden nefret ediyorum. Bazen bana çok uzun zaman varmış gibi geliyor. Ancak kesinlikle dargınlığa harcamak için çok kısa. Herkes geçinebilmeye çalışıyor. Reddedilenler de reddedenler de. Kimse bundan bağımsız değil. O zaman, haydi bağlantıda kalalım. Bitiş çizgisine kadar işleri biraz daha kolaylaştıracaktır.

YENİLGİDEN KURTULMAK

Belki de 2012'de başıma gelen en iyi şey, Santiago, Şili'deki bir tankın üstümden geçmesine hayır dememdi. "Canın acımayacak," dedi Mattias, "güven bana, tankın altında yeteri kadar alan var." Davet, Şili başkanının talebiydi ki kendisi, önceki yıl başkan olmasından bu yana net değerinin 200 milyon dolar daha arttığını basına açıklamıştı. Kapitalizm iş başındaydı ve buna şahit olmam için beni çağırmıştı.

Biri bana, çok üzgün olduğunu çünkü tüm yıl üzerinde çalıştıkları anlaşmanın işe yaramadığını, yazmış. "Bunu nasıl atlattın?" diye sormuş bana. Birçok kez bu bana soruldu. "Benim başıma gelen bu şeyi sen nasıl atlattın?" Bir ilişki, bir anlaşma, bir hastalık, bir aşağılanma. Kendi kendime bu soruyla uğraşıyorum. Birçok kötü şey olur.

"Bunu nasıl atlatırsınız?" Çeşitlendirme her şeydir. "Bunu" birçok "şey"e sahip olarak atlatırsınız.

Ancak her şeyin üzerinde olan bir şey var. **Çocuk gibi olmak.** Uygun biçimde, bu kitabı 2012'nin son gecesinde bitiriyorum. Geçen akşam kızım beni ağlayarak uyandırdı. "Ödevimi yapmayı unuttum!" dedi. "Sorun değil, tatlım, yarın yaparız." "Ama o zaman Yeni Yıl Arifesi mahvolur," dedi. "O gün tatil!" "Tamam, o zaman bir sonraki gün yaparız," dedim ona, onu sakinleştirmeye çalışıyordum, böylece tekrar uyuyabilecektim. "Ama Yeni Yıl tatil!" ağlıyordu ve zamanım tükenmişti.

Kendini Seç

Bir gün hepimizin olacağı gibi. Vaktimizi tüketeceğiz. Bir çocuk ağlayacak ve bizi özleyecek. En sonunda, onlar tamamen büyüdüğünde ve hayat onları soldurduğunda başka bir çocuk ağlayacak ve onları özleyecek.

Çeşitlilik bir şeydir ancak bir çocuk bunu unutur. 2 Ocak gelecek ve kızım ödevini hangi gün yaptığını önemsemeyecek. 3 Ocak gelecek ve kızım geçtiğimiz hafta ödevi olduğunu bile hatırlamayacak, 4 Ocak gelecek ve kızım ödevinde öğrendiği şeylerin hiçbirini hatırlamayacak. 5 Ocak gelecek ve ben hâlâ 2012'de başıma gelen tüm kötü şeyleri hatırlıyor olacağım. Başarısızlığı bir çırpıda unutun. **2012'de:**

- Başlatmaya çalıştığım üç fonum vardı ve işe koyulamadım.
- 1 milyar dolar değerindeki Facebook hissesini (halka açılmadan önce) alacak birini bulmaya çalışmıştım ve başarısız oldum.
- 300.000 dolar değerindeki Twitter hissesini satacak birini bulmaya çalıştım ve başarısız oldum.
- Bitmiş bir petrol anlaşmasına 1 milyar dolarla ortak olmaya çalıştım.
- Biri için bir milyar varil petrol almaya çalıştım ve başarısız oldum.
- Yatırım yaptığım üç şirket, sıfırı gördü.
- Yatırım yaptığım bir şirketin finansman sağlayacağını veya günün sonunda iflas etmekten kaçınmasının bana bağlı olacağını bugün duymayı bekliyorum.
- İçinde asla yaşamadığım ve 800.000 dolar zarar ettiğim bir evi sattım. Şimdi bundan kurtulduğuma memnunum.
- En büyük çocuğum ergenliğe girdi (ki anlaşılan bu, tahmin ettiğimden daha büyük bir kayıp benim için. Asla o yılları geri alamayacağım.)
- Annem beni babamı öldürmekle suçladı ve benimle bir daha konuşmayacak.
- İki kız kardeşim de benimle konuşmuyor.

- Durmaksızın nefret dolu e-postalar alıyorum. Bugün "çok Yahudi" olduğumu söyleyen bir tane aldım, bu her ne demekse artık. Ondan sonraki hafta sonu, Yahudi bir adamdan Yahudilerin yüz karası olduğumu söyleyen bir e-posta aldım. Yani her iki türlü de kazanamıyorum.
- DNA testimin sonuçlarını aldım. Herkesten iki kat daha fazla Alzheimer riski taşıyorum. Keza Parkinson için de durum aynı. Bir arkadaşıma *APo4E Diyeti* yazacağımı söyledim (Apo4e, Alzheimer geni, kromozomu veya her nesiyse işte). Bana cevap yazdı, bunun çok satan kitaplardan olacağını çünkü bunu alan herkesin çoktan kitabı aldığını unutacağını söyledi.

Suyla doldurup, sonra her yere su fışkırtarak, gökyüzüne ateşlediğiniz o roketleri topladığımda, altı yaşındaydım. Otuz metre yukarı giderdi. "Uzaya gidecek mi?" diye babama sormuştum. "Belki," demişti. Neden olmasın ki? Altı yaşındaydım ve her şey olabilirdi.

Arkasını gösteren gözlükleri tasarladığımda altı yaşındaydım. Çizdim ve büyük babamlara gösterdim. "Bunu sen mi çizdin?" dedi büyük babam ve hemen sonra icadımdan memnuniyet duydum. Sadece İsa'ya değil, aynı zamanda Zeus, Hermes, Thor ve Süpermen'e inandığım zaman altı yaşındaydım ve tek dileğim büyüdüğümde süper kahraman olmaktı.

Çocukken, her şeyin sonunda bir soru işareti vardır. Daha sonra onlar noktalara dönüşür. Hatta ünlem işaretlerine. "Bunu atlatacak mıyım?" "Artık çok geç."e dönüşür, o da "Bunu atlatamayacağım!" haline gelir.

Geleceğim için tek umudum, hayat manzarama noktaların yerine yeniden soru işaretleri serpiştirmeyi öğrenmemdir. Yargıları sorguya çevirmek. "Bu"nu "şu?"na çevirmek. Her sorunu bir labirente dönüştürmek. Altı yaşında gibi olmak. Şili başkanı tekrar tankın altına yatmamı isterse, bu defa evet diyebilirim. Ya da uzay aracıma binip aydaki meleğe Fransız öpücüğü verebilirim. Yeniden Dünya'ya dönmeden önce, "Dudakların çok hoş," diyebilirim.

DÜNYAYI ELE GEÇİRMEK

Tamam.
Bitti.

Tüm bu "iş" şeyi. Sanayi Devrimi'nin yarattığı kurumsal güvenlik ağı. "Güvende" olduğumuzu düşündük. Artık kendi başımıza başarılı olmak zorunda olmadığımızı. Bu büyük şirketler, üniversite eğitimimizle borcumuzu ödediğimizde bize bakacaktı.

Tamam, bu bir efsaneydi. Bunun bir yalan olduğunu söyleyemem, çünkü hepimiz tamamen buna inandık. Tepeden tırnağa, bunun olmasını istedik. Ancak toplum o kadar da basit değil. Ruhu bilimden, sanatı finanstan veya işi yeniliklerden ayırıp temiz ve titiz bir sonuç bekleyemezsiniz. Olmaz. Zaten değişim çoktan gerçekleşti. Dünya bölündü.

Deprem olurken, bazıları oluşan uçuruma düşecek. Bazıları bu araçları sağlıklı tutmaya ve kendini seçmek için gerekli olan kendi kendine yeterlilik platformunu oluşturmaya ehil olmayacak.

Ancak birçoğu olacak. Umarım bu kitabın okuyucuları olacak.

Kilit nokta, tarihteki diğer zamanlardan farklı değil. Ancak eğer sadece kurtulmak değil, aynı zamanda parlamak da istiyorsak şimdi durum daha acil.

Kendini Seç

Bu, tabii ki kendimize faydalı olmak için. Sağlığımıza faydalı olmak için. Diğerlerine bağlı kalmak yerine, kendimize daha çok seçenek sunmak için. Sonrasında, kendimize varlık yaratmak için. Finansal varlık, duygusal varlık ve ruhsal varlık.

Bunu düşünmenin bir yolu da çember imgesiyledir:

Bir kalem ve bir kâğıt almanızı ve benim için bir şey yapmanızı istiyorum.

Bir çember çizin. Bu çemberin içine yaptığınız işi koyun. Eğer bir sekreterseniz, "sekreter" yazın. Eğer sanatçıysanız, "sanatçı" yazın. Anneyseniz, "anne" yazın. Hayatınızın merkezindeki şeyi yazın. Hayatınızın ortasında ne olduğundan emin değilseniz, iş unvanınızı yazın. Eğer bir unvanınız yoksa hayatınızın merkezinde olmasını istediğiniz unvanı yazın.

Bunun etrafına bir çember çizin. İkinci çemberin içerisine kompartımanlar çizin. Uzay istasyonundaki bölmeler gibi. İlk çemberinize etki eden insanların isimlerini bunlara yazın. Belki siz onlara daha iyi işler yapmaları için yardım ediyorsunuzdur. Belki siz bir doktorsunuzdur ve onlar sizin hastalarınızdır. Belki siz bir sekretersinizdir ve onlar sizin iş arkadaşlarınız, patronlarınız, destek sağladığınız aileniz, sizi dinleyen akrabalarınız, size güvenen arkadaşlarınızdır. Eğer bir blog yazarıysanız, onlar sizin okuyucularınızdır.

Bunun etrafına da bir çember çizin. Tekrardan çizgiler çizin. Bu kompartımanlarda kimler yaşıyor? Size etki eden insanlara etki eden insanlar. Örneğin, arkadaşlarınızın çocukları. Çocuklarınızın arkadaşları. Çalışanlarınızın veya işverenlerinizin bağlantılı olduğu insanlar. Bu üçüncü çember olacak.

Sıradaki çember; merkez çemberinizin döneceği şey olacak. Bir blog yazısı kitaba dönüşebilir veya şova, danışmanlık hizmetine, bir romana veya kim bilir? Bunu düşünmeye devam edin. Bir kapıcı, şirketin CEO'luğuna yükselebilir. Beyninizi terletin. Bir doktorun mesleği bir işe, kitaba, tavsiyeye, sınıfa, göreve dönüşebilir. Bir sekreter patrona, şirkete dönüşebilir. Eğer ona bağlı kalırsanız, sizin merkez çemberiniz zamanla neye dönüşür?

Bir çember daha çizin: Etki etmek isteyeceğiniz insanlar. Belki Barack Obama'ya etki etmek istersiniz. Veya bir film yapımcısına. Veya bir yayıncıya. Veya şirketinizin CEO'suna. Veya dünyadaki tüm risk sermayedarlarına. Hepsini oraya yazın. Neden olmasın? Sadece çiziyorsunuz. Sadece oyun oynuyoruz.

İmkânsız değil: Örneğin, Oprah benim blog yazılarımı okuyabilir. Belki çoktan okumuştur. Veya belki ilk okuyan biri Gayle King'e bloğumu veya kitaplarımı gösterir, o da Oprah'ya gösterir. Bu mümkün.

Son olarak bir çember daha. Bu çemberin içerisinde dünyadaki herkes olacak. Çünkü Oprah veya Barack veya yayıncı veya dünyadaki tüm risk sermayedarları yaptığınız işten etkilendiğinde, tüm dünya, bir şekilde tarih öykümüzün bir paragraf başına ilişip değişecek.

Belki bu çemberleri çizemezsiniz. Belki işinizin, aşkınızın, arkadaşlığınızın, hayırsever çabanız veya bugün "merkezde" olduğunu düşündüğünüz ne varsa (yalnızca bugün, sadece bugünü önemsiyoruz) kimseyi etkilemeyeceğini düşünüyorsunuz. Veya etkilese de belki siz bu etkinin burada duracağını düşünüyorsunuz. Veya etkisi devam etse bile, bir hastalık gibi yayılacağını, bir mesafe veya zaman sonra kaybolacağını düşünüyorsunuz, ta ki dünyaya etkisi önemsiz oluncaya dek. Sıfır. Hiçbir şey.

Sorun değil. Baştan başlayın. Bir şeyler ayarlayın. Belki sekreter veya doktor değilsiniz. Belki derinlerde bir sanatçısınız. Belki bir annesiniz veya bir baba. Düşündüğünüzden daha ileriye ulaşıyor etki. Tekrardan çemberleri yapın. Dış bir çember çizebilene ve tüm dünyaya etki edene kadar bunu tekrarlayın. Eski insanları dışarı atın. Daha fazla çember çizin.

Çocukken, kötü bir sınav olduğumuzda, herkes, "Tekrar yapmak istiyoruz!" diye bağırırdı. Okulda değiliz. Hayatın içindeyiz. Siz tekrar yapma gücüne sahipsiniz. Tekrar ve tekrar. Çemberleri tekrar çizin.

Kendini Seç

Dış çembere ulaşana kadar çizmeye devam edin. Olabilirlik çemberi. Varlığınız sebebiyle tüm dünyayı değiştiren çember.

Yenilenme!

Birçok insan, hayatlarının telaşında, ikinci çemberde, yani kolayca etki ettikleri çemberde durur. Bunda daha önce durmamış bile olabilirler. Belki sadece ilk çemberlerinin kendilerini nasıl etkilediğini merak ediyorlardır. Durmayın. Kendinizi dışa doğru itin. Attığınız ağı görün. Dünyanın bu ağa nasıl yakalandığını görün. Bu ağ tüm etrafı sarana kadar kendinizi zorlayın, çemberler içinde çemberler. Bunun daha fazla para kazanmak veya daha fazla etki yaratmakla ilgisi yok. Bunun olduğunuz kişiye bağlanmakla ilgisi var. Sırf insan olduğunuz için, gerçek potansiyelinizi ne kadar ortaya koyabildiğinizi görmekle ilgili.

Dış çemberleri iç çemberlere doğru git gide daha derin bir şekilde bağlamaya başlayın. En sonunda çemberler arasındaki çizgiler ortadan kalkacaktır. Tek bir büyük çember olacak. Siz ortasındasınız. Kendinizi seçiyorsunuz. Siz kaynaksınız. Işığınız ve seçimleriniz şimdi herkese etki ediyor.

Daha iyi durumda mısınız? Evet. Hepimiz daha iyiyiz. Teşekkürler.

GÖRÜŞLER

İnsanların bu fikirlerden yardım aldığından bahsettiği tweetleri gördüğümde veya e-postalar aldığımda her zaman memnun oluyorum. Sizin için işe yarayan bir fikri paylaştığınızda, tek bildiğiniz sadece; bunun sizde işe yaradığıdır.

Bunun onlarda da işe yaradığını görmek güzel. Tecrübeleriniz başka hayatlara aktarılabilir. Onları bu şekilde etkilemeniz, o tecrübelerle etkili bir iletişim yoludur.

Bunlar sadece almış olduğum yorumlardan birkaçı. Bir gün gelen e-postaların ve tweetlerin görüntüsünü aldım.

Tekrar söylüyorum, onları ve diğerlerini aldığım için çok memnunum ve umarım insanlar daima benimle iletişim halinde kalıp işlerin nasıl gittiğinden beni haberdar eder.

Andrew Ferri @Andrew_Ferri
"Günlük alıştırmaları öyle uzun zamandır yapıyorum ki artık otomatik pilota bağladım. Şimdi insanlar bana nasıl bu kadar harika olduğumu sorduklarında onlara sadece, '@jaltucher'i duydunuz mu?' diyorum."

Kendini Seç

Scott Balster @scottbalster

"@jaltucher. Siz CO'ya geldiğiniz ZAMAN, size el yapımı bir taht yapıp sizi sırtımda göğe taşıyacağım."

Carrie Armstrong @CarrieArmstrng

"Ah Albay Altucher – bloğunuz parmak ısırtacak kadar iyi."

jackyism @jackyism

"@jaltucher tek söyleyebileceğim, vay be ve teşekkür ederim."

Doctor Coke @AmielCocco

"@jaltucher '2013'ün Neden... 10 Sebep'[29] makalenizi sevdim. Bana sonunda kendi işimi kurmak için güç verdi."

"Makaleleriniz hayatımdaki harika ve asil bir amaca hizmet etti. Her okuduğumda yeni bakış açıları kazanıyorum." (Cesar Trujillo)

"Mükemmel bir hikâye anlatma sanatınız var." (Joe Choi)

"Birçok açıdan, yaptığınız şey devrim niteliğinde. Ancak bunun hakkında çok fazla düşünmeyin yoksa bu 'uğursuzluk' getirebilir. Sadece kendinizi mükemmelleştirmeye devam edin." (James Kostohryz)

"Sen dürüstlüğün işaret ışığısın, James. Paylaştıklarını her okuduğumda, farklı bir ışıkta bir şeyler görüyorum." (Ashish Hablani)

"16 yıllık iş hayatımdaki zor günlere rağmen gülebildiğimi fark ettim. @jaltucher bloğun beni bu yolda buna başlattı. Teşekkürler." (Cristy Skram, @UCAGWUW)

---

29 "2013'ün Neden İşinizi Bırakacağınız Yıl Olduğuna Dair 10 Sebep" bahsi geçen makalenin tam adıdır. (ç. n.)

James Altucher

"James, sana sadece benim en büyük ilham kaynaklarımdan biri olduğunu söylemek istedim. Sana bu vesileyle kişisel olarak teşekkür etmeye ihtiyacım vardı." (Vincent Nguyen, @SelfStairway)

"Beni hatırlamanı beklemiyorum, lütfen bunu cevaplamak zorunda hissetme kendini. 2 yıl önce, tam anlamıyla hayatımı kurtardın.

Zor durumdaydım, hayalimdeki işi ve karımı kaybetmiştim, diken üstündeydim, dandik bir işe girmek zorundaydım ve liste böyle devam ediyor.

Siteni bulmuştum, sana bir e–posta gönderdim ve sen gerçekten zaman ayırıp cevap verdin. Bunu asla unutmadım.

İşler kötüye gitmişti ancak tavsiyen sayesinde çok savaştım ve yavaş yavaş kendimi yerden kaldırmaya başladım.

Şimdi, her şey daha iyi olmaya başladı. Daha iyi bir tam zamanlı işim, karım ve daha iyi bir ilişkim, mutlu çocuklarım ve güzel bir hayatım var. Birkaç rüyayı gerçekleştirmek için canımı dişime katarak çalışıyorum.

James, adamım, biliyorum bunu çok sık duyuyorsundur ancak hayatımı değiştirdin. Teşekkür ederim, iki yıl önce bana zaman ayırdığın için teşekkür ederim, olduğun kişi olduğun için teşekkür ederim."

–Anon

Lütfen bana e–posta gönderin: altucher@gmail.com